MINISTÈRE DE LA MARINE

(DIRECTION DU CONTRÔLE)

GUIDE MÉTHODIQUE POUR LE CONTRÔLE DES SERVICES DE L'INTENDANCE MARITIME

PARIS

IMPRIMERIE NATIONALE

MDCCCCXII

GUIDE MÉTHODIQUE

POUR LE CONTRÔLE

DES

SERVICES DE L'INTENDANCE MARITIME

MINISTÈRE DE LA MARINE

(DIRECTION DU CONTRÔLE)

GUIDE MÉTHODIQUE

POUR LE CONTRÔLE

DES

SERVICES DE L'INTENDANCE MARITIME

PARIS

IMPRIMERIE NATIONALE

MDCCCCXII

SOMMAIRE DU GUIDE[1].

DIVISION I.

DIVISION II.

DIVISION III.

DIVISION IV.

[1] Le présent Guide est à jour jusqu'au n° 36 inclus du *Bulletin officiel* de 1911.
Des feuilles additives ou modificatives, établies tous les deux ans (décision du 6 septembre 1910), assureront la tenue à jour de ce document.

[illegible]

[illegible]

[illegible]

[illegible]

[illegible]

[illegible]
[illegible]
[illegible]

[illegible]

[illegible]

[illegible]

[illegible]

[illegible]
[illegible]
[illegible]

TABLE DES MATIÈRES.

DIVISION I.

SERVICE DE LA SOLDE.

PREMIÈRE PARTIE.

DEUXIÈME PARTIE.

[illegible]

Pages.

LISTE DES REGISTRES ET DOCUMENTS TENUS DANS LE SERVICE. (*Suite.*)

TROISIÈME PARTIE.

QUATRIÈME PARTIE.

DIVISION II.

SERVICE DES SUBSISTANCES ET DE L'HABILLEMENT.

SECTION I.

SUBSISTANCES.

PREMIÈRE PARTIE.

DEUXIÈME PARTIE.

TROISIÈME PARTIE.

[illegible]

[illegible]

[illegible]

[illegible]

[illegible]

[illegible]

[illegible]

[illegible]

[illegible]

[illegible]

[illegible]

[illegible]

[illegible]

QUATRIÈME PARTIE.

SECTION II.

HABILLEMENT, CASERNEMENT, MOBILIER, CHAUFFAGE.

PREMIÈRE PARTIE.

[illegible] PARTIE

[illegible]

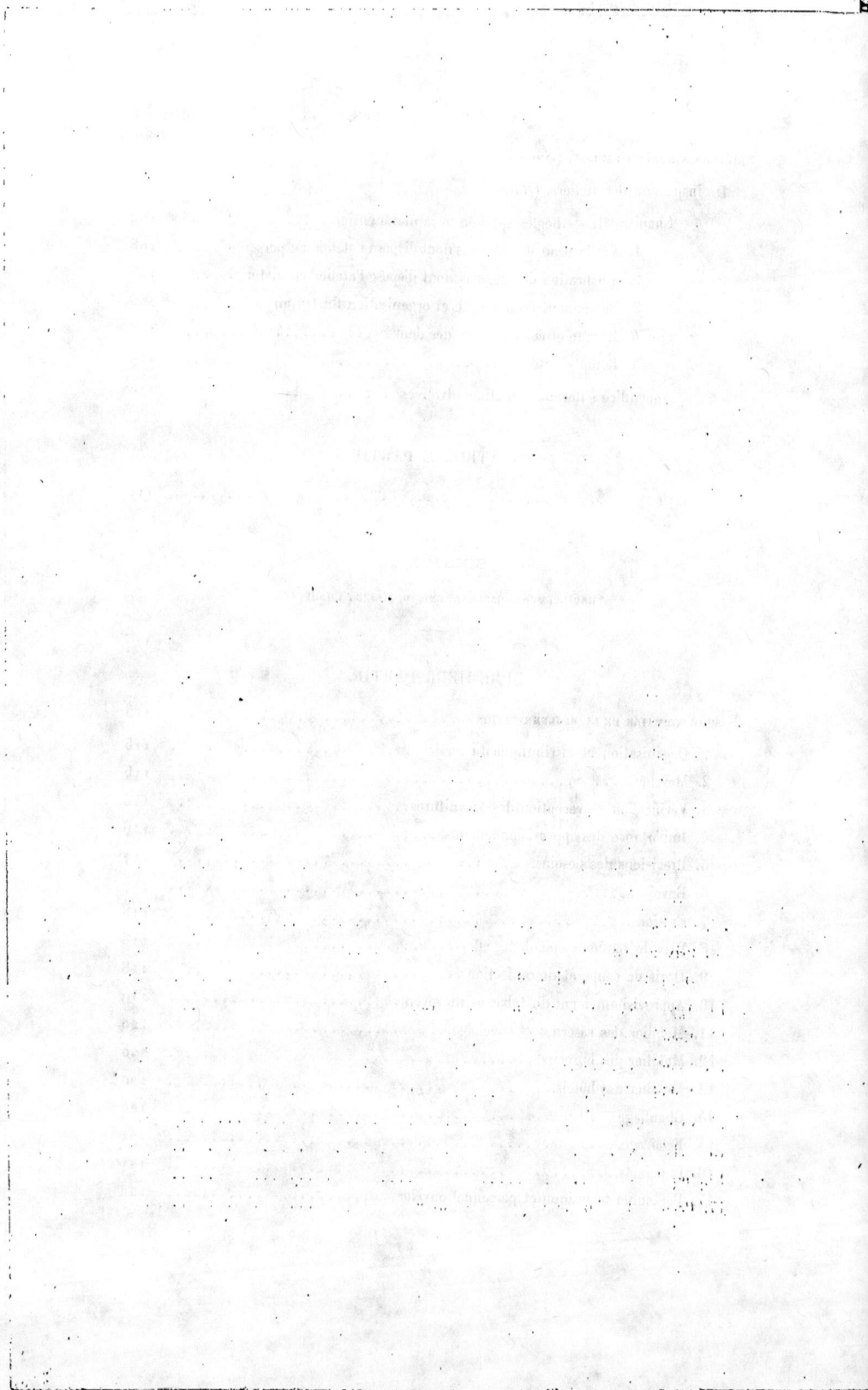

DEUXIÈME PARTIE.

TROISIÈME PARTIE.

QUATRIÈME PARTIE.

DIVISION III.

SERVICE DES APPROVISIONNEMENTS DE LA FLOTTE ET TRANSPORTS GÉNÉRAUX.

PREMIÈRE PARTIE.

Pages.

DEUXIÈME PARTIE.

TROISIÈME PARTIE.

QUATRIÈME PARTIE.

DIVISION IV.

SERVICE DE LA CENTRALISATION FINANCIÈRE.

PREMIÈRE PARTIE.

Pages.

DEUXIÈME PARTIE.

TROISIÈME PARTIE.

GUIDE MÉTHODIQUE

POUR LE CONTRÔLE

DES

SERVICES DE L'INTENDANCE MARITIME

DIVISION I.

SERVICE DE LA SOLDE.

PREMIÈRE PARTIE.

RÉSUMÉ SOMMAIRE DE LA RÉGLEMENTATION.

ATTRIBUTIONS DU SERVICE DE LA SOLDE.

Les attributions de ce service ont été résumées de la façon suivante dans l'article 19 du décret du 18 décembre 1909, *B. O.*, 1388 :

« *a.* Liquidation des dépenses de solde, frais de route et de transport de personnel, présentation des mémoires de proposition de pensions pour le personnel militaire et le personnel civil payé au mois;

« *b.* Vérification et centralisation des comptes de toute nature des bâtiments comptant au port (solde, vivres, matériel, comptabilité financière). »

Il faut ajouter, conformément à la circulaire du 17 juin 1910, *B. O.*, 1209, la centralisation des divers comptes de matériel en service des établissements à terre pour tous les chapitres dont l'administration appartient à la direction de l'Intendance.

Une instruction du 30 décembre 1909, *B. O.*, 1494, sur le fonctionnement des directions de l'Intendance dans les ports militaires, a réglé le service de la façon suivante, en attendant l'élaboration des arrêtés spéciaux prévus par l'article 19, § 2, du décret du 18 décembre 1909.

Les attributions du service de la solde sont les mêmes que celles de l'ancien détail des armements et revues, sous les réserves suivantes :

1° La solde du personnel des pêches et de la navigation maritime est liquidée au chef-lieu (chapitre 42 de 1911);

2° Les vérifications et l'apurement des comptabilités vivres passent au service de la solde, même pour les navires des escadres, l'apurement étant fait au port comptable;

L'apurement des trois comptabilités (personnel, matériel, vivres) donne lieu à un seul rapport comprenant trois fascicules;

3° Les mémoires de proposition de pensions du personnel militaire et du personnel civil payé au mois sont préparés par les divers services, mais la vérification et la présentation en incombent au service de la solde.

Les frais de route et de mission des ouvriers sont liquidés par les directions de travaux, mais un relevé mensuel de ces dépenses doit être soumis au service de la solde aux fins de vérification.

Les réparations d'habillement effectuées dans les dépôts des équipages de la flotte passent sous le contrôle du service de la solde.

Ce service est également chargé de délivrer, aux bâtiments et aux divers services comprenant du personnel militaire, les timbres-poste spéciaux créés par la loi du 29 décembre 1900.

Le service de la solde ayant conservé toutes les attributions de l'ancien détail des armements, serait chargé, éventuellement, de l'administration des prises maritimes.

Les cas de responsabilité du chef de service de la solde sont énumérés dans les articles 35 et 40 du décret du 17 octobre 1910.

La répartition normale du service est indiquée dans la circulaire du 9 février 1910, *B. O.*, 276, qui prévoit trois sections : «revues», «armements», «vérifications et apurements», dirigées par un commissaire en chef, un commissaire principal et un commissaire de 1re classe[1].

Cette circulaire donne des instructions sur la répartition et les fonctions des chefs de bureau responsables du service vis-à-vis des chefs de section et autorisés à signer certaines pièces.

Comme conséquence des nouvelles attributions concernant l'apurement des comptabilités, des premiers-maîtres et seconds-maîtres fourriers et

[1] Cette répartition, établie à titre d'indication sur la demande de l'un des ports, n'est pas impérative pour tous les autres.

[illegible]

[illegible]

[illegible]

[illegible]

[illegible]

[illegible]

[illegible]

[illegible]

[illegible]

[illegible]

[illegible]

[illegible]

[illegible]

[illegible]

commis, disponibles, peuvent être mis à la disposition de l'Intendance suivant les besoins.

Les attributions qui précèdent sont réparties entre les bureaux des sections déjà indiquées, auxquelles il faut ajouter le secrétariat et la comptabilité financière[1].

A. Secrétariat.

Ce bureau, chargé de la centralisation et de la transmission des pièces, doit tenir compte des prescriptions contenues dans les textes suivants :

Circulaires des 26 octobre 1909, *B. O.*, 1129, et 16 novembre 1909, *B. O.*, 1146, relatives aux mesures de décentralisation; aux simplifications d'écritures; à la suppression d'un grand nombre de pièces; à la compétence de l'autorité locale.

Circulaire du 6 novembre 1909, *B. O.*, 1148, contenant des instructions pour la révision des règlements actuellement en vigueur et pour leur refonte périodique;

Décret du 11 janvier 1910, *B. O.*, 32, indiquant la liste des principales affaires à soumettre au ministre;

Circulaire du 29 janvier 1910, *B. O.*, 221, rappelant que les réponses des divers services à une question posée par le ministre doivent être centralisées par le commandement et faire l'objet d'un seul envoi.

Au secrétariat on peut rattacher les «archives».

Les registres et les pièces du service de la solde et des bâtiments doivent rester dans les archives de ce service.

Les registres matricules, les rôles d'équipage (première partie), les contrôles des ports de rattachement, les registres des procès-verbaux du service de la solde, sont conservés indéfiniment.

Les rôles d'équipage (deuxième partie), les contrôles des unités administratives, les contrôles auxiliaires, les pièces justificatives et les registres divers sont supprimés après le délai fixé dans le tableau annexé à l'arrêté sur le service des archives (art. 430, instr. 26 oct. 1910).

Cet arrêté porte la date du 6 mai 1909, *B. O.*, 407 (Err. du 29 mai 1909, *B. O.*, 460).

[1] Le nombre des bureaux et leurs attributions varient, naturellement, d'un port à l'autre, suivant l'importance du service et en tenant compte de l'effectif du personnel.

En conséquence, la répartition qui va suivre ne doit pas être considérée comme réglementaire; elle correspond à l'organisation intérieure du service de la solde dans un grand port.

B. Section des Revues.

Le service de cette section peut se résumer de la façon suivante :

Tenue des matricules du personnel;

Établissement des états de services;

Préparation et vérification des mémoires de proposition de pensions;

Délivrance des certificats de vie.

Administration de tout le personnel entretenu qui, n'étant ni embarqué, ni considéré comme tel, est soumis à la réglementation des décrets sur la solde des 7 janvier 1908, *B. O.*, 1 et 17 octobre 1910, *B. O.*, 3283.

Les textes à consulter sont :

Le décret du 15 novembre 1895, modifié (voir décret 10 janv. 1911, *B. O.*, 126), relatif aux congés et aux permissions (*B. O.*, 759);
Le décret du 7 janvier 1908, *B. O.*, 1, portant règlement sur la solde des officiers etc., modifié ou complété par les actes suivants :

Année 1908.

Décret du 1er février, *B. O.*, 180, modifiant le décret du 8 mars 1902, contrôle;
Décret du 4 mars, *B. O.*, 251, modifié par décret 21 octobre 1908, 1032, au sujet des bâtiments séjournant au Maroc;
Décret du 14 mai, *B. O.*, 536 (divers corps et tarifs)
Circulaire du 29 décembre, *B. O.*, 1300 (indemnité de cherté de vivres aux commis dans les quartiers d'Inscription maritime).

Année 1909.

Décret du 5 mai, *B. O.*, 436 (divers tarifs intéressant plusieurs corps);
Décret du 1er octobre, *B. O.*, 1114 (table des aspirants);
Décret du 8 octobre, *B. O.*, 1116 (traitement de table);
Décret du 16 décembre, *B. O.*, 1464 (sous-marins);
Loi du 5 novembre, *B. O.*, 1176, créant un corps d'ingénieurs d'artillerie navale.

Année 1910.

Décret du 13 janvier, *B. O.*, 49 (traitement de table);
Décret du 22 janvier, *B. O.*, 200, au sujet des instituteurs;

Décret du 13 avril, *B. O.*, 752 (traitement de table);
Décret du 14 avril, 1035 (personnel administratif);
Décision présidentielle du 29 avril, *B. O.*, 1038 (traitement de table au Maroc);
Décret du 28 mai, *B. O.*, 1183 (personnel technique);
Décret du 3 juin, *B. O.*, 1185 (enseignes de vaisseau de deux classes);
Décision présidentielle du 17 juin, *B. O.*, 1358 (traitement de table);
Décret du 28 juin, *B. O. R.*, 1380 (manutentionnaires);
Décret du 29 juin, *B. O.*, 1947 (officiers d'administration d'artillerie et ingénieurs d'artillerie, tarifs);
Décret du 20 août, *B. O.*, 2093 (flottilles de sous-marins);
Décret du 16 septembre, *B. O.*, 2742 (supplément aux ingénieurs en Tunisie);
Décret du 12 octobre, *B. O.*, 3174 (diverses allocations);
Décret du 17 octobre, *B. O.*, 3283, sur l'administration et la comptabilité du service de la solde complété par décret du 32 mai 1911, *B. O.*, 929, et instruction du 26 du même mois, *B. O.*, 3346;
Décret du 21 décembre, *B. O.*, 1911, 100 (traitement de table);

Année 1911.

Décret du 14 octobre, *B. O.*, 884 (traitement de table);
Décret du 25 octobre, *B. O.*, 965 (frais de représentation, solde, traitement de table, tarifs);
Décret du 6 novembre, *B. O.*, 1076 (relèvement du solde des enseignes et assimilés; 1er mai, tarifs);
Décret du 8 décembre, *B. O.*, 1270 (solde des agents techniques);
Consulter également la circulaire du 25 février 1911, *B. O.*, 399, qui a donné la solution de diverses questions relatives à l'interprétation ou à l'application du décret du 7 janvier 1908; et la circulaire du 11 décembre 1911, *B. O.*, 1304, relative au règlement de la solde des officiers en résidence libre (interprétation de l'article 139, § 2, du décret du 17 oct. 1910 et des articles 66 et 332 de l'Instruction du 26 octobre 1910).

Les fonctionnaires du corps du contrôle n'étant pas compris dans les tarifs du décret de 1908, il y a lieu de se reporter aux actes spéciaux à ce corps, savoir :
Loi du 2 mars 1902, *B. O.*, 407 (solde);
Décret du 8 mars 1902, *B. O.*, 416 (indemnités);
Décret du 8 mars 1902, *B. O.*, 421 (frais de déplacement);
Décret du 16 janvier 1904, *B. O.*, 53 (allocations en Tunisie et en Cochinchine);
Décret du 1er février 1908, *B. O.*, 179 (solde et indemnités, etc., pour l'application du décret du 7 janvier 1908);
Décret du 2 août 1910, *B. O.*, 1989 (employés).

La solde des ingénieurs des ponts et chaussées détachés au service de la Marine en France a été fixée par le décret du 26 février 1908, *B. O.*, 244, et l'arrêté du 4 mars 1908, *B. O.*, 246.

Les retenues pour les pensions sont effectuées, au moment de la nomination ou lors des avancements, dans les conditions déterminées par l'article 28 de la loi de finances du 29 mars 1897, *B. O.*, 495, et le décret du 28 juillet 1897, *B. L.*, 442.

La première retenue, après promotion ou réintégration, est opérée par quart sur quatre mois.

Les traitements des inspecteurs de la navigation sont fixés par l'article 11 du décret du 26 mars 1909, *B. O.*, 306, modifié par le décret du 3 novembre 1910, *B. O.*, 3632, conformément à l'article 9 de la loi du 17 avril 1907, concernant la sécurité de la navigation, *B. O.*, 1225; ces traitements sont cumulables avec les pensions ou demi-soldes.

Pour les aumôniers de la Marine, dont le corps a été supprimé, voir les dispositions transitoires contenues dans le décret du 6 février 1907, *B. O*, 214.

Un décret du 2 novembre 1910, *B. O.*, 3986, a créé 400 emplois d'écrivains administratifs à la solde de 1224 francs.

La section s'occupe également de l'administration des compagnies de gendarmerie maritime, seul corps de troupe organisé restant à la charge de la Marine à partir de l'année 1911.

Textes à consulter :

Décret du 5 décembre 1902, sur la solde et les revues;

Décret du 3 janvier 1903, sur l'administration et la comptabilité.

Ces règlements, élaborés pour la gendarmerie départementale, ont été rendus applicables à la Marine par la décision du 19 décembre 1903, *B. O.*, 676. Non insérés au *B. O.* de la Guerre, ils forment des fascicules spéciaux (n°s 42, 42bis, 43, 44 de l'édition méthodique).

Le règlement sur la solde se trouve modifié par des actes postérieurs, notamment ceux qui suivent :

Décret Guerre du 26 mai 1909, *B. O. G.*, 839, sur les soldes progressives, rendu applicable à la Marine par la circulaire du 7 juin 1909, *B. O.*, 674 [1].

Décret Guerre du 22 mars 1910, *B. O. G.*, 543, au sujet de la solde à l'hôpital, rendu applicable à la Marine par la circulaire du 18 mai 1910, *B. O.*, 1071.

Décret Guerre du 31 juillet 1910, *B. O.*, 1376, complétant celui du 26 mai 1909, *B. O.*, 839, en ce qui concerne la solde des élèves-gendarmes, rendu applicable à la Marine par la circulaire du 6 septembre 1910, *B. O.*, 2125.

[1] Cf. circulaire du 22 juillet 1911, *B. O.*, 255 : Augmentation des soldes des lieutenants et sous-lieutenants.

[illegible]

[illegible]

[illegible]

[illegible]

[illegible]

[illegible]

[illegible]

[illegible]

[illegible]

[illegible]

[illegible]

[illegible]

[illegible]

[illegible]

[illegible]

La suppression des conseils d'administration des compagnies de gendarmerie maritime a fait modifier certaines allocations : c'est ainsi que le commandant reçoit, à titre de frais de bureau, l'indemnité de 918 francs qui était payée au trésorier (dép. 9 déc. 1907, Fl. Ét.-maj. J. M. Rev. cont.);

Le secrétaire du commandant reçoit un supplément de 12 francs par mois (dép. 18 juill. et 19 nov. 1908, Fl. Ét.-maj. J. M. Rev. cont.).

Il peut être utile de se reporter aussi à une dépêche du 16 juin 1908 (Fl. Ét.-maj. J. M. Rev. cont.), au sujet d'abus commis dans le payement d'indemnités de service extraordinaire.

Consulter enfin la circulaire du 25 février 1911, *B. O.*, 384, qui donne l'indication des localités dans lesquelles l'indemnité pour cherté de vivres est allouée aux gendarmes.

Conformément à l'article 30 de la loi du 5 novembre 1909 et au décret du 20 août 1910, *B. O.*, 2046, quelques officiers d'administration et sous-officiers de l'artillerie coloniale, autorisés à rester au service du département de la Marine et destinés à disparaître par extinction, continueront à être administrés suivant les règles de l'ordonnance du 22 juin 1847 modifiée, notamment par l'arrêté du 14 janvier 1879, et complétée par les textes suivants :

Loi du 18 mars 1889, *B. O.*, 556, sur le rengagement des sous-officiers;

Décret du 4 août 1894, *B. O.*, 200, sur les engagements et rengagements;

Loi du 21 mars 1905, *B. O.*, 301, sur le recrutement de l'armée;

Décret du 8 octobre 1907, *B. O.*, 1155, rendant applicable à la Marine le décret (Guerre) du 20 septembre 1906, *B. O. G.*, 1567, pour la solde de la troupe.

Les tarifs de solde des officiers se trouvent dans les décrets suivants;

Décret (Guerre) du 27 décembre 1890, *B. O.*, 1339;

Décret (Guerre) du 8 juillet 1902, *B. O.*, 1433, pour la solde des lieutenants;

Décision présidentielle du 6 mai 1901, *B. O.*, 705, sur la solde des capitaines;

Décret (Guerre) du 25 février 1910, *B. O. G.*, 411 et 415, au sujet des indemnités de logement aux sous-officiers etc., rendu applicable à la Marine par la circulaire du 28 avril 1910, *B. O.*, 1001;

Décret (Guerre) du 22 mars 1910, *B. O.*, 543, au sujet de la solde d'hôpital, pour les officiers de troupe et assimilés, rendu applicable à la Marine par la circulaire du 22 juillet 1910, *B. O.*, 1913;

Décret (Guerre) du 2 août 1910, *B. O.*, du 6 août 6847, modifiant les tarifs de solde pour les lieutenants, sous-lieutenants et assimilés, rendu applicable à la Marine, par la circulaire du 25 août 1910, *B. O.*, 2069.

Outre les règlements principaux d'organisation ou d'administration, il paraît utile de citer, en suivant l'ordre des bureaux, quelques décisions de principe applicables dans tous les ports.

1. Bureau des matricules et pensions.

Les matricules doivent être distinctes par corps et comprendre une table alphabétique avec référence aux volumes et aux folios individuels (voir circ. et arrêté 12 avril 1889, *B. O.*, 586, et 8 février 1897, *B. O.*, 153, et instr. 26 oct. 1910, art. 281 à 284).

Les registres matricules du personnel entretenu sont exclusivement tenus, dans les ports militaires, par le chef du service de la solde, et, hors des ports, par les officiers chargés des détails administratifs (art. 283).

Les officiers de marine, les officiers mécaniciens, les fonctionnaires du contrôle, les ingénieurs du génie maritime, de l'artillerie navale, les officiers du commissariat, du service de santé, les administrateurs de l'inscription maritime, les adjudants principaux des équipages de la flotte, les pilotes-majors, sont inscrits sur les registres matricules d'un port d'attache fixé par le ministre.

Chaque registre matricule est formé par la réunion de feuillets individuels amovibles (art. 281).

Le personnel entretenu, autre que celui qui précède, est inscrit sur les registres matricules du port ou établissement dans lequel il se trouve en service; en cas de changement d'affectation, l'article matriculaire et le dossier sont envoyés au nouveau port ou établissement, sauf le cas d'affectation hors de France.

Le personnel de l'inscription maritime, à l'exception des administrateurs, est inscrit sur les registres matricules du chef-lieu du sous-arrondissement dans lequel il se trouve en service (art. 282).

La matricule des syndics et gardes maritimes doit comprendre tous ces agents, même ceux qui sont déjà pourvus d'une pension de retraite (circ. 15 avril 1908, *B. O.*, 502).

Les registres matricules des marins vétérans et des pompiers sont tenus par le conseil d'administration de la direction des mouvements du port, pour le compte du chef du service de la solde; les vétérans, tous inscrits maritimes, ne sont pas rayés des matricules des quartiers.

Les registres matricules des gardes-consignes et des surveillants militaires des prisons maritimes sont tenus, pour le compte du chef du service de la solde, par le capitaine de frégate aide-major.

Les guetteurs sémaphoriques sont inscrits sur des matricules spéciales tenues dans les quartiers d'inscription maritime (art. 284).

L'article 288 de l'instruction indique les renseignements que la matricule doit contenir; la mise à jour se fait au moyen des états et bulletins des mutations matriculaires dressés et transmis dans les conditions exposées dans les articles 289 à 292.

Pour le personnel en service à terre, les bulletins sont établis, au

[illegible]

[illegible]

[illegible]

[illegible]

[illegible]

[illegible]

[illegible]

[illegible]

[illegible]

[illegible]

[illegible]

[illegible]

[illegible]

départ du port ou en fin d'année, pour les corps désignés dans l'article 281, et, au départ du port de rattachement, pour les autres.

Voir aussi la circulaire du 24 janvier 1889, *B. O.*, 42, rappelée le 23 avril 1902, *B. O.*, 800, et celle du 31 août 1906, *B. O.*, 796.

Le chef du service de la solde doit viser les listes d'embarquement du personnel ouvrier ayant pris part à des essais; ces listes sont ensuite conservées par les directions intéressées (voir circ. 10 mai 1910, *B. O.*, 1060).

Une instruction du 8 juin 1899, *B. O.*, 794, touchant les caractères constitutifs et la définition de la rade au point de vue de la pension, précise aussi la façon de calculer les six années de mer et les bénéfices de campagne; cette instruction a été modifiée le 18 mai 1900, *B. O.*, 850, et le 14 mars 1911 (circ. 12 mai 1911, *B. O.*, 887) pour les bâtiments accostés aux appontements des rades.

Pour la supputation des services accomplis par le personnel embarqué sur les bâtiments de servitude, voir la circulaire du 3 décembre 1901, *B. O.*, 639, et, pour les dépenses fixes, la circulaire du 14 décembre 1909, *B. O.*, 1487.

Sur les navires armés en préparation d'essais, le temps de service est considéré comme accompli à la mer au point de vue de l'avancement seulement (circ. 16 juill. 1908, *B. O.*, 709).

Un recueil, publié en 1905, contient, avec les dates y afférentes, la liste de tous les navires susceptibles de faire acquérir le bénéfice de campagne de guerre depuis l'année 1870.

Le service de la solde établit, d'après les rôles et les contrôles déposés dans ses archives, les certificats de services destinés à justifier les décomptes joints aux propositions de pensions.

Les états de services à produire dans certains cas ne doivent être adressés au département que lorsque leur exactitude a été rigoureusement contrôlée (circ. 4 nov. 1903, *B. O.*, 506, et Err. 31 déc. 1903, *B. O.*, 779).

L'application des lois qui régissent les pensions a donné lieu à une instruction importante du 30 novembre 1885, *B. O.*, 1051, qui énumère dans vingt tableaux le détail des pièces à produire, suivant les cas, pour les pensions militaires ou civiles[1].

Le service de la solde est chargé de délivrer les certificats de radiation des contrôles et de notifier les concessions de pension au personnel entretenu pour lequel il tient les contrôles (circ. 25 avril 1907, *B. O.*, 559, et 10 mars 1908, *B. O.*, 291).

En ce qui concerne les pensions pour blessures ou infirmités, consulter la nouvelle classification du 2 septembre 1908, *B. O.*, 899, Erratum du

(1) Pour la préparation des mémoires de proposition de pensions dans les dépôts des équipages de la flotte, voir la circulaire du 10 juillet 1909, *B. O.*, 745, et l'article 582 de l'arrêté ministériel du 30 juillet 1910. On trouvera, dans le texte et dans les notes de l'instruction du 30 novembre 1885, les dates des principales dispositions constituant la législation et la réglementation des pensions.

29 octobre 1908, *B. O.*, 960, et les instructions de la même date remplaçant celles du 28 novembre 1887.

La nomenclature générale des maladies porte la date du 7 septembre 1907, *B. O.*, 1086.

Les signatures des certificats médicaux, joints aux mémoires de propositions établis en vertu de la loi du 8 décembre 1905, doivent être légalisées par le chef du service de la solde (circ. 28 avril 1910, *B. O.*, 1038).

Les marins admis à une pension de retraite proportionnelle peuvent recevoir des acomptes, sur leur pension en cours de liquidation, dans les conditions de la circulaire du 9 mai 1887, *B. O.*, 525 (circ. 15 nov. 1909, *B. O.*, 1270).

En ce qui concerne les gratifications de réformes, renouvelables ou permanentes, les conditions d'obtention, la procédure à suivre, etc., il y a lieu de se reporter à l'instruction du 15 décembre 1908, *B. O.*, 1185, sur l'aptitude physique au service de la flotte, suivie d'une instruction sur la réforme dans l'armée de mer (*B. O.*, 1241, Err. du 15 mars 1909, *B. O.*, 295, modifiée 23 août 1910, *B. O.*, 2061).

Le dernier tarif, qui porte la date du 1er octobre 1908, *B. O.*, 946, est reproduit dans l'instruction qui vient d'être citée (*B. O.*, 1250).

Le rôle du secrétaire médical de la commission de réforme a fait l'objet d'une circulaire du 6 février 1909, *B. O.*, 65.

Les gratifications étant payées sur les fonds du budget de la marine, le chef du service de la solde doit en tenir une matricule divisée en deux séries suivant que les concessions sont renouvelables ou permanentes.

Pour les marins réformés qui demandent une pension, voir une circulaire du 20 juillet 1909, *B. O.*, 788.

Le chef du service de la solde établit, le 1er juin et le 1er décembre, les certificats de vie nécessaires au personnel qu'il administre pour recevoir les traitements de la Légion d'honneur et de la Médaille militaire; les intéressés doivent se présenter dans les bureaux (circ. 29 janv. 1910, *B. O.*, 212).

2. Bureau du personnel entretenu.

Ce bureau est chargé de l'administration de tout le personnel entretenu à terre (autre que les officiers d'administration et sous-officiers d'artillerie) qui ne figure pas sur le rôle d'une unité administrative.

La situation, au point de vue de la solde, est suivie sur des contrôles nominatifs tenus conformément à l'instruction du 26 octobre 1910 (art. 64, 414 et suivants). Il y a lieu de se reporter à ce règlement pour tout ce qui concerne l'administration du personnel rattaché aux cinq ports militaires, la façon de signaler les payements effectués dans un port pour le compte d'un autre, etc.[1].

[1] Il semble qu'on peut consulter encore, à titre de renseignement, les instructions du 12 septembre 1903, *B. O.*, 574, et 17 mai 1905, *B. O.*, 511, pour certains détails

Les contrôles des marins vétérans et ceux des pompiers sont tenus par le conseil d'administration de la direction des mouvements du port, pour le compte du service de la solde (art. 36, décr. 17 oct. 1910, et art. 421, instr. 26 oct. 1910).

Hors des ports de rattachement, l'administration doit tenir des contrôles auxiliaires (art. 425).

Les pièces justificatives, notamment les billets de destination portant avis de dette, et les états n° 1237 des dettes signalées, doivent rester à l'appui des contrôles (art. 269 instr.).

L'administration centrale et les établissements hors des ports doivent envoyer aux ports de rattachement un état mensuel (le 25) des mutations survenues (art. 424 instr.).

Conformément à l'article 104 de l'instruction, les ports militaires liquident la solde mensuelle des officiers et autres résidant à Paris ou dans le département de la Seine, au moyen de remises à la caisse des gens de mer qui doivent indiquer le domicile exact des destinataires.

Les officiers en service à Paris qui se rendent en mission pour prendre part aux essais des bâtiments reçoivent la solde à la mer par les soins du port de Cherbourg (circ. 3 oct. 1910, *B. O.*, 2929).

Les officiers en non-activité ou en réforme ne peuvent recevoir leur solde que dans le lieu où ils ont été autorisés à fixer leur résidence (art. 61, décr. 17 oct. 1910).

Les cas dans lesquels le personnel peut être payé au moyen de mandats individuels sont énumérés dans les articles 85 et 88 de l'instruction du 26 octobre 1910.

La solde est payée en sommes nettes; elle est diminuée, quand il y a lieu, du montant de la retenue de logement ou d'hôpital, sans reversement au Trésor (circ. 17 mai 1909, *B. O.*, 454).

La concession gratuite des logements dans les immeubles de l'État doit faire l'objet d'autorisations inhérentes aux nécessités du service justifiées par décret (voir, pour la Marine, décr. 11 avril 1906, *B. O.*, 357, 26 mars 1909, *B. O.*, 616, et deux circ., 8 nov. 1906, *B. O.*, 946, et 15 nov. 1909, *B. O.*, 1302).

Lorsque le logement est fourni gratuitement en vertu d'un décret, les bénéficiaires ne subissent pas de retenue sur leur solde (comment. art. 112 décr. 7 janv. 1908).

Il en est de même lorsque le logement, n'étant pas obligatoire, n'est pas occupé (Dép. à Alger, 23 janv. 1908, T. H., FL., Rev. Contr.).

qui n'ont pas trouvé place dans le règlement du 26 octobre. C'est ainsi qu'il paraît utile de maintenir la division antérieure des contrôles, c'est-à-dire :

Un contrôle par corps pour le personnel présent au port;

Un contrôle par corps ou par lieu d'émission des mandats ou ordonnances pour le personnel rattaché;

Un contrôle distinct pour le personnel non compris sur la revue de liquidation du port;

Un contrôle spécial au port de Cherbourg pour le personnel en service à Paris payé sur le chapitre 2 du budget (1910).

En ce qui concerne le point de départ de la retenue de logement, quand il y a lieu de l'appliquer, voir l'article 112 du décret du 7 janvier 1908.

Les inspecteurs de la navigation subissent sur leur traitement une retenue de 5 p. 0/0 qui est versée à la Caisse nationale des retraites pour la vieillesse, l'État opérant à la même Caisse un versement d'égale importance.

Le service de la solde tient les livrets et assure les versements périodiques; il doit en outre adresser une fois par an, aux intéressés, un état de ces opérations.

Au delà de 65 ans, les versements sont faits à la caisse d'épargne (loi 26 juin 1909, art. 5, et instr. 28 mars 1910, *B. O.*, 828, donnant un modèle d'état de payement pour ces fonctionnaires).

Les livrets individuels du personnel présent au port sont déposés au service de la solde, qui les arrête en cas de mutations (art. 136, décr. 17 oct. 1910, et art. 127 et 304, instr. 26 oct.).

On doit y enregistrer les congés, permissions, délais de route supplémentaires ou, quand il y a lieu, une mention pour néant (circ. 28 sept. 1906, *B. O.*, 811). On y inscrit également les frais de route, de séjour, de mission, etc., payés avant le départ ou à rappeler (art. 305 et 306, instr. 26 oct. 1910).

La revue générale de liquidation des officiers sans troupe et agents divers présents au port est ordinairement confiée au bureau qui administre ce personnel. Elle est établie dans les conditions de détail fixées par l'instruction du 26 octobre 1910 déjà citée (art. 428 et suivants); elle doit être adressée au ministre avant le 1er juillet de la seconde année qui suit celle qui donne son nom à l'exercice (art. 171, décr. 17 oct. 1910).

La revue est unique pour le personnel du port ou rattaché, mais le port de Cherbourg dresse une revue spéciale pour les officiers en service à Paris payés sur le chapitre 2 du budget.

Le service de la solde est chargé de l'administration des élèves boursiers de la Marine dans les lycées et collèges des ports militaires et de certains ports de commerce.

Les concessions, augmentations, etc., lui sont notifiées.

Les payements effectués, sur la présentation des états produits par l'administration de l'Instruction publique, font l'objet d'une comptabilité suivie sur des contrôles nominatifs.

L'obligation de tenir ces documents ne résulte d'aucun texte formel; aussi la forme des écritures peut-elle varier dans les divers ports.

En ce qui concerne le payement des termes, etc., voir une instruction du 23 mai 1892, *B. O.*, 505, modifiée le 29 décembre 1906, *B. O.*, 1062.

Au port de Brest, le chef du service de la solde est chargé de la vérification de la comptabilité et des opérations administratives de l'Établissement des pupilles de la marine (art. 29, décr. 7 mai 1904, *B. O.*, 391).

1. Bureau des troupes [1].

Aux termes d'une circulaire du 14 février 1907, *B. O.*, 234, les décisions du Ministre de la Guerre sont, en principe, applicables au personnel de l'artillerie coloniale détaché à la Marine.

Cependant, quand elles doivent avoir une répercussion budgétaire, il faut une décision spéciale du Ministre de la Marine pour les appliquer.

En ce qui concerne la gendarmerie maritime, la 5e compagnie est chargée de soumettre des propositions au Ministre de la Marine en vue de faire étendre à ce département, quand il y a lieu, les mesures prises à l'égard de la gendarmerie départementale (circ. 9 août 1910, *B. O.*, 3963).

Le bureau des troupes est chargé des écritures relatives à la surveillance administrative des compagnies de gendarmerie et de l'administration du personnel de l'artillerie coloniale maintenu au département de la Marine.

Ces obligations comprennent :

La liquidation de la solde et des frais de déplacement;

L'établissement des revues de liquidation, c'est-à-dire une revue trimestrielle, pour chaque compagnie de gendarmerie (art. 69, règl. 3 janv. 1903);

Une revue de liquidation nominative, annuelle, pour les officiers d'administration et sous-officiers d'artillerie coloniale autorisés à continuer leurs services dans la Marine (circ. 26 oct. 1909, *B. O.*, 1129);

Au sujet de la justification des payements faits à des officiers sans troupe et employés militaires, en dehors du port dans lequel ils comptent, voir une circulaire du 27 janvier 1903, *B. O.*, 241.

Les pièces justificatives des années expirées, pour les revues de la gendarmerie, doivent être frappées d'un timbre d'annulation (art. 231, règl. 5 déc. 1902, et art. 72, 2e alinéa, règl. 3 janv. 1903).

Le service de la solde doit tenir un compte des retenues pour dettes envers l'État concernant la gendarmerie (art. 59, règl. 1903).

Le chef du service de la solde a l'obligation de vérifier la caisse de la compagnie de gendarmerie du port au moins une fois par trimestre (art. 229 et § 8, annexe n° 1, règl. 5 déc. 1902) et les existants en magasin une fois par an (art. 227, règl. 5 déc. 1902).

Les frais de déplacement acquis par les militaires des corps de troupe sont réglés par le décret du 12 juin 1908, auquel il convient de se reporter pour toutes les vérifications de détail.

[1] L'administration des troupes, très réduite maintenant, ne comportera plus, dans la pratique, un bureau distinct; cette subdivision a été maintenue néanmoins dans ce travail, à cause de la réglementation spéciale qui s'y rapporte.

C. Section des Armements.

1. Bureau des bâtiments armés.

Ce bureau, chargé de suivre la comptabilité de l'année en cours, doit tenir les contrôles des bâtiments et des services administrés comme tels, y compris le dépôt des équipages de la flotte, et conserver les dossiers des pièces justificatives pour chacun d'eux; le contrôle doit permettre de suivre les opérations générales, au titre de l'unité administrative (art. 151, 17 oct. 1910).

Une liste nominative des officiers, marins et autres, faisant partie de l'unité à la date du 1er janvier, est adressée au service de la solde (art. 387, instr. 26 oct. 1910).

Les règlements principaux à consulter sont :

Le décret du 11 juillet 1908, sur la solde des équipages, et celui du 17 du même mois, sur l'organisation de ce corps, suivi de l'arrêté ministériel du 30 juillet 1910, sur le service courant des équipages de la flotte;

Le décret du 7 janvier 1908, pour les officiers;

Enfin, le décret du 17 octobre 1910, *B. O.*, 3283, et l'instruction du 26 du même mois, *B. O.*, 3346, sur l'administration du personnel, officier ou autre, à terre et à la mer.

Bien que récents, les décrets des 11 et 17 juillet 1908 ont été déjà modifiés ou complétés par les textes suivants :

Décret du 11 juillet 1908.

Année 1908.

Décret du 21 octobre, *B. O.*, 1022 (bâtiments détachés au Maroc);
Décret du 9 novembre, *B. O.*, 1036 (détachements);
Décret du 27 novembre, *B. O.*, 1073 (prix d'instruction).

Année 1909.

Décret du 2 octobre, *B. O.*, 1073 (prix d'instruction).

Année 1910.

Décret du 17 janvier, *B. O.*, 176 (prix d'instruction);
Décret du 5 juillet, *B. O.*, 1628 (diverses questions de solde);
Décret du 4 mars 1908, *B. O.*, 251 (bâtiments séjournant au Maroc).

Année 1911.

Décret du 10 janvier 1911, *B. O.*, 126 (remboursement de l'habillement, frais d'arrestation et de capture).

Décret du 17 juillet 1908.

Année 1909.

Décret du 10 février, *B. O.*, 69 (diverses questions);
Décret du 10 mars, *B. O.*, 288 (écoles);
Décret du 7 mai, *B. O.*, 462 (écoles);
Décret du 18 juin, *B. O.*, 683 (permissions);
Décret du 3 août, *B. O.*, 801 (diverses questions);
Décret du 3 septembre, *B. O.*, 892 (mécaniciens);
Décret du 27 octobre, *B. O.*, 1141 (canonniers);
Décret du 7 décembre, *B. O.*, 1379 (apprentis);
Décret du 11 décembre, *B. O.*, 1453 (avancement).

Année 1910.

Décret du 1er avril, *B. O.*, 727 (notes semestrielles);
Décret du 18 juin, *B. O.*, 1360 (pilotes);
Décret du 16 juillet, *B. O.*, 1895 (clairons);
Décret du 23 septembre, *B. O.*, 2794 (télémétristes);
Décret du 23 décembre, *B. O.*, 1911, 91 (engagements, conséquences des dispositions, condamnations disciplinaires).

En outre de ces actes, qui ont modifié les textes ou les tarifs, de nombreuses décisions sont intervenues; il paraît inutile de les rappeler ici, parce qu'elles ont trouvé place dans l'instruction du 26 octobre 1910.

Année 1911.

Décret du 23 juin, *B. O.*, 1157 (natation);
Décret du 21 octobre, *B. O.*, 898 (discipline).

2. Bureau de la liquidation.

Ce bureau est chargé d'établir les revues de liquidation des bâtiments et du dépôt, mais la répartition du service, pour la vérification des rôles de bord et la préparation des revues, peut varier suivant les instructions du chef du service de la solde.

Les explications très détaillées qui étaient contenues dans l'instruction du 12 septembre 1901, se trouvent maintenant, pour la plupart, dans celle du 26 octobre 1910 qui fait suite au décret du 17 du même mois (art. 398 et suiv.).

Aux termes de ce règlement, toutes les revues doivent être terminées le 1er juillet de la seconde année qui suit celle qui donne son nom à l'exercice (art. 159, décr. 17 oct. 1910).

3. Bureau des rengagements et réadmissions et des frais de déplacement.

La matière est réglée, en ce qui concerne les rengagements et les réadmissions, par la loi du 24 décembre 1896, sur l'inscription maritime;

L'article 63 de la loi du 15 juillet 1889, sur le recrutement, maintenu par l'article 101 de la loi du 21 mars 1905;

Le décret du 17 juillet 1908, articles 124 à 140 inclus;

L'arrêté du 30 juillet 1910, articles 415 à 429.

Une circulaire du 5 février 1909, *B. O.*, 66, a fixé des conditions spéciales pour les candidats aux écoles de spécialités qui sont autorisés à contracter une réadmission de deux ans au lieu de trois s'ils sont inscrits ou s'ils se font inscrire.

La réglementation des frais de déplacement par voie de terre, applicable au personnel de la Marine autre que celui des corps de troupe, vient d'être refondue et condensée dans le décret du 13 septembre 1910, *B. O.*, 2811, analogue au règlement en vigueur au département de la Guerre. Cet acte a été modifié et complété par un décret du 23 septembre 1911, *B. O.*, 842 (1).

(1) Les questions ayant trait au point de départ de la mise en vigueur du décret du 13 septembre 1910 ont été résolues par une circulaire du 15 décembre 1910, *B. O.*, 4153.

Il y a lieu de se reporter à ce texte récent qui cite, dans de nombreuses notes, les principales décisions d'espèces intervenues depuis quelques années.

Pour le classement et le droit à la réduction des tarifs sur les voies ferrées, il faut se reporter à l'état C annexé à l'arrêté du Ministre des travaux publics du 9 mai 1903 (p. 395 du 2e semestre), modifié par l'arrêté du 31 août 1906, *B. O.*, 847.

Ce renseignement se trouve aussi dans le tableau n° 4 annexé au décret du 11 septembre 1910, *B. O.*, 2859.

Les marins mis en route sont constitués en détachement à partir de sept hommes (art. 632, arrêté 30 juill. 1910). Le chef de détachement reçoit une liste nominative, une feuille de route collective et un bon de transport extrait d'un registre à souche, unique pour tous les grands réseaux, mais à subdiviser pour les autres compagnies.

Il convient de se reporter, sur cette question, à un règlement du département de la Guerre en date du 4 juin 1902 (volume spécial de l'édition méthodique).

Les détachements voyagent par les trains ordinaires tant qu'ils ne doivent pas occuper plus de huit véhicules; au delà de ce nombre, il faudrait faire la demande d'un train spécial.

Voir aussi, au *Bulletin officiel de la Marine* (1er semestre 1900, p. 81), une circulaire du 20 décembre 1899 notifiant un décret de la même date portant règlement sur les mouvements de troupes à l'intérieur en temps de paix.

La mention «avec équipement» ne doit pas figurer sur les bons de chemin de fer lorsque les détachements ne voyagent qu'avec leurs sacs d'effets (circ. 6 oct. 1903, *B. O.*, 390); quand un détachement est réellement équipé (la circulaire définit l'équipement), le bon doit indiquer le nombre des places inoccupées qui sont nécessaires.

Voir une instruction pour les chefs de détachement du 5 juin 1876, *B. O. R.*, 61.

Les officiers mariniers et marins voyageant dans ces conditions reçoivent, suivant le grade, des indemnités journalières de route spéciales fixées par le décret du 9 novembre 1908, *B. O.*, 1036.

Les divers services, bien que liquidant eux mêmes les frais de déplacement concernant le personnel qu'ils administrent, doivent adresser un état de ces dépenses au service de la solde aux fins de vérification (circ. 30 déc. 1909, *B. O.*, 1494).

Au service des frais de déplacement, il faut rattacher la liquidation des frais de transport du personnel par mer. Cette partie du service comprend la concession des passages gratuits et la liquidation des dépenses à la charge de la Marine.

Sur le premier point, il faut se reporter aux textes précédents :

Décret du 7 mai 1907, *B. O.*, 577, portant règlement des passages du personnel de la Marine sur les navires de commerce;

Instruction du 7 mai 1907, *B. O.*, 580, réglant les conditions de ces [illegible] qui [illegible] des espèces [illegible] feuille [illegible]

Dont le classement [illegible] à la [illegible] tarif [illegible] annexe à l'arrêté [illegible] du [illegible] 1908 [illegible] du 13 août 1907 (B. O., 8..7).

[illegible] dans le troisième [illegible] du 14 septembre 1907 (B. O., 2396).

[illegible]

[illegible]

[illegible]

Sur le premier point, il faut se reporter [illegible]

Décret du [illegible] 1903 (B. O., [illegible]), portant règlement [illegible] personnel de la [illegible] des [illegible]

Instruction du [illegible] (B. O., [illegible]) réglant les conditions [illegible] passages entre la France, la Corse, l'Algérie et la Tunisie, modifiée le 30 octobre 1907, *B. O.*, 1182, et le 16 juin 1908, *B. O.*, 615;

Circulaire du 30 juillet 1907, *B. O.*, 903, pour la désignation des délégués du ministre autorisés à statuer sur les demandes de passage, erratum du 28 septembre 1907, *B. O.*, 1117.

Ces dispositions sont reproduites sommairement pour les équipages de la flotte, dans les articles 648 et 649 de l'arrêté du 30 juillet 1910.

En ce qui concerne les liquidations, il est nécessaire de se reporter aux conventions conclues entre l'État et les compagnies de navigation, conventions qui, la plupart du temps, ne sont pas publiées au *Bulletin officiel de la Marine*, mais dont le service doit posséder un exemplaire.

On peut voir notamment la loi du 3 janvier 1903, promulguée au *Journal officiel* du 17 janvier, concernant l'exploitation des services maritimes postaux entre le continent et la Corse pendant quinze ans et le cahier des charges du 20 janvier.

Aux termes d'une circulaire du 3 mai 1909, *B. O.*, 432, le passage gratuit sur les paquebots n'est pas dû aux familles des officiers qui se rendent à l'étranger en vue de préparer le brevet d'interprète.

Le mode de calcul des excédents de bagages, sur les paquebots, a fait l'objet d'une circulaire du 29 janvier 1906, *B. O.*, 75, rappelant celles des 13 mai 1867 (1er sem. 1896, p. 6) et 8 mars 1895, *B. O.*, 275.

Au sujet du rapatriement et des réquisitions de passage, on peut consulter les textes suivants :

Circulaire du 17 septembre 1871, *B. O. R.*, 938, au sujet de la suite à donner à diverses questions relatives aux passagers de la Marine voyageant sur les paquebots français et étrangers;

Circulaire du 4 septembre 1876, *B. O.*, 311, au sujet des principales dispositions concernant les passagers à bord des paquebots;

Circulaire du 20 juin 1877, *B. O.*, 1001, au sujet des voyages par les voies de New-York et de San Francisco;

Circulaire du 29 décembre 1881, *B. O. R.*, 328, au sujet des rapatriements par paquebot;

Circulaire du 6 octobre 1876, *B. O. R.*, 114, au sujet des bagages;

Circulaire du 28 novembre 1892, *B. O. R.*, 264, au sujet du classement des passagers sur les paquebots;

Circulaire du 21 décembre 1893, *B. O. R.*, 631, et 27 septembre 1894; *B. O.*, 383, au sujet du classement des officiers subalternes;

Circulaire du 4 juillet 1898, *B. O.*, 11, au sujet du classement des seconds-maîtres, sergents et assimilés sur certains paquebots.

D. Section des vérifications et apurements. Centralisation des comptes du matériel en service.

1. Bureau des vérifications et apurements.

Comptabilité : Personnel et Finances.

Le service de la solde doit procéder à cette vérification au moins une fois par semestre, pour les bâtiments placés sous les ordres du préfet maritime, et la caisse doit être vérifiée effectivement (circ. 18 nov. 1907, *B. O.*, 1221, et art. 193, décr. 17 oct. 1910).

Une note d'observations est adressée, quand il y a lieu, aux bâtiments; le résumé en est consigné à la deuxième partie du rôle, division IV (art. 59 et 340, instr. 26 oct. 1910).

Il doit être rendu compte, aux ports comptables, pour les bâtiments des autres ports (art. 28 et 31, décr. 17 oct. 1910).

La même vérification est faite, dans les dépôts des équipages de la flotte, par le conseil d'administration, le chef du service de la solde étant prévenu (art. 12, instr. 26 oct. 1910).

Pour les vérifications des directions des mouvements du port, voir l'article 68 de l'instruction.

En fin d'année ou au désarmement, les bâtiments doivent envoyer leur comptabilité au service de la solde dans les trente jours de l'arrêté des comptes (art. 146, décr. 17 oct. 1910, et 395 instr. 26 oct.).

Le travail d'apurement doit être terminé, en principe, avant l'établissement de la revue de liquidation correspondante et, pour l'ensemble des bâtiments du port, au plus tard le 31 mars de la deuxième année qui suit celle qui donne son nom à l'exercice (art. 406 de l'instruction).

Dans le cas de déficits de nature à engager des responsabilités, il y a lieu de demander aux autorités mises en cause des explications qui sont jointes ensuite au rapport d'apurement (art. 408, instr. 26 oct. 1910).

En procédant à l'apurement, l'administration doit s'assurer que les actes de l'état civil ont été transcrits sur les registres de la commune intéressée et signaler les erreurs ou omissions qui ont pu se produire.

Le chef du service de la solde doit inscrire, sur les rôles du bord, les mentions de la transcription des actes de naissance, de décès et, à l'occasion, de reconnaissance d'enfants naturels, en marge de l'original de ces actes (instr. 26 juill. 1894 *B. O.*, p. 438 ; instr. 20 déc. 1900, *B. O.*, 1141, et art. 339 et 407, instr. 26 oct. 1910).

On doit toujours joindre aux rapports d'apurement un relevé de la

division V du rôle d'équipage (première partie) mentionnant la transcription des actes de décès reçus à bord (art. 408 de l'instruction).

Les rapports d'apurement sont, en principe, soumis au ministre; ils peuvent être approuvés cependant par les préfets maritimes, quand il n'y a ni responsabilité engagée, ni irrégularités susceptibles de motiver une sanction disciplinaire (art. 162, décr. 17 oct. 1910, et 408, de l'instruction).

Comptabilité du matériel.

Les règles de la comptabilité en valeurs du matériel en approvisionnement ou en service à bord se trouvent dans la circulaire du 26 octobre 1903, *B. O.*, 441, modifiée et complétée par de nombreuses décisions, notamment les instructions des 29 octobre 1906, *B. O.*, 849; 1er décembre 1906, *B. O.*, 999, et 26 avril 1907, *B. O.*, 508.

Des règles spéciales concernant les flottilles de torpilleurs et de sous-marins ont fait l'objet des circulaires suivantes :

25 novembre 1904, *B. O.*, 1110, modifiée le 26 avril 1907, *B. O.*, 510, prescrivant de tenir des comptabilités distinctes, par unité armée ou en réserve, et relative aux écritures dans le cas de changement de flottille;

16 juillet 1908, *B. O.*, 709, au sujet de la comptabilité des matières consommables et du matériel du stock spécial de l'atelier des réparations, modifiée le 30 décembre 1908, *B. O.*, 1303, et le 15 mars 1909, *B. O.*, 294 (Err. dép. 15 oct. 1909, comp. gén., comp. des matières).

Circulaire du 28 avril 1910, § III, *B. O.*, 982. Suppression de la balance des matières consommables tenue, en quantité, à bords des torpilleurs et des sous-marins dépendant d'une flottille.

Pour les écoles de mécaniciens, voir une circulaire du 5 juillet 1909, *B. O.*, 749, apportant des simplifications dans la comptabilité du matériel.

Une instruction du 28 août 1907 *B. O.*, 1032, concerne la comptabilité des bâtiments de servitude et du matériel flottant.

Lorsqu'un bâtiment passe de la position d'armement à celle de réserve ou inversement, la comptabilité est arrêtée et reprise sans que les registres soient renouvelés; les comptes d'ensemble sont distincts par période (circ. 6 avril 1907, *B. O.*, 508). Cette circulaire indique aussi les propositions d'imputation qu'il y a lieu de comprendre dans les rapports d'apurement.

On peut consulter encore, à titre de renseignement, les dispositions contenues dans une instruction du 5 janvier 1907, *B. O.*, 6, et une circulaire du 15 avril 1907, *B. O.*, 478, modifiée le 14 janvier 1908, *B. O.*, 117, au sujet des questions suivantes :

Recensement des matières consommables et des médicaments hors coffre ;

Commission d'armement;

Remplacement des officiers et des maîtres;

Commission de désarmement.

Les dispositions relatives aux commissions de remise de service à bord, aux responsabilités, aux récolements et recensements à opérer sont rappelées dans le décret du 15 mai 1910 sur le service à bord, notamment dans les articles 183, 188, 189, 248, 249, 250, 257, 262, 269, 282, 285, 294, 295, ainsi que dans le titre VII de l'arrêté du 28 octobre 1910 sur le service intérieur.

La comptabilité du matériel des bâtiments placés sous les ordres du préfet maritime doit être vérifiée une fois par trimestre par le service de la solde. Il n'est pas adressé de rapport au ministre, mais les résultats sont consignés sur un état qui reste à bord jusqu'à la fin de l'année et qui est transmis à Paris avec le rapport d'apurement.

Dans ces vérifications, on doit éviter d'employer la formule banale « bien tenu » ou « mal tenu ».

L'instruction du 1er décembre 1906, *B. O.*, 999, donne des détails sur la façon de procéder pour apurer les comptes. L'attention doit se porter aussi sur les points particuliers qui ont fait l'objet de décisions spéciales, par exemple pour les réparations entreprises par le bord au moyen de matières fournies par les magasins :

Circulaire du 27 juin 1907, *B. O.*, 773, rappelée le 4 mars 1909, *B. O.*, 278, dépêche du 19 novembre 1907 (C. N., ART. comp. des mat. appr.) et circulaire du 28 juillet 1910, *B. O.*, 1957, § II.

L'instruction précitée du 1er décembre explique la distinction à faire entre les imputations immédiates pour perte ou dégradation de matériel et celles qui, étant afférentes à des faits de gestion, font l'objet d'une décision du ministre; elle détermine les conditions dans lesquelles les magasiniers peuvent recevoir une gratification.

Cette instruction est suivie de la nomenclature des principales circulaires relatives aux vérifications et à l'apurement, aux imputations et aux responsabilités ; enfin elle donne le modèle de l'état des vérifications trimestrielles.

Le procès-verbal de la commission de désarmement doit mentionner les différences importantes et remplace l'« état des différences » qui est supprimé.

Le tarif et la base du calcul des gratifications de très bonne ou de bonne gestion se trouvent dans la circulaire du 19 mars 1909, *B. O.*, 297.

Les officiers et autres dont la responsabilité peut être engagée doivent être mis en mesure de fournir des explications ; celles-ci sont jointes aux rapports d'apurement.

Consulter la circulaire du 13 mai 1911, *B. O.*, 891 (erratum 6 juillet 1911, *B. O.*, 21) en ce qui concerne :

§ I. La comptabilité des centres et postes de flottilles, des défenses fixes et écoles à terre.

§ VII. La comptabilité des unités flottantes de la deuxième catégorie des directions du port.

§ VIII. La déperdition de poids subie par les drisses à bord des bâtiments.

[illegible]

[illegible]

[illegible]

[illegible]

[illegible]

[illegible]

[illegible]

[illegible]

[illegible]

[illegible]

[illegible]

[illegible]

[illegible]

[illegible]

Comptabilité des vivres.

Le service de la solde doit procéder, chaque trimestre, à la vérification de la comptabilité des vivres des bâtiments et services placés sous les ordres du préfet maritime.

Les résultats sont consignés sur un état spécial (article 125 de l'instruction du 17 juin 1910 sur la comptabilité des vivres à bord, *B. O.*, 1413, modifiée le 28 octobre 1911, *B. O.*, 984.

L'apurement de la comptabilité est effectué à la fin de l'année ou au désarmement (art. 129).

En vue de faciliter cette nouvelle charge du service de la solde, qui comprend les comptabilités de tous les bâtiments comptant au port ainsi que celles du dépôt des équipages de la flotte et, quand il y a lieu, de l'école des mécaniciens, des officiers-mariniers fourriers et commis, disponibles à l'embarquement, peuvent être mis à la disposition de l'administration (cir. 15 mars 1910, *B. O.*, 487).

Les règles relatives aux apurements (procédure, gratifications, etc.) sont tracées par les articles 129 et suivants de l'instruction.

Comme pour les autres comptabilités, il y a lieu de provoquer les explications des autorités ou des comptables mis en cause pour les joindre aux rapports (circ. 19 déc. 1905, *B. O.*, 1085).

L'instruction précitée contient un modèle de rapport collectif divisé en trois fascicules. On peut voir aussi, pour ce rapport, les circulaires des 14 avril 1910, *B. O.*, 713, et l'errata du 14 juin 1910, *B. O.*, 1354.

Après l'apurement, le service de la solde arrête une revue de liquidation préparée par le bâtiment ou service (art. 129, § 10).

Outre les vérifications et les apurements, le service de la solde doit suivre les délivrances de vivres aux non-rationnaires et dresser les états périodiques (mensuels et annuel) prévus par les articles 1 et 12 de l'instruction du 2 mars 1896 modifiée (11e annexe à l'instruction du 17 juin 1910).

Le nouveau tarif des indemnités de repas à payer aux non-rationnaires est inséré dans l'article 12.

2. Centralisation des comptes du matériel en service.

Les principaux règlements à consulter, pour cette partie du service, sont :

Le décret du 24 octobre 1910 sur la comptabilité du matériel et l'instruction du 8 novembre 1889 actuellement en refonte.

La nomenclature du mobilier réglementaire pour les bureaux se trouve dans le règlement du 31 août 1878, *B. O. R.*, 478, modifié, en ce qui

[illegible]

[illegible] la saisie doit [illegible] [illegible] services placés [illegible]

[illegible] comptabilité [illegible]

[illegible] comptabilité [illegible]

[illegible] le texte [illegible]

[illegible]

[illegible] relatives [illegible] articles 86 et suivants de l'instruction [illegible]

[illegible]

[illegible]

[illegible]

[illegible]

2. [illegible]

[illegible]

[illegible]

[illegible]

concerne les bureaux des directeurs et ceux des contrôleurs dans les établissements hors des ports, par la circulaire du 9 juin 1903, *B. O.*, 662

Pour le couchage, il faut se reporter au règlement du 21 novembre 1854, *B. O. R.*, 580, et pour le mobilier des casernes, au règlement du 14 février 1879, *B. O. R.*, 528, et à la circulaire du 12 mars 1906, *B. O.*, 289.

La comptabilité du matériel en service fait l'objet du titre III de l'instruction du 8 novembre 1889.

En ce qui concerne la garde de ce matériel, il y a lieu de consulter les circulaires des 18 août 1906, *B. O.*, 759, et 8 septembre 1907, *B. O.*, 1070.

Le mobilier des hôtels reste soumis, pour la comptabilité, aux règles fixées par l'ordonnance du 21 décembre 1844 (7e annexe, instr. 1889, 577) et au règlement du 23 décembre 1845 (même document, 583), mais les achats pourront être autorisés localement, dans la limite de la dotation annuelle (art. 83, décr. 24 oct. 1910 et circ. 15 sept. 1909, *B. O.*, 1302).

Cette comptabilité comporte un inventaire des objets d'ameublement d'attache tenus par un service de contrôle (art. 12, règl. 23 déc. 1845, et circ. 16 mai 1898, *B. O.*, 704).

Le chef de service de la solde étant chargé seulement de la centralisation des comptes, la tenue de ces deux inventaires incombe au service des subsistances et de l'habillement chargé de l'administration du mobilier.

Les articles de « Sciences et arts » font l'objet du chapitre XI du titre III de l'instruction de 1889. Ils sont divisés en deux catégories suivant que la comptabilité doit être tenue en quantités et en valeurs, ou seulement en quantités, conformément aux instructions contenues dans la circulaire du 18 juillet 1908, *B. O.*, 680.

Pour les documents qu'il n'y a pas lieu de prendre en charge, voir la circulaire du 4 février 1901, *B. O.*, 176.

Une circulaire du 5 janvier 1904, *B. O.*, 8, indique les renseignements qui doivent figurer sur les catalogues-inventaires.

Les ouvrages techniques sont compris dans cette comptabilité (circ. 18 janv. 1905, *B. O.*, 152).

Les conditions des prêts et leur comptabilité ont fait l'objet d'une instruction du 26 juin 1899, *B. O.*, 1080, modifiée le 7 mai 1901, *B. O.*, 675, voir aussi les circulaires des 10 décembre 1901, *B. O.*, 933, et 8 février 1906, *B. O.*, 133.

Une circulaire du 8 septembre 1907, *B. O.*, 1070, expose des règles de principe importantes sur les questions suivantes :

Responsabilité des comptables, détenteurs et dépositaires du matériel, sanctions;

Distinction entre la responsabilité comptable et la consignation sur inventaire;

Responsabilité pécuniaire à bord, obligations du service des apurements à ce point de vue.

Une circulaire du 28 avril 1910, *B. O.*, 982, contient quelques simplifications pour la comptabilité du matériel à terre et à bord au sujet des

inventaires, des comptes d'ensemble, des bâtiments désarmés, des recensements, des détenteurs du matériel, etc.

Le décret du 24 octobre 1910 répartit le matériel en service en huit catégories, qui sont :

1° Les effets, vivres et matériel du bord;

2° Le mobilier des casernes, hôpitaux, bureaux, etc.;

3° Les apparaux, machines, ustensiles et outils;

4° Les matières et objets à la disposition des dépôts, corps militaires, prisons, sémaphores;

5° Les objets de bibliothèques, archives, musées, écoles, cabinets, laboratoires, dépôts de cartes, imprimés;

6° Les échantillons et types;

7° Les matières et objets en approvisionnement outre-mer;

8° Le matériel prêté.

Le service de la solde n'a l'obligation de rendre des comptes, dans ces diverses catégories, que si la direction de l'intendance possède du matériel appartenant aux chapitres du budget qu'elle administre.

Les états appréciatifs dressés par les divers comptables sont centralisés par le service de la solde, qui établit un compte sommaire par chapitre et par année (art. 81).

Au sujet de la production des comptes du matériel, on peut se reporter, à titre de renseignement, à une circulaire du 30 avril 1901, *B. O.*, 664, mais en tenant compte de la réglementation nouvelle de 1909-1910.

En ce qui concerne la dépréciation des apparaux, il est utile de se reporter à une circulaire du 7 août 1909, *B. O.*, 820.

Les mutations de comptables doivent donner lieu à la rédaction d'un procès-verbal, conformément à l'article 36 du décret du 24 octobre 1910 (voir à ce sujet circ. 29 mai 1902, *B. O.*, 1177).

Les recensements font l'objet du chapitre v du titre II de l'instruction du 8 novembre 1889.

Une circulaire du 20 juillet 1909, *B. O.*, 783, a apporté quelques simplifications; il suffit de tenir maintenant un seul carnet.

Le décret du 24 octobre 1910 n'exige plus le recensement de tous les articles que tous les trois ans, au lieu du délai antérieur de deux années (art. 50).

L'initiative appartient aux chefs de service qui administrent les crédits des chapitres du matériel et qui assurent la reddition des comptes (circ. 22 janv. 1904, *B. O.*, 26).

Pour la compétence des officiers recenseurs, voir la circulaire du 14 août 1906, *B. O.*, 750, au sujet des quartiers d'inscription maritime, et celle du 15 avril 1910, *B. O.*, 782, pour les directions de travaux dans les ports militaires.

E. Bureau de la comptabilité financière.

Cette partie du service, commune à tous les détails, peut être rattachée à une section quelconque.

Ses attributions comprennent

L'enregistrement des mandats correspondant aux liquidations du service de la solde;

L'arrêté mensuel de ces registres pour les rapprocher des écritures du service de la centralisation financière;

L'enregistrement des opérations d'ordre qui modifient la situation des chapitres;

L'enregistrement des ordres de reversement au Trésor;

L'établissement des situations des crédits engagés pour les chapitres qui comportent cet état;

La tenue des divers comptes ouverts pour faciliter le travail des revues de liquidation et celui de l'état de développement en ce qui concerne les chapitres administrés par le service de la solde.

L'état de développement, dont la contexture peut varier d'un exercice à l'autre, fait l'objet, chaque année, d'instructions spéciales qui accompagnent l'envoi des divers fascicules dont il se compose.

Ce document est particulièrement compliqué pour le service de la solde, en raison du grand nombre des chapitres qu'il comprend et des détails qu'il comporte pour la décomposition des dépenses du personnel à terre et à la mer.

La dépense afférente à la retenue du 5 p. 0/0 sur les traitements qui y sont soumis est développée à Paris (art. 397, instr. 26 oct. 1910).

On doit tenir compte de toutes les opérations d'ordre qui affectent les écritures de l'exercice.

L'état de développement comprend aussi maintenant la comparaison des dépenses de l'année avec celles de l'exercice précédent (voir, pour l'exercice 1909, 6 juin 1910, *B. O.*, 1151).

On peut consulter encore utilement, à ce sujet, l'instruction du 12 septembre 1903, *B. O.*, 632, et celle du 17 mai 1905, *B. O.*, 511.

En vue de faciliter la confection de l'état de développement, les bâtiments doivent adresser au port comptable une annexe au rôle d'équipage rendue réglementaire par la circulaire du 23 décembre 1905, *B. O.*, 1116 (art 396, instr. 26 oct. 1910).

Cette annexe est conservée au service de la solde (circ. 12 oct. 1907, *B. O.*, 1134), mais la dernière feuille, visée par le chef du service, est adressée au Ministre (circ. 5 oct. 1908, *B. O.*, 923, et art. 405, instr. de 1910).

Le bureau de la comptabilité financière établit, chaque année, pour la partie qui le concerne, l'état indiquant l'effectif et la dépense du personnel (état rose). Comme pour l'état de développement, les ports reçoivent des instructions spéciales.

Voir, pour l'exercice 1909, la circulaire du 14 mai 1910, *B. O.*, 1067.

Ce bureau s'occupe aussi de certaines liquidations qui n'intéressent pas directement les diverses sections, notamment les frais de correspondance des services qui n'ont pas de caisse (circ. 28 avril 1910, *B. O.*, 1037); les frais de casiers judiciaires dont le mode de payement semestriel est réglé maintenant par la circulaire du 28 avril 1910 (*B. O.*, 980); les états doivent indiquer le motif de la délivrance (circ. 18 mars 1904, *B. O.*, 251).

Les frais de justice incombant au Département de la Marine sont également liquidés par le service de la solde en ce qui concerne les tribunaux maritimes commerciaux et les juridictions répressives (militaires ou de droit commun; circ. 18 févr. 1910, *B. O.*, 320); il en est de même des primes d'arrestation des marins déserteurs ou absents illégalement.

Les frais de témoins civils cités devant les juridictions maritimes sont fixés par un décret du 22 juin 1895, notifié par une circulaire du 25 novembre 1896, *B. O. R.*, 119 et 662.

Les payements sur exercices clos ou périmés font l'objet de liquidations qui doivent être transmises à Paris par l'intermédiaire du service de la centralisation financière (circ. 19 oct. 1904, *B. O.*, 991).

Une circulaire du 17 juillet 1902, *B. O.*, 89, a rappelé que les payements sur exercices clos ne peuvent être effectués, sur les fonds de l'exercice en cours, que pour la solde et les autres allocations payables sur revues. Ce mode de procéder ne peut être étendu à aucune autre dépense.

Les rappels de solde au titre d'exercices périmés ne peuvent être payés sur les crédits de l'exercice courant (art. 69, décr. 17 oct. 1910).

FRANCHISE MILITAIRE.

On peut rattacher au bureau de la comptabilité le service de la franchise militaire.

Conformément à la loi du 29 décembre 1900, tous les militaires présents au service peuvent expédier deux lettres simples par mois, gratuitement, au moyen de timbres-poste spéciaux qui sont mis à la disposition des corps.

Dans la Marine, les chefs du service de la solde sont chargés de se procurer, en les demandant à Paris, les timbres destinés aux bâtiments et aux divers services.

On trouvera tous les détails nécessaires dans les textes suivants :
Loi du 29 décembre 1900;
Décret du 23 mars 1901, *B. O.*, 1007;
Instruction du 8 juin 1901, *B. O.*, 1011;
Circulaire du 8 juin 1901, *B. O.*, 1006.

PRISES MARITIMES.

Dans le cas où le service de la solde serait appelé à administrer des prises maritimes, il devrait se conformer à la réglementation ancienne, reproduite pour la plus grande partie dans le *B. O. R.*, et notamment aux actes ci-après :

Articles 96 et suivants du règlement du 1er novembre 1784 (*Annales maritimes et coloniales*, année 1821, partie officielle, p. 206);
Arrêté du 6 germinal an VIII, *B. O. R.*, tome I, 172;
Arrêté du 9 ventôse an IX, *B. O. R.*, tome I, 177;
Arrêté du 17 floréal an IX, *B. O. R.*, tome I, 187;
Arrêté du 2 prairial an XI, *B. O. R.*, tome I, 193;
Ordonnance du 22 mai 1816, art. 5, § 6, tome I, 319.

DEUXIÈME PARTIE.

LISTE DES REGISTRES ET DOCUMENTS TENUS DANS LE SERVICE.

A. Secrétariat.

Registre de correspondance du chef de service.

État numérique mensuel (le 5) des officiers-mariniers, fourriers et commis nécessaires au service de la solde pour l'apurement des comptabilités (circ. 22 mars 1910, *B. O.*, 613).

État trimestriel des mutations survenues parmi les agents techniques des divers services (circ. 26 oct. 1909, *B. O.*, 1129).

Situation trimestrielle de l'effectif de la gendarmerie (circ. 26 oct. 1909, *B. O.*, 1129).

État semestriel des agents et commis du commissariat désireux de changer de résidence (1er janvier et 1er juillet; circ. 10 août 1904, *B. O.*, 659, et 27 oct. 1908, *B. O.*, 956).

Situation semestrielle des revues de liquidation (circ. 26 oct. 1909, *B. O.*, 1129).

État numérique (annuel) du personnel civil du gardiennage, par catégorie (le 1er juillet; circ. 26 oct. 1909, *B. O.*, 1129).

Inventaire des archives du service de la solde.

Livre-journal du mobilier en service (mod. 79, art. 724, instr. 8 nov. 1889).

Inventaire-balance du mobilier en service (mod. 126, 28 mars 1900, *B. O.*, 608, art. 724).

Livre-journal des objets de sciences et arts en service (art. 780, instr. de 1889).

Catalogue-inventaire ou inventaire-balance des objets de sciences et arts (art. 780).

Carnet de recensement du matériel en service (circ. 20 juill. 1909, *B. O.*, 783).

B. Section des revues.

1. Bureau des matricules et pensions.

Matricules, par corps, des officiers, agents, etc., et table alphabétique commune aux divers volumes (art. 281 à 284, instr. 26 oct. 1910).

Matricules des officiers de réserve (art. 22, arrêté 17 déc. 1897, *B. O.*, 756).

Dossiers individuels, classés par corps et par numéro ou par lettre alphabétique (art. 281, instr. 26 oct. 1910).

Registre des procès-verbaux de la Commission spéciale de réforme (art. 586, arrêté 30 juill. 1910).

Matricules des gratifications de réforme renouvenables ou permanentes (circ. 14 avril 1910, *B. O.*, 892).

2. Bureau du personnel entretenu.

Contrôle nominatif pour le personnel ne dépendant pas d'une unité administrative (instr. 26 oct. 1910, art. 410 et 414 [1]).

Contrôles auxiliaires tenus hors des ports de rattachement (art. 425, instr. 26 oct. 1910).

Livrets de solde du personnel en service à terre (instr. 26 oct. 1910, art. 127 et 304).

Bulletins individuels des mutations, au départ du port ou en fin d'année (art. 292, instr. 26 oct. 1910).

Revue de liquidation annuelle du personnel ne dépendant pas d'une unité administrative (avant le 1er juillet de la deuxième année qui suit celle qui donne son nom à l'exercice; art. 171, décr. 17 oct. 1910, et art. 428 et 429, instr. 26 oct. 1910).

Livret d'habillement pour l'inscription des délivrances faites par le magasin au personnel non organisé.

État nominatif, par corps, des sommes restant à reverser en fin d'année au chapitre « Habillement » pour les délivrances faites aux

[1] Voir le renvoi (1) sous le deuxième alinéa du paragraphe 2 de la première partie (page 22).

B. [illegible]

1. Bonifications [illegible]

[illegible] communes [illegible]

[illegible] de [illegible]

[illegible]

[illegible]

[illegible]

2. [illegible]

[illegible]

[illegible]

[illegible] art. 74 [illegible]

[illegible]

[illegible]

[illegible]

[illegible]

[illegible]

gardes-consignes, surveillants des prisons et gardiens (art. 239, instr. 26 oct. 1910).

Contrôle nominatif des élèves boursiers de la Marine.

3. Bureau des troupes.

Contrôle nominatif du personnel de l'artillerie coloniale maintenu au Département de la Marine (art. 403, ordonnance 22 juin 1847, et décr. 20 août 1910, *B. O.*, 2047).

Registre pour suivre les mouvements des fonds entre la compagnie de gendarmerie maritime et le Trésor (art. 106, règlem. 5 déc. 1902; nota 1).

Registre des retenues à opérer, dans la compagnie de gendarmerie, pour dettes envers l'État (art. 59, règl. 3 janv. 1903).

Registre des frais de déplacement (art. 26, décr. 12 juin 1908, et instr. 13 juin 1908 faisant suite au précédent).

Registre des revues de liquidation établies (art. 555, ordonn. 22 juin 1847).

Bordereaux trimestriels et annuels (du 1er au 10 mai) des sommes payées à la gendarmerie maritime (art. 52, règl. 3 janv. 1903).

Revues de liquidation trimestrielles de la compagnie de gendarmerie (art. 71 et suiv., règl. 3 janv. 1903).

Revue de liquidation nominative annuelle du personnel de l'artillerie coloniale maintenu au Département de la Marine (art. 446 à 461, ordonn. de 1847 et circ. 26 oct. 1909, *B. O.*, 1129).

C. Section des armements.

---

1. Bureau des bâtiments armés.

Contrôles du service de la solde pour les bâtiments, dépôts des équipages et services administrés comme les bâtiments (instr. 26 oct. 1910, art. 376 et 327).

Dossiers des pièces justificatives classées par nature et par bâtiment (art. 151, décr. 17 oct. 1910).

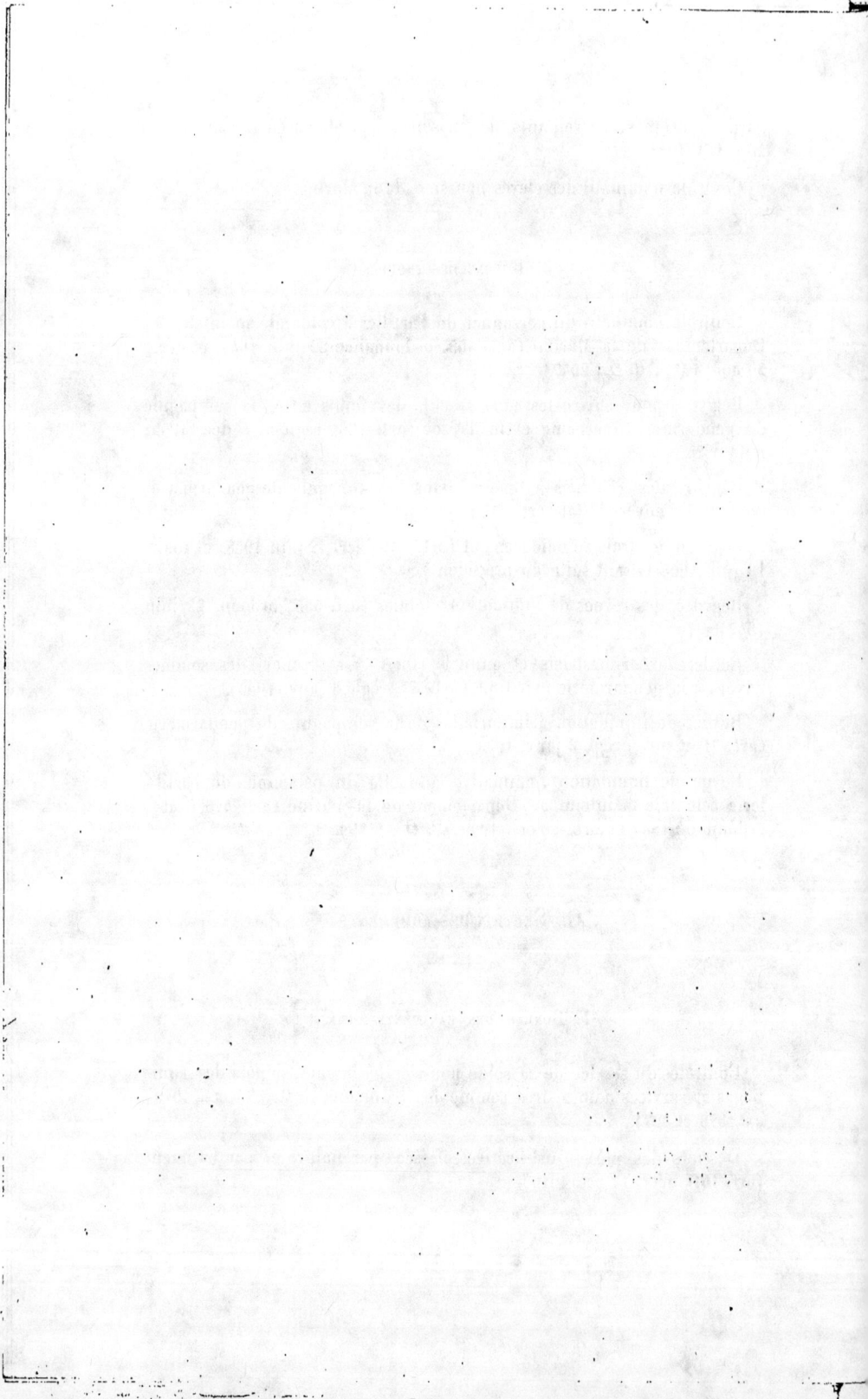

Registre des sommes à payer par l'intermédiaire de l'Administration des Postes (art. 124, note 2, instr. 26 oct. 1910).

Bordereaux récapitulatifs mensuels des payements faits en dehors du port comptable (art. 139 et 389, instr. 26 oct. 1910).

Relevés nominatifs mensuels (dans les huit premiers jours du mois) des payements effectués aux officiers et marins isolés comptant à un dépôt ou bâtiment d'un autre port (art. 390, instr. 26 oct. 1910).

2. Bureau de la liquidation.

Revues annuelles de liquidation des unités administratives (le 1er juillet de la deuxième année au plus tard; art. 159, décr. 17 oct. 1910).

État semestriel du degré d'avancement des revues de liquidation (circ. 26 oct. 1909, *B. O.*, 1129).

État annuel, modèle 1312 (avant le 1er juillet), des sommes à ordonnancer en ce qui concerne la retenue de 5 p. 0/0 effectuée sur la solde acquise par les officiers, etc. (art. 397 et 427, instr. 26 oct. 1910).

3. Bureau des rengagements et réadmissions et des frais de déplacement.

Registre à souche des actes de rengagement pour les équipages de la flotte (art. 139, 17 juill. 1908).

Registre à souche des actes de réadmission pour les équipages de la flotte (même article).

Registres des actes administratifs d'engagement et de rengagement des pompiers (art. 4, décr. 16 avril 1878, *B. O. R.*, 398).

Registres des engagements et des rengagements des gardes-consignes (art. 10, règl. 27 mars 1882, *B. O.*, 369).

Registre des actes de réadmission des marins vétérans (art. 12 et 13, arrêté 10 févr. 1875, modifié 6 juill. 1887, *B. O. R.*, 909).

Registre des actes de réadmission des guetteurs (art. 5, décr. 2 juin 1897, *B. O. R.*, 818).

Registre à souche des bons de transport pour les détachements (décret guerre, 4 juin 1902).

Registre des frais de déplacement (art. 63, décr. 13 sept. 1910).

Registre-contrôle des frais de déplacement dont la vérification a entraîné des rectifications (art. 200, instr. 26 oct. 1910).

Barême des frais de route à payer pour les déplacements dans les environs immédiats des ports militaires (art. 10, décr. 13 sept. 1910).

Liasse des ordres et des feuilles de route pour justifier le payement des frais de déplacement.

D Section des vérifications et apurements et de la centralisation des comptes du matériel en service.

1. Bureau des vérifications et apurements.

Minutes des rapports d'apurement des trois comptabilités de bord mentionnant la suite donnée aux propositions du port, en particulier pour les imputations et les gratifications de bonne gestion.

État récapitulatif (mensuel) des délivrances de vivres aux non-rationnaires (art. 12, instr. 2 mars 1896, mise à jour et annexée à l'instr. 17 juin 1910).

Etat semestriel (1er janvier et 1er juillet) des comptabilités de bord restant à apurer et de celles pour lesquelles les dépêches d'apurement ne sont pas encore parvenues au port (circ. 13 sept. 1910, *B. O.*, 2650).

Revues de liquidation du service des vivres pour les bâtiments comptant au port (art. 129, § 10, instr. 17 juin 1910).

État annuel, par objet, de la valeur des délivrances faites aux non-rationnaires (art. 1, instr. 2 mars 1896).

2. Bureau de la centralisation des comptes du matériel en service.

Compte sommaire des effets, vivres et matériel (art. 81, décr. 24 oct. 1910).

Compte sommaire du mobilier des casernes, bureaux, etc. (art. 81, décr. 24 oct. 1910 et art. 726, instr. 8 nov. 1889).

Compte sommaire des apparaux, machines, ustensiles et outils (même article du décret et art. 718, instr. 8 nov. 1889).

Compte sommaire des matières et objets à la disposition des dépôts, corps militaires, prisons et sémaphores (art. 81, décr. 24 oct. 1910).

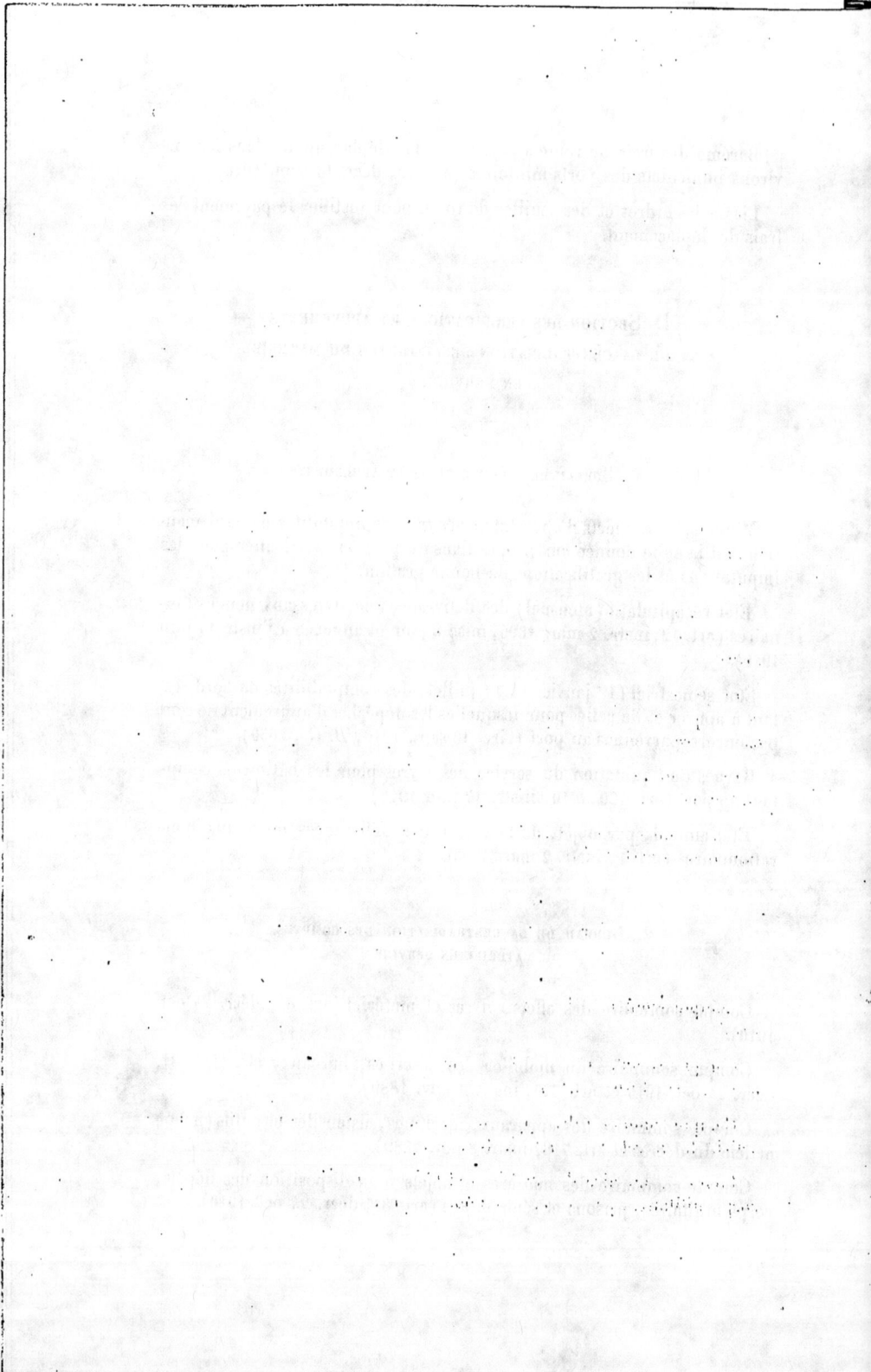

Compte sommaire des objets de bibliothèques, archives, musées, etc., (art. 81, décr. 24 oct. 1910 et art. 784, instr. 8 nov. 1889 pour la partie dont la comptabilité est suivie en valeurs).

Compte sommaire des échantillons et types (art. 81, décr. 24 oct. 1910 et art. 791, instr. 8 nov. 1889).

Compte sommaire du matériel prêté (art. 81, décr. 24 oct. 1910 et art. 848, instr. 8 nov. 1889).

Relevé annuel détaillé (au mois d'avril) de l'inventaire et des opérations de l'année (circ. 11 nov. 1852; p. 589, instr. 8 nov. 1889, et art. 26, règl. 23 décr. 1845 annexé à la même instruction).

E. Bureau de la comptabilité financière.

Enregistrement des mandats, par chapitre.

Registre des mandats délivrés (art. 87, instr. 26 oct. 1910 [1]).

Enregistrement des ordres de reversement au Trésor (art. 155, règl. 14 janvier 1869).

Compte ouvert, par bâtiment du port, des mandats ordonnancés au port.

Même registre pour les bâtiments des autres ports.

Compte ouvert, par bâtiment du port, des payements faits dans les autres ports.

Compte ouvert, par bâtiment du port, des payements faits à l'extérieur.

Enregistrement, par bâtiment du port ou des autres ports, des annulations sur les payements ordonnancés dans le port.

Enregistrement, pour chaque bâtiment du port, des dépenses du port, des autres ports et de l'extérieur.

Demande mensuelle des crédits nécessaires pour le mois suivant (art. 88, règl. 14 janvier 1869).

Situation mensuelle des dépenses engagées sur les articles du chapitre 50 (budget de 1910) intéressant le service de la solde.

[1] Dans certains ports, les mandats relatifs à la solde étaient remis aux parties prenantes par le service liquidateur pour le compte de la centralisation financière. Dans ce cas, cette remise devait faire l'objet d'un enregistrement sur un registre spécial sur lequel les intéressés donnaient récépissé. L'instruction du 26 octobre 1910 vient de sanctionner cette façon de procéder (voir les articles 87 et 90).

Il y aura lieu d'examiner s'il ne manque pas d'acquits et si le bureau ne conserve pas des mandats en souffrance pendant un délai exagéré.

Bordereau récapitulatif indiquant les sommes mandatées sur les fonds de l'exercice expiré pour rappels de solde portant sur des exercices antérieurs non périmés (établi dans la première quinzaine du mois de mai de la deuxième année, art. 404, instr. 26 oct. 1910).

État faisant connaître l'effectif et la dépense du personnel des divers corps, en ce qui concerne le service de la solde (état L, joint à la loi de finances).

État de développement des dépenses de l'exercice, en ce qui concerne les chapitres administrés par le service de la solde (art. 202, règl. 14 janv. 1869).

Extraits de la récapitulation du crédit de l'équipage (modèle 1300), transmis sans délai au ministre dès que ces états parviennent au service de la solde (art. 394, 26 oct. 1910).

FRANCHISE MILITAIRE.

Registre-balance, modèle 2, pour suivre la comptabilité des timbres-poste militaires (art. 34, instr. 8 juin 1901, *B. O.*, 1012).

Relevé général des timbres reçus, consommés et restant disponibles au 31 décembre (art. 37).

LISTE DES PRINCIPALES CONSTATATIONS DONNANT LIEU À UN PROCÈS-VERBAL DRESSÉ PAR LE CHEF DU SERVICE DE LA SOLDE.

Procès-verbal d'installation ou de dissolution d'un conseil d'administration de corps de troupe (ou de commandant comptable) [art. 12, règl. 5 déc. 1902].

Procès-verbal de remise et de prise de service en cas de changement de comptable dépositaire du matériel en service (art. 36 et 82, décr. 24 oct. 1910).

Procès-verbaux de recensement dressés par les officiers du commissariat affectés au service de la solde (art. 381, instr. 8 nov. 1889).

Procès-verbal de vérification des paquets de figurines provenant du service de la fabrication des timbres-poste (art. 6. instr. 8 juin 1901, *B. O.*, 1012).

Procès-verbal pour constater les différences reconnues soit dans un envoi de timbres-poste de Paris, soit dans un envoi à un bâtiment ou service (art. 7 et 18 de l'instruction).

[illegible] de la [illegible] pour [illegible] pendant [illegible] des [illegible] de [illegible] quinzaine [illegible] (1901).

[illegible]

[illegible] (1895).

[illegible] la [illegible] 1870 (août 1870).

[illegible]

[illegible] pour [illegible] (C. [illegible]).

[illegible] et [illegible]

[illegible]

[illegible]

[illegible] (art. 13, [illegible]).

[illegible] du [illegible] en cas de [illegible] et [illegible] (1901).

[illegible] de la Loi [illegible]

[illegible] de [illegible]

[illegible] de la [illegible] (1901).

TROISIÈME PARTIE.

MÉTHODES D'INVESTIGATIONS.

A. Recommandations d'ordre général.

Avant de commencer l'inspection, il sera bon d'avoir une conférence avec le chef de service et de se faire remettre une liste du personnel des officiers, agents et commis. On examinera alors la répartition du service en la comparant aux instructions contenues dans la circulaire du 9 février 1910, *B. O.*, 276, et on s'assurera que cette répartition est bien celle qui répond le mieux aux intérêts du service.

On pourra procéder ensuite à l'inspection proprement dite, dans l'ordre suivant :

Examen du registre de correspondance commun à tout le service de la solde;

Vérification, dans chaque bureau, des registres, des dossiers et des pièces justificatives, tenus ou conservés par chaque employé;

Discussion verbale sommaire, quand il y a lieu, au fur et à mesure des constatations, pour certaines questions de détail;

Résumé de l'ensemble de l'inspection avec chaque officier chef de section, et en dernier lieu avec le commissaire chef du service de la solde.

Il est inutile de formuler ici aucune recommandation spéciale au sujet de l'exactitude rigoureuse des écritures, de la conformité des registres avec les modèles, de la concordance des documents entre eux et de la tenue à jour, des arrêtés aux époques prescrites, etc.

On se bornera à indiquer pour chaque bureau les questions principales sur lesquelles il est utile de porter son attention.

B. Section des revues.

1. Bureau des matricules et pensions.

Il convient de s'assurer :

Que les matricules sont ouvertes pour toutes les catégories de personnel et que la table générale est régulièrement tenue à jour;

Que les derniers officiers et autres rattachés au port y sont inscrits;

Que les renseignements d'état civil sont complets, notamment en ce qui concerne les mariages;

Que les mutations sont apostillées sans lacunes et que les services sont décomptés;

Enfin, que les dossiers sont bien classés et que les bulletins de mutation parviennent régulièrement.

Les embarquements pendant les essais des bâtiments présentant un intérêt tout particulier pour le personnel, on pourra rechercher si ces mouvements sont enregistrés avec soin, notamment pour le personnel technique.

Voir à ce sujet les circulaires des 23 mai 1899, *B. O.*, 737; 26 mai 1906, *B. O.*, 504; 8 novembre 1906, *B. O.*, 947; et 26 mai 1908, *B. O.*, 582, rappelant les dispositions qui sont reproduites maintenant d'une façon générale dans l'instruction du 26 octobre 1910 sur le service de la solde.

Par contre, dans l'intérêt de l'État, il est nécessaire de s'assurer qu'on n'a pas compris à tort, dans les services à la mer, des services accomplis à terre au point de vue des droits à la pension, soit dans les flottilles, soit sur des navires en réserve (instr. 8 juin 1899, *B. O.*, 794).

En ce qui concerne la nature des services à la mer, il y aura lieu de rechercher si les sorties sont apostillées à l'encre rouge sur les rôles des bords des flottilles et des bâtiments de servitude (art. 350, instr. 26 oct. 1910) et si les mouvements des bâtiments, apostillés sur les rôles, permettent de déterminer les périodes de navigation hauturière (circ. 19 oct. 1908, *B. O.*, 948).

Il sera bon de demander si les mémoires de proposition de pensions sont préparés par les chefs de service quatre mois à l'avance pour les officiers et autres qui doivent être atteints par la limite d'âge (circ. 30 oct. 1886, *B. O.*, *R.* 697).

Au moyen du recueil des bâtiments donnant droit au bénéfice de campagne de guerre, on pourra vérifier cette partie des services.

Il conviendra d'examiner la matricule des officiers de réserve au point de vue des radiations, notamment à la limite d'âge, ou des nouvelles inscriptions qui auraient pu être omises.

Voir aussi les matricules des gratifications de réforme renouvelables ou permanentes :

S'assurer, pour les premières, que le maintien de ces allocations résulte bien de décisions renouvelées périodiquement à la suite d'une visite médicale;

Rechercher, s'il y a lieu, les causes du non-payement pendant plus de deux semestres, cette interruption devant avoir pour résultat d'entraîner la radiation des matricules (instr. 15 déc. 1908, *B. O.*, 1241).

[illegible]

Que les [illegible] soient [illegible] et que les [illegible]

Notez que les [illegible] sont bien closes et que les boîtes de [illegible] sont signalées.

[illegible]

[illegible] 1880, R. O. [illegible]

[illegible] (Paris, 8 juin 1880, R. O. [illegible]).

[illegible]

Il en [illegible] (Cass. [illegible] 30 oct. 1880, R. O. [illegible]).

[illegible]

Au moyen de [illegible]

[illegible]

[illegible]

[illegible]

2. Bureau du personnel entretenu.

L'inspection de ce bureau consiste surtout dans la vérification des contrôles nominatifs qui doivent être ouverts et tenus dans les conditions fixées par l'instruction du 26 octobre 1910, et sur lesquels la provenance ainsi que la destination des officiers et autres doivent toujours être apostillées.

Conformément à l'article 128 du décret du 7 janvier 1908, rappelé à plusieurs reprises, il y a lieu de suspendre, au moins en principe, le payement de toutes les allocations qui, n'étant pas comprises dans les nouveaux tarifs, n'ont pas fait l'objet d'une décision spéciale du ministre.

Le Service doit être en mesure de fournir la justification de tous les accessoires de solde portés sur les contrôles, même quand il s'agit du personnel rattaché, qui perçoit souvent des indemnités locales fixées par des décisions spéciales.

Cependant une circulaire du 25 octobre 1910, *B. O.*, 3628, donne des explications au sujet d'indemnités diverses allouées aux syndics des gens de mer et aux gardes maritimes, qui doivent être maintenues parce qu'elles sont prévues, à titre général, par le décret du 7 janvier 1908.

Il est nécessaire de s'assurer que le bureau possède les moyens de vérifier le nombre des suppléments de fonctions revenant à un service, notamment pour les professeurs (corps de santé et ingénieurs des Constructions navales, etc.).

Il est utile de rechercher si les payements effectués au port, pour le compte des autres ports, sont signalés sans retard et si les accusés de réception se trouvent apostillés en regard. Même vérification à faire en ce qui concerne les payements dont les avis doivent parvenir des autres ports ou de l'administration centrale (circ. 20 oct. 1910, *B. O.*, 3239).

Il est bon de vérifier les retenues de logement et d'hôpital; cette dernière est toujours proportionnée à la solde y compris les indemnités de résidence (art. 114, décr. 7 janv. 1908).

S'assurer que la Direction de l'Intendance reçoit notification régulière des affectations de logement concédées, *à titre onéreux*, à tous officiers et fonctionnaires (circ. 20 mars 1911, *B. O.*, 467).

Les fonctionnaises soumis au régime des pensions civiles subissent, sur leur solde, une retenue calculée suivant des règles spéciales (voir à ce sujet art. 111, § 3, décr. 7 janv. 1908, circ. 11 mai 1908, *B. O.*, 534, et un nota inséré sous l'article 427, instr. 26 oct. 1910).

Il y aura lieu de rechercher si les livrets de la Caisse nationale des retraites pour la vieillesse sont tenus régulièrement, pour les inspecteurs de la navigation, si les versements sont effectués en temps voulu à la Caisse des dépôts et consignations, et si un état desdits versements est adressé une fois par an aux intéressés (instr. 28 mars 1910, *B. O.*, 828).

[illegible]

L'application de la [illegible] de comptabilité des [illegible] communales [illegible] les conditions [illegible] prises par l'instruction du 20 octobre 1876, et son [illegible] provenance [illegible] que la déclaration [illegible] entre [illegible] quittée.

[illegible] du [illegible] janvier 1863 [illegible] de l'exercice [illegible] de [illegible] les [illegible] des comptes [illegible] spéciale [illegible].

[illegible] de tous les [illegible].

[illegible] 1870, [illegible] [illegible] des [illegible] entre [illegible] [illegible].

Il est nécessaire [illegible] que le [illegible] de [illegible] [illegible] pour le [illegible].

[illegible] de [illegible] correspond la [illegible] des [illegible] et les [illegible] [illegible] en [illegible] pour [illegible] 1870, [illegible].

[illegible] toujours [illegible] (art. [illegible]).

[illegible] que la [illegible] des [illegible] ou [illegible] (circ. 20 mars 1870, [illegible]).

[illegible] spéciales [illegible].

Il [illegible] des [illegible] relativement [illegible] et les [illegible] sont affectés [illegible] des [illegible].

[illegible]

Le bureau doit détenir les livrets individuels de tout le personnel dont il assure le payement, même pour les officiers et autres absents du port (art. 136, décr. 17 oct. 1910).

L'examen des contrôles du personnel de l'inscription maritime permettra de s'assurer si les états de payement parviennent régulièremen au port chef-lieu et si les remboursements à la Caisse des Invalides sont effectués sans retard, c'est-à-dire dans le mois qui suit la réception des états (art. 151, instr. 26 oct. 1910)[1].

Les services autorisés à employer des commis auxiliaires reçoivent, dans ce but, une dotation annuelle; l'Intendance se trouvant dans ce cas, il y a lieu de demander l'effectif de ces employés afin de s'assurer que la dotation n'est pas dépassée.

Les services peuvent d'ailleurs recruter et payer les auxiliaires suivant leurs convenances, dans la limite du crédit accordé (circ. 20 juin 1910, *B. O.*, 1363).

Il est utile de se rendre compte de la façon dont la revue de liquidation du personnel sans troupe est établie. Dans ce but, on pourra parcourir les contrôles de l'année expirée, afin d'examiner si les comptes sont arrêtés conformément aux indications du registre et de façon à permettre de reporter à la revue les totaux définitifs par grade ou par nature de solde (art. 166, décr. 17 oct. 1910).

Ce bureau doit établir des bulletins individuels de mutations au moment du départ des officiers et autres ou en fin d'année; on pourra s'assurer, par l'enregistrement des transmissions de pièces, que cette prescription du règlement n'est pas perdue de vue.

Les bulletins concernant les fonctionnaires du Contrôle doivent être adressés en double expédition (circ. 23 oct. 1897, *B. O. R.*, 949).

Les agents inférieurs, guetteurs, gardes consignes, etc., reçoivent du magasin d'habillement les effets qu'ils demandent. Il sera utile de s'assurer que les apostilles et les retenues sont effectuées, quand il y a lieu, sans omission et que les dettes sont signalées et reprises en cas de changement de résidence. Pour le remboursement de la valeur des effets, voir les articles 80, 237 et 239 de l'instruction du 26 octobre 1910.

Les agents qui, après avoir quitté le service, reprennent leurs fonctions comme auxiliaires n'ont droit à la première mise d'habillement qu'un an après la date de leur radiation des contrôles (tarif 9 du décret du 7 janv. 1908 modifié par le décret du 5 mai 1909, *B. O.*, 436).

Le contrôle des élèves boursiers de la Marine pourra être vérifié, en partie, au moyen des dépêches qui notifient aux ports les changements survenus; se préoccuper de la situation des élèves pour lesquels le payement de la pension paraît interrompu.

En ce qui concerne la façon de payer la pension par terme, voir l'in-

[1] La liste du personnel qui peut recevoir une solde par avance de la Caisse des Invalides est établie chaque année (art. 84, instr. 26 oct. 1910).

struction du 23 mai 1892, *B. O.*, 505, modifiée le 29 décembre 1906, *B. O.*, 1062.

Il y aura à s'assurer également que la section de l'État-Major communique au Service de la solde les états de présence et de mutations que l'autorité universitaire doit lui adresser, et que les boursiers qui résident dans les ports de commerce sont compris sur les contrôles.

3. Bureau des troupes.

Le rôle du service de la solde vis-à-vis des compagnies de gendarmerie maritime se borne, dans le service courant, à liquider la solde mensuellement, à payer les frais de déplacement et à arrêter les revues trimestrielles de liquidation de concert avec le corps.

Par l'examen du registre des revues de liquidation, on pourra vérifier les dates de réception et de transmission de ces comptes, qui doivent parvenir au service de la solde le 25 du premier mois qui suit le trimestre, pour la minute, et le 25 du deuxième mois, pour les expéditions (art. 70 et 72, règl. 3 janv. 1903).

Il conviendra de s'assurer :

Que les pièces sont annulées;

Que la caisse du commandant comptable est vérifiée effectivement une fois par trimestre;

Que le magasin du corps est recensé une fois par an;

Que les registres ou états réglementaires cités dans la deuxième partie sont tenus ou transmis aux époques prescrites.

Le contrôle des officiers d'administration et sous-officiers des troupes coloniales maintenus à la Marine devra être vérifié au point de vue des mutations et des payements. On pourra s'assurer que les volumes de l'exercice expiré sont décomptés et arrêtés sans omission, de façon à permettre d'établir la revue de liquidation nominative annuelle.

On ne perdra pas de vue que ce personnel continuera à être régi par l'ordonnance du 22 juin 1847 et les actes qui l'ont modifiée ou complétée.

Pour vérifier la comptabilité des frais de déplacement du personnel des corps de troupe, il y aura lieu de se reporter au décret du 12 juin 1908 et de se faire communiquer, avec le registre du bureau, les ordres, feuilles de route, titres de congé, récépissés de chemin de fer, etc., en un mot, toutes les pièces justificatives de ces payements.

Il sera bon de comparer quelques mutations avec les feuilles de journées de la gendarmerie ou avec les contrôles du personnel de l'artillerie.

Le payement des frais de déplacement aux familles ne peut être effectué que sur la production d'une déclaration de l'officier ou autre intéressé visée par le chef de corps (commentaire de l'article 14; instr., 13 juin 1908).

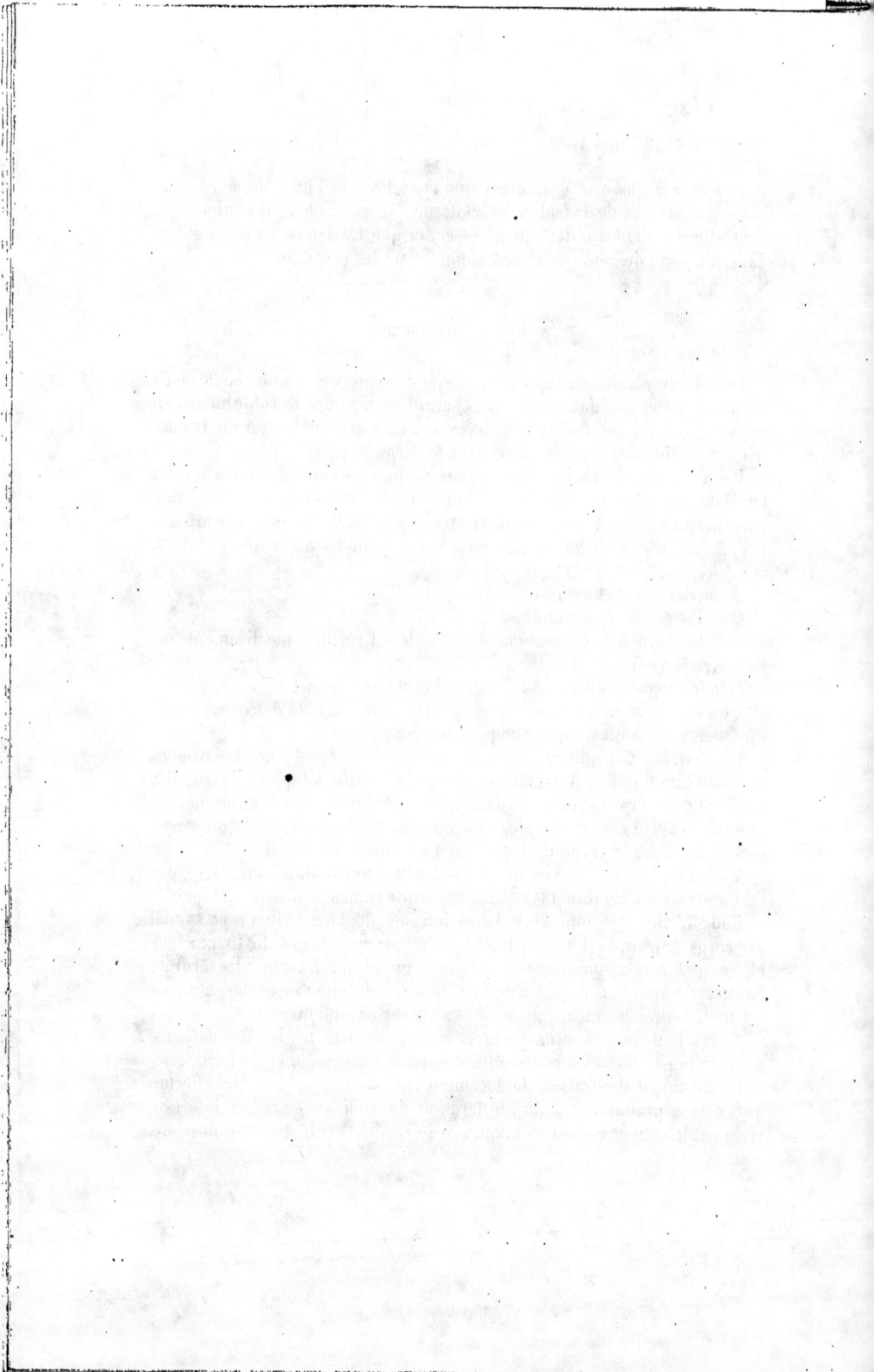

C. Section des armements.

1. Bureau des bâtiments armés.

Les contrôles des dépôts des équipages et ceux des bâtiments ou services administrés comme tels, tous tenus maintenant de la même façon, sont répartis entre les employés du bureau, qui doivent servir avec soin et sans retard tous les tableaux que comportent les volumes (instr. 26 oct. 1910).

Il conviendra de s'assurer que les dossiers des pièces justificatives sont bien classés (art. 151, décr. 17 oct. 1910).

Les états des dettes à reprendre sont conservés par le service de la solde du port comptable du navire de provenance; ils doivent être enregistrés par le bâtiment ou service destinataire et par le service de la solde dont il dépend.

Il sera utile de s'assurer que les bâtiments adressent régulièrement au port comptable toutes les pièces justificatives réglementaires, et notamment les états d'admission à la haute paye ou à une solde plus élevée, pièces qui doivent contenir, au sujet du lien au service et des punitions, tous les renseignements nécessaires pour permettre de vérifier, à l'occasion, l'application de l'article 336 du décret du 17 juillet 1908 (art. 384 et 385, instr. 26 oct. 1910).

En se faisant communiquer la correspondance échangée avec les bâtiments, le contrôleur pourra se rendre compte de l'efficacité de la surveillance administrative du service de la solde et rechercher si l'administration n'a pas des tendances à négliger quelque peu cette partie du service, pour se consacrer de préférence à la reddition des comptes.

Les redressements que le chef de service de la solde doit provoquer, au cours de l'année, sont indiqués dans l'article 78 de l'instruction du 26 octobre 1910.

Des rapprochements entre les contrôles, d'une part, les états trimestriels du débit, les demandes d'habillement et surtout les billets de destination portant avis de dette, permettront de se rendre compte de la façon dont les sectionnaires s'acquittent de leurs obligations.

Il sera utile de rechercher si le service a poursuivi régulièrement le remboursement des dépenses faites par d'autres départements, des gouvernements étrangers ou par des particuliers (art. 388, instr. 26 oct. 1910).

Les contrôles doivent permettre de vérifier rapidement, lors de leur arrivée au port comptable, les rôles d'équipage expédiés par les bâtiments, en ce qui concerne les opérations générales (art. 151, décr. 17 oct. 1910).

[illegible]

[illegible]

[illegible]

[illegible]

[illegible]

[illegible]

[illegible]

[illegible]

[illegible]

[illegible]

[illegible]

Les reprises à effectuer sur les payements faits à l'extérieur doivent toujours être signalées aux ports comptables par l'Administration centrale (circ. 28 juill. 1905, *B. O.*, 767), qui doit aussi leur communiquer les justifications des dépenses réglées par traites.

Si la vérification des comptes individuels est confiée à ce bureau, on pourra vérifier quelques cases, par épreuve, parmi les rôles que les employés auront déjà vus.

Des barêmes annexés à l'instruction du 26 octobre 1910 (*B. O.*, 3544 et 3545) permettent d'obtenir facilement la date à laquelle doit cesser la diminution de solde pour les marins du pont ou de la machine qui ont reçu un sac complet. Ce mode de remboursement ne s'applique ni aux musiciens, ni aux marins dispensés, ni aux marins indigènes, etc.

Des modèles d'arrêtés de comptes individuels sont insérés aux pages 3560 et 3561 du *Bulletin officiel* de 1910.

Les sectionnaires doivent être en mesure d'expliquer toutes les allocations payées par les dépôts, les écoles, les bâtiments, etc., soit aux tables, aux instructeurs ou aux marins indigènes, quand il y a lieu. Il sera donc utile de discuter les suppléments ou indemnités non compris dans les tarifs des règlements principaux jusqu'à ce qu'ils soient complètement justifiés.

Les circulaires des 9 octobre 1909, *B. O.*, 1097, et 12 janvier 1910, *B. O.*, 174, énumèrent les maladies endémiques, contagieuses ou intéressant les voies respiratoires, qui donnent droit à la solde n° 1 pendant les congés de convalescence.

Une circulaire du 28 juillet 1910, *B. O.*, 1964, détermine la nature de la solde, etc., à allouer dans différents cas aux officiers en cours de rapatriement ou rejoignant une destination hors de la métropole.

Il peut être utile d'examiner la nature et l'importance des remises à la caisse des gens de mer, et leur justification, étant donné que ce mode de payement doit être exceptionnel en ce qui concerne les bâtiments.

L'examen du contrôle du dépôt des équipages de la flotte exige une attention toute particulière, en raison de son importance au point de vue de la revue de liquidation, dont la première partie cependant est préparée par le corps (art. 155, décr. 17 oct. 1910). Il sera bon de vérifier les tableaux des dettes signalées et reçues pour en comparer les résultats avec les états du débit et d'examiner dans quelle mesure le service de la solde intervient dans la confection de la revue de liquidation, qui ne doit jamais être établie en entier par le dépôt.

Les remises à la caisse des gens de mer sont ordinairement très nombreuses; il est utile de rechercher si ces états ne comprennent pas des marins qui auraient dû recevoir leur solde, au dépôt ou à l'hôpital, avant leur départ, et d'examiner le temps qui s'est écoulé entre la date de ces remises et l'époque à laquelle les hommes ont été rayés du rôle.

Il sera bon de s'assurer que les remboursements à la Caisse des Invalides des sommes payées hors du port chef-lieu, pour le compte du dépôt, sont effectués sans retard, c'est-à-dire dans le mois qui suit la réception des états (art. 151, instr. 26 oct. 1910); la liste du personnel susceptible

d'être payé dans ces conditions est établie annuellement (art. 84 de l'instr.). Les payements effectués dans les quartiers font l'objet d'états établis en deux expéditions et adressés au service de la solde, qui en fait parvenir une au port comptable (art. 152).

Il est utile aussi de parcourir la correspondance échangée avec le dépôt pour apprécier la surveillance administrative du service de la solde.

L'un des employés s'occupe des bâtiments étrangers au port; son rôle se borne à la vérification des mandats présentés au bureau et à l'envoi des états ou bordereaux prévus par les articles 139, 389 et 390 de l'instruction du 26 octobre 1910.

Les marins en disponibilité, en congé, etc., hors du port où se trouve le dépôt auquel ils comptent, sont payés mensuellement de leur solde au moyen de mandats individuels qu'on pourra vérifier, en partie, si l'inspection coïncide avec la fin d'un mois (art. 61, décr. 17 oct. 1910).

Dans certains cas d'éloignement d'un centre administratif, le ministre peut autoriser le payement par la poste aux frais de la Marine (art. 62, décr. 17 oct. 1910).

2. Bureau de la liquidation.

Ce bureau est chargé exclusivement d'établir les revues de liquidation et leurs annexes, ainsi que les pièces résultant du redressement des erreurs, avis de dettes supplémentaires ou remises à la caisse des gens de mer; ces dernières doivent être portées à la connaissance des intéressés (art. 379, instr. 26 oct. 1910).

Dans la plupart des cas, le contrôleur ne disposera pas du temps nécessaire pour vérifier des revues de liquidation au cours de l'inspection, mais il conviendra d'examiner le service du bureau au point de vue de la marche du travail qui lui incombe, afin de déterminer l'importance du retard, s'il y a lieu, et de voir si toutes les revues sont expédiées à la date réglementaire, c'est-à-dire le 1er juillet de la seconde année qui suit celle de l'exercice considéré (art. 159, décr. 17 oct. 1910).

Au moyen des minutes conservées au port, on pourra procéder à la vérification de quelques reports d'une année à l'autre, pour le même bâtiment, et les enregistrements tenus au bureau de la comptabilité permettront de vérifier les opérations d'ordre rappelées sur les revues; on pourra vérifier ainsi, en partie, la sincérité de ces comptes.

Il sera utile d'examiner d'une façon particulière l'origine des débets définitifs, afin de signaler, s'il y a lieu, les responsabilités qui paraîtraient engagées par ces trop-payés (voir à ce sujet art. 119 à 128 inclus, instr. 26 oct. 1910).

La première partie de la revue de liquidation des dépôts des équipages de la flotte doit être remise au service de la solde, avec la première et la troisième annexes, au plus tard le 31 juillet de l'année qui suit celle qui donne son nom à l'exercice (art. 401, instr. 26 oct. 1910).

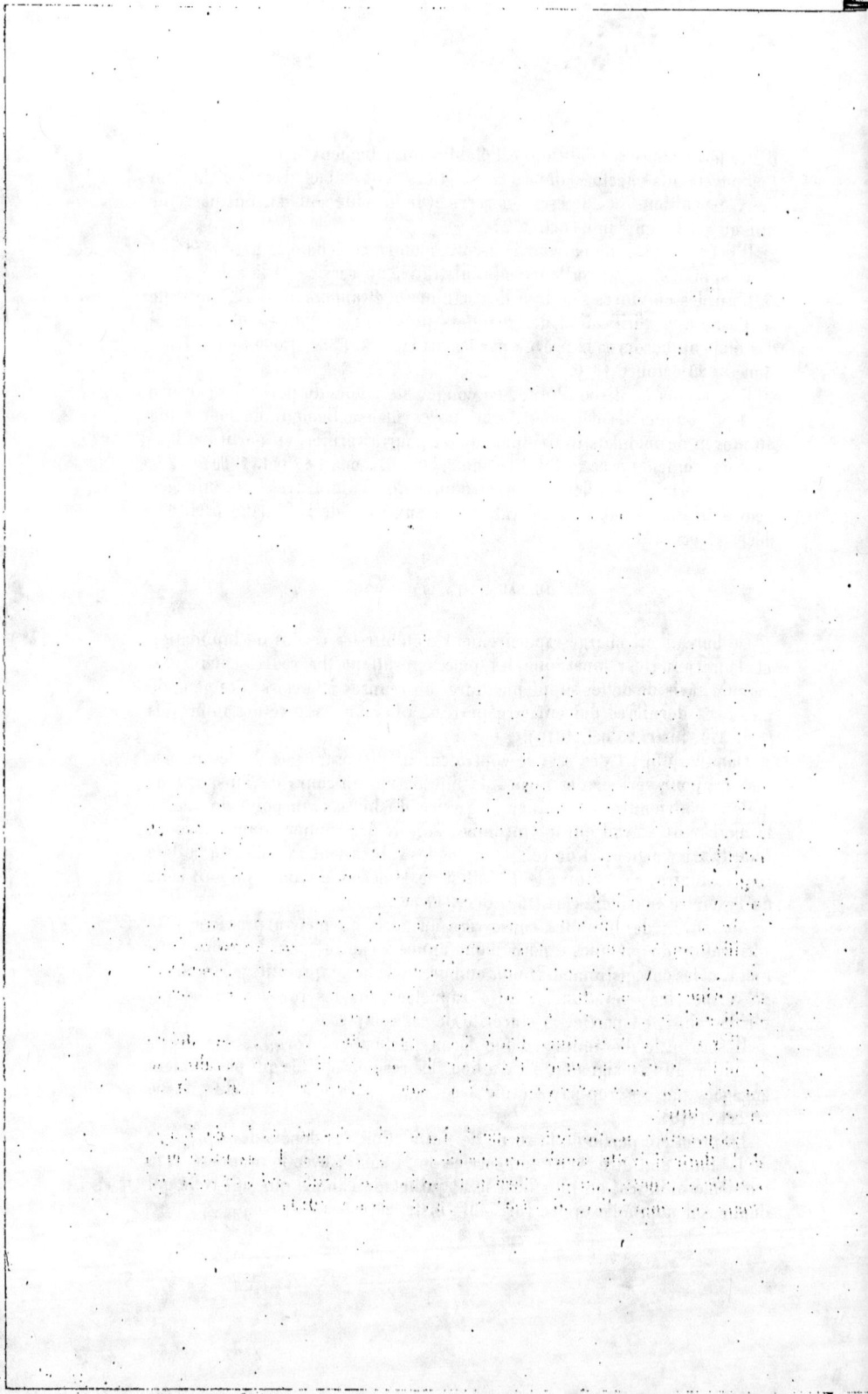

3. Bureau des rengagements et réadmissions et des frais de déplacement.

Pour vérifier le service de ce bureau, on pourra examiner les registres à souche des actes de rengagement et de réadmission, rechercher, d'après les renseignements qui y sont consignés, si les périodes de service sont conformes aux règlements sur la matière, et s'il est fait mention sur les actes des liens contractés sans prime ou avec une prime réduite jusqu'à la date à laquelle les intéressés réuniront 10 années de service à l'État (art. 43, décr. 11 juill. 1908).

Il y aura à examiner également les registres tenus pour constater les engagements et rengagements des gardes-consignes, des pompiers et les réadmissions des vétérans.

Les guetteurs peuvent souscrire des actes de réadmission dans les bureaux de l'inscription maritime (dép. 30 juin 1897; personnel-équipages de la flotte); pour ceux qui servent dans les ports militaires, ces actes sont reçus par le service de la solde.

Il y aura lieu de s'assurer que les marins réadmis reçoivent un duplicata de l'acte souscrit et que les quartiers intéressés sont avisés.

Le service des frais de déplacement doit donner lieu à un rapprochement de pièces entre le registre tenu au bureau du service de la solde (art. 63, décr. 13 sept. 1910) et les ordres, feuilles de route, récépissés du chemin de fer pour les bagages, etc. En ce qui concerne le déplacement des familles, les intéressés doivent produire une déclaration écrite, visée par le chef de service (art. 16, 18 et 58 du décret).

On s'assurera que les dispositions du décret du 13 septembre 1910, relatives à l'effet des permutations sur le droit aux frais de déplacement (tableau 1, position 2, observation marginale), ont bien été interprétées dans le sens indiqué par la circulaire du 26 août 1911 (*B. O.*, 529).

Il sera bon de porter son attention sur le payement des frais de bagages en grande vitesse et de rechercher si l'utilisation de ce mode de transport est mentionné sur l'ordre de départ (art. 42).

Pour les déplacements de courte durée dans une zone de peu d'étendue, on pourra s'assurer qu'on s'est conformé au barême spécial à chaque port dressé en vertu de l'article 10 du décret, et rechercher si l'on n'a pas payé des indemnités de repas qui ne seraient pas justifiées en raison de la facilité des communications.

Les déplacements du personnel des défenses fixes et des électro-sémaphores doivent être vérifiés avec soin, afin de s'assurer qu'il n'y a pas de double emploi dans le payement des indemnités de vivres et des indemnités de séjour ou de repas (art. 23 et 24).

Les chefs de détachement qui regagnent leur port reçoivent souvent

une indemnité journalière en plus de celles qui sont réellement acquises; c'est une irrégularité à signaler.

Il convient aussi de porter son attention sur les frais de voiture, notamment en ce qui concerne les médecins chargés de la visite des ouvriers à domicile (art. 13).

Il y aura à s'assurer que les fonctionnaires autorisés à signer les quittances comptables, pour le payement des frais de déplacement, ont adressé au Trésor un exemplaire de leur signature type (circ. 31 déc. 1909, 36, de 1910).

Les bons de transport émis pour les détachements devront être examinés au point de vue des renseignements prévus par le modèle.

Le service de la solde ayant l'obligation de vérifier les dépenses de frais de déplacement liquidées par les directions, etc., il y aura lieu de se faire présenter les résultats des redressements opérés soit pour les bâtiments, soit pour les autres services (circ. 30 déc. 1909. *B. O.*, 1494, et art. 200, instr. 26 oct. 1910).

Voir à ce sujet une circulaire du 25 février 1909, *B. O.*, 235, contenant les dispositions arrêtées pour le règlement des frais de déplacement en ce qui concerne les services de la Marine transférés au Ministère du Commerce.

La vérification des demandes de passage sur les paquebots est effectuée au fur et à mesure que les pièces sont soumises au visa du contrôle; mais on peut se reporter, au cours d'une inspection, à l'enregistrement des réquisitions qu'il est indispensable de tenir dans le bureau chargé de ce service, sans qu'il soit réglementaire.

Les réquisitions peuvent comprendre le passage complet avec nourriture, aux frais de l'État, ou bien être délivrées simplement en vue de faire obtenir la réduction de prix prévue par les cahiers des charges ou conventions pour le personnel de la Marine voyageant à ses frais (décr. et instr. 7 mai 1907, *B. O.*, 577 et 580).

Dans ce dernier cas, les réquisitions sont souvent remplacées par un simple bulletin constatant la situation des passagers.

D. Section des vérifications et apurements et de la centralisation des comptes du matériel en service.

1. Bureau des vérifications et apurements.

En ce qui concerne les vérifications périodiques, la façon de procéder est à peu près la même pour les trois comptabilités.

Il conviendra donc de rechercher si le service de la solde y procède

régulièrement, c'est-à-dire par trimestre pour le matériel et les vivres et par semestre pour le personnel.

En se faisant communiquer la liste des bâtiments autres que ceux des forces navales indépendantes, présents au port, on s'assurera qu'aucun d'eux n'échappe aux vérifications réglementaires.

En examinant les états des vérifications trimestrielles, pour les comptabilité de l'année précédente déposées au service de la solde, on verra si les appréciations sont précises et si l'on n'abuse pas de la formule banale «bien tenu» ou «mal tenu» proscrite par la circulaire du 1er décembre 1906, *B. O.*, 999.

Il sera utile de s'assurer également que le résultat des vérifications, pour le personnel, a été porté à la connaissance des chefs du service de la solde des ports comptables intéressés (art. 31, § 4, décr. 17 oct. 1910).

La vérification de la comptabilité des vivres donne lieu, comme pour celle du matériel, à l'inscription des résultats sur un état spécial (mod. 26, instr. 17 juin 1910).

Le mode de procéder recommandé est détaillé dans un *nota* sous l'article 125 de cette instruction.

Pour apprécier le service de la section, au point de vue des apurements proprement dits, on pourra se faire remettre une situation des bâtiments comptant au port, prendre note de ceux dont les comptabilités ne seraient pas parvenues au service de la solde dans un délai normal, enfin se rendre compte du degré d'avancement du travail par rapport au nombre des bâtiments et à l'époque de l'année à laquelle l'inspection du contrôle aura lieu.

Une circulaire du 14 avril 1910, *B. O.*, 763, a recommandé de conduire le travail des apurements d'une façon méthodique pour que les trois comptabilités d'un même bâtiment soient apurées en même temps; elle donne aussi le modèle imposé pour le rapport divisé en trois formules (voir art. 408, instr. 26 oct. 1910).

La circulaire précitée ne fixe plus de délai pour l'envoi des derniers rapports, mais le service devra naturellement avoir terminé une année lorsque les comptabilités de l'année suivante lui parviendront.

En ce qui concerne le *personnel*, l'apurement doit être terminé au plus tard le 31 mars de la deuxième année qui suit celle qui donne son nom à l'exercice (art. 406, instr. 26 oct. 1910).

La façon de procéder est indiquée par l'article 407 de l'instruction. Quand il y a lieu, les explications des personnes mises en cause sont jointes aux rapports (art. 408).

Pour l'apurement de la comptabilité du personnel des dépôts des équipages de la flotte, voir l'article 409 de l'instruction.

L'attention devra se porter en ce qui concerne la comptabilité du personnel, sur la balance des comptes individuels et sur les débets définitifs signalés après l'arrêté des rôles.

Pour la comptabilité du matériel, la circulaire du 1er décembre 1906,

B. O., 999, déjà citée, trace la marche à suivre dans le travail d'apurement.

D'une façon générale, il y a intérêt à vérifier toutes les pièces destinées à être transmises à Paris pour servir à établir le compte général des dépenses par bâtiment (circ. 20 mai 1904, *B. O.*, 458).

Il est utile de rechercher si le compte des consommations contient en tête tous les renseignements nécessaires pour permettre de le vérifier.

Il faut s'assurer que toutes les mutations de charge ont fait l'objet de procès-verbaux consignés au registre (circ. 26 sept. 1905, *B. O.*, 902) et signés par les intéressés, y compris les maîtres dépositaires ou détenteurs réels (circ. 27 oct. 1908. *B. O.*, 1072).

Si on peut pousser la vérification jusqu'aux pièces significatives, il sera utile d'examiner si l'emploi des matières de l'approvisionnement de prévoyance a fait l'objet d'explications détaillées sur les bons et si la visite des effets d'habillement en approvisionnement n'a pas fait constater des détériorations susceptibles d'engager des responsabilités.

Les procès-verbaux relatifs aux bris ou à la détérioration du matériel des chambres, qui doivent rester en principe à la charge des officiers et des maîtres, doivent faire l'objet d'un examen attentif (circ. 28 juin 1897, *B. O.*, 847 et 29 mai 1907, *B. O.*, 705).

Il sera utile de porter aussi son attention sur les objets condamnés et vendus hors de France (circ. 7 janv. 1907, *B. O.*, 15).

Enfin on pourra rapprocher les achats de matières consommables, en cours de campagne, des listes contenues dans les circulaires des 28 mai 1906, *B. O.*, 506, et 4 mai 1907, *B. O.*, 594.

Il sera bon d'examiner quelques-unes des propositions relatives aux déficits importants et de vérifier le calcul des gratifications proposées, en tenant compte des périodes de service des magasiniers et du taux qui aura servi de base au décompte (circ. 19 mars 1909, *B. O.*, 297).

Comme pour la comptabilité du personnel, les propositions engageant des responsabilités doivent être accompagnées des explications fournies par les autorités ou comptables mis en cause (circ. 1er déc. 1906, *B. O.* 999).

En ce qui concerne la comptabilité des vivres, les articles 129 et suivants de l'instruction du 17 juin 1910 donnent la marche à suivre pour le travail d'apurement qui doit porter surtout sur la régularité des consommations et sur les remboursements à poursuivre.

Si des responsabilités sont mises en cause, il y a lieu de provoquer les explications nécessaires pour les joindre au rapport.

Il est bon de vérifier aussi le calcul des gratifications proposées pour les maîtres commis en tenant compte de la nature et de la durée de l'embarquement et du régime des vivres; le tarif est inséré dans l'article 131.

2. Bureau de la centralisation des comptes du matériel en service.

Le rôle du service de la solde, en cette matière, consiste à assurer les recensements périodiques pour tout le matériel appartenant à des chapitres administrés par la direction de l'Intendance, suivant les ordres du commissaire général, et à centraliser les états appréciatifs annuels qui permettent de dresser les comptes sommaires.

Il conviendra donc de s'assurer :

Que ces comptes ont été établis régulièrement et adressés au ministre en temps voulu, c'est-à-dire dans le courant du mois d'avril (art. 718, 728 et 784, instr. 8 nov. 1889; art. 26, régl. 23 déc. 1845);

Que les dispositions relatives à la garde du mobilier et aux responsabilités encourues sont observées (circ. 18 août 1906, *B. O.*, 759, et 8 sept. 1907; *B. O.*, 1070; titre III et art. 82, décr. 24 oct. 1910, *B. O.*, 3240);

Que le compte sommaire est fourni pour les articles de sciences et arts mentionnés dans la circulaire du 18 juillet 1908, *B. O.*, 680;

Enfin, que le matériel ne reste pas plus de trois ans sans être recensé; il y aurait lieu, dans le cas contraire, de relever les dates les plus anciennes de ces opérations pour les signaler.

En vue de pouvoir engager, à l'occasion, des responsabilités, il est utile de s'assurer que les mutations des dépositaires comptables sont constatées chaque fois par des procès-verbaux (art. 36, déc. 24 oct. 1910).

E. Bureau de la comptabilité financière.

Le service de ce bureau comprend des écritures journalières et la reddition du compte administratif annuel.

Par l'examen des registres, on pourra rechercher si les mandats sont enregistrés chaque jour et avec méthode; si les arrêtés mensuels sont rapprochés des écritures de la centralisation financière;

Si les demandes de fonds sont suffisantes sans être exagérées;

Si les situations des crédits engagés sont établies et expédiées aux dates réglementaires (le 5 de chaque mois).

Il sera utile de rechercher également si le service de la solde se préoccupe de la suite donnée aux ordres de reversement au Trésor qu'il a émis, comme le règlement du 14 janvier 1869 le prescrit (art. 155), et si les récépissés sont envoyés sans retard à la centralisation financière, surtout pour les retenues d'habillement opérées sur la solde des agents subalternes, vétérans, pompiers, etc.

Les divers comptes ouverts, nécessaires pour assurer la reddition des

comptes annuels, sont énumérés dans la deuxième partie; il sera bon de s'assurer qu'ils sont tenus avec soin et mis à jour, ce qui peut être vérifié par le registre des mandats du port, d'une part, et par les bordereaux reçus des autres ports (art. 139, 389 et 390, instr. 21 oct. 1910).

La vérification peut être faite aussi, pour les bâtiments du port, en rapprochant les comptes ouverts des contrôles tenus par le bureau des bâtiments armés.

En ce qui concerne la préparation de l'état rose et les fascicules de l'état de développement incombant au service de la solde, il sera facile de se rendre compte de la façon dont le travail est conduit en se reportant aux instructions annuelles spéciales, et de voir si l'envoi des divers fascicules a été fait aux dates prévues par ces imprimés

Il sera bon d'examiner l'enregistrement des dépenses sur exercices clos ou périmés, pour s'assurer qu'elles ont été liquidées dans les délais fixés par la loi du 25 janvier 1889 et que celles qu'on a imputées sur l'exercice courant ne concernaient que des allocations payables sur revues (circ. 17 juil. 1902, *B. O.*, 89).

L'envoi au service de l'inscription maritime des mandats trimestriels destinés au payement des délégations est souvent en retard; il sera donc utile de vérifier si le délai réglementaire n'a pas été dépassé, ou bien quelle a été l'importance du retard pour les derniers trimestres. Aux termes de l'article 113 de l'instruction du 26 octobre 1910, la remise du mandat au service de l'inscription maritime doit avoir lieu le 25 du dernier mois du trimestre.

FRANCHISE MILITAIRE.

Il y aura lieu d'examiner :

Si les quantités de timbres prises en charge sont conformes aux bordereaux d'envoi dressés par l'agent comptable de la fabrication des timbres-poste;

Si les procès-verbaux de reconnaissance des existants sont établis à leur date et signés par le chef du service de la solde et un autre officier du commissariat (art. 6, instr. 8 juin 1901, *B. O.*, 1012), et si les remises des bâtiments ont fait l'objet d'une pièce justificative (art. 34).

Il sera bon de comparer l'importance du stock de prévoyance résultant de l'arrêté trimestriel avec la quantité réglementaire fixée, pour ch que port, par la circulaire du 8 juin 1901, *B. O.*, 1006.

Les sorties doivent être justifiées par les récépissés des bâtiments qui sont rapprochés de la balance.

A l'occasion, on pourra vérifier quelques-unes de ces sorties par l'examen des écritures d'un certain nombre de bâtiments ou services.

Enfin un recensement des existants permettra de s'assurer si les écritures sont sincères.

On consultera utilement, pour tous les détails, l'instruction du 8 juin 1901, *B. O.*, 1011.

PRISES MARITIMES.

Ce n'est que dans des cas exceptionnels que le contrôle pourrait avoir l'occasion de vérifier l'administration des «Prises maritimes»; il y aurait à se reporter, dans cette éventualité, aux textes cités dans la première partie du Guide.

[illegible]

Dates ultérieures.

[illegible] la combinaison des [illegible] [illegible]

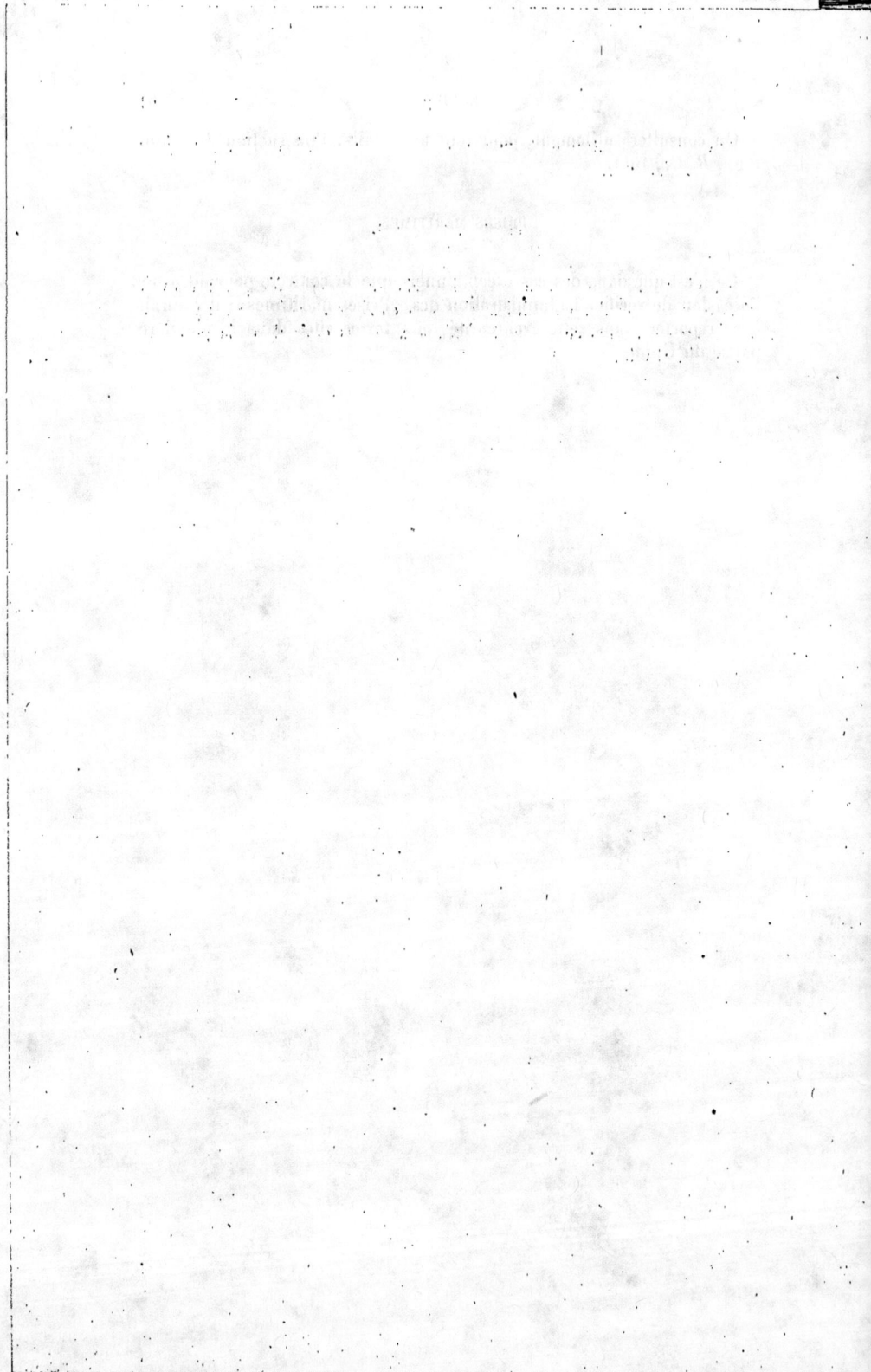

QUATRIÈME PARTIE.

QUESTIONNAIRE.

Le classement des archives du service est-il fait avec méthode?

Se conforme-t-on à l'arrêté du 6 mai 1909 pour le délai de conservation des documents?

Les états de services joints aux mémoires de propositions de pensions sont-ils vérifiés par un employé autre que celui qui les établit?

Paye-t-on encore des compléments de solde à des agents du personnel technique, et ces allocations sont-elles justifiées?

La section des revues reçoit-elle des états de mutations suffisants pour tenir les contrôles et les matricules, et pour s'assurer que les comptes sont exacts, en ce qui concerne les quartiers d'inscription maritime, les sous-arrondissements, la Corse et l'Algérie?

Le surveillance administrative de la compagnie de gendarmerie maritime est-elle effective?

Les comptes individuels des rôles de bord sont-ils vérifiés en totalité ou en partie, et dans quelle proportion?

Même question pour les rôles du dépôt des équipages de la flotte.

Les ordres communiqués au service de la solde au sujet des déplacements de courte durée ne donnent-ils pas lieu à des abus?

Même question pour les abonnements aux tramways.

Le barême prévu par l'article 10 du décret du 13 septembre 1910 est-il tenu à jour et modifié quand il y a lieu?

Le service de la solde reçoit-il régulièrement, aux fins de vérification, les états des frais de déplacement liquidés par les bâtiments, les quartiers et les divers services de l'arrondissement?

Ce service possède-t-il toutes les conventions en vigueur conclues avec les compagnies de navigation en ce qui concerne le transport du personnel (avec les modifications, s'il y a lieu)?

Les officiers du commissariat n'éprouvent-ils aucune difficulté pour vérifier périodiquement les comptabilités de bord sur place ou dans leurs bureaux?

Le personnel permanent ou temporaire mis à la disposition du service

[illegible]

[illegible] méthode [illegible]

[illegible] dans le domaine de [illegible]

[illegible]

[illegible] la discipline [illegible] des équipages de la flotte.

[illegible] pour [illegible] aux équipages.

[illegible] du décret [illegible] à bord.

[illegible] de navigation en ce qui concerne [illegible]

[illegible] du service.

est-il suffisant pour assurer l'apurement de toutes les comptabilités dans le délai d'une année?

Les pièces destinées à dresser les comptes sommaires du matériel en service parviennent-elles au service de la solde à la date réglementaire?

Les mutations de dépositaires comptables sont-elles constatées par des procès-verbaux, notamment pour le matériel du service de la solde?

Les divers bureaux sont-ils munis de planchettes comprenant la nomenclature et les quantités des objets de mobilier en service?

Les recensements sont-ils conduits de façon à recenser tous les articles dans le délai de trois ans?

Le Département de la Marine ne supporte-t-il pas des charges qui incombent à d'autres ministères?

Le chef du service de la solde garde-t-il lui-même la clef du placard contenant les timbres-poste militaires?

Les procès-verbaux sont-ils réellement établis aux dates indiquées dans ces actes?

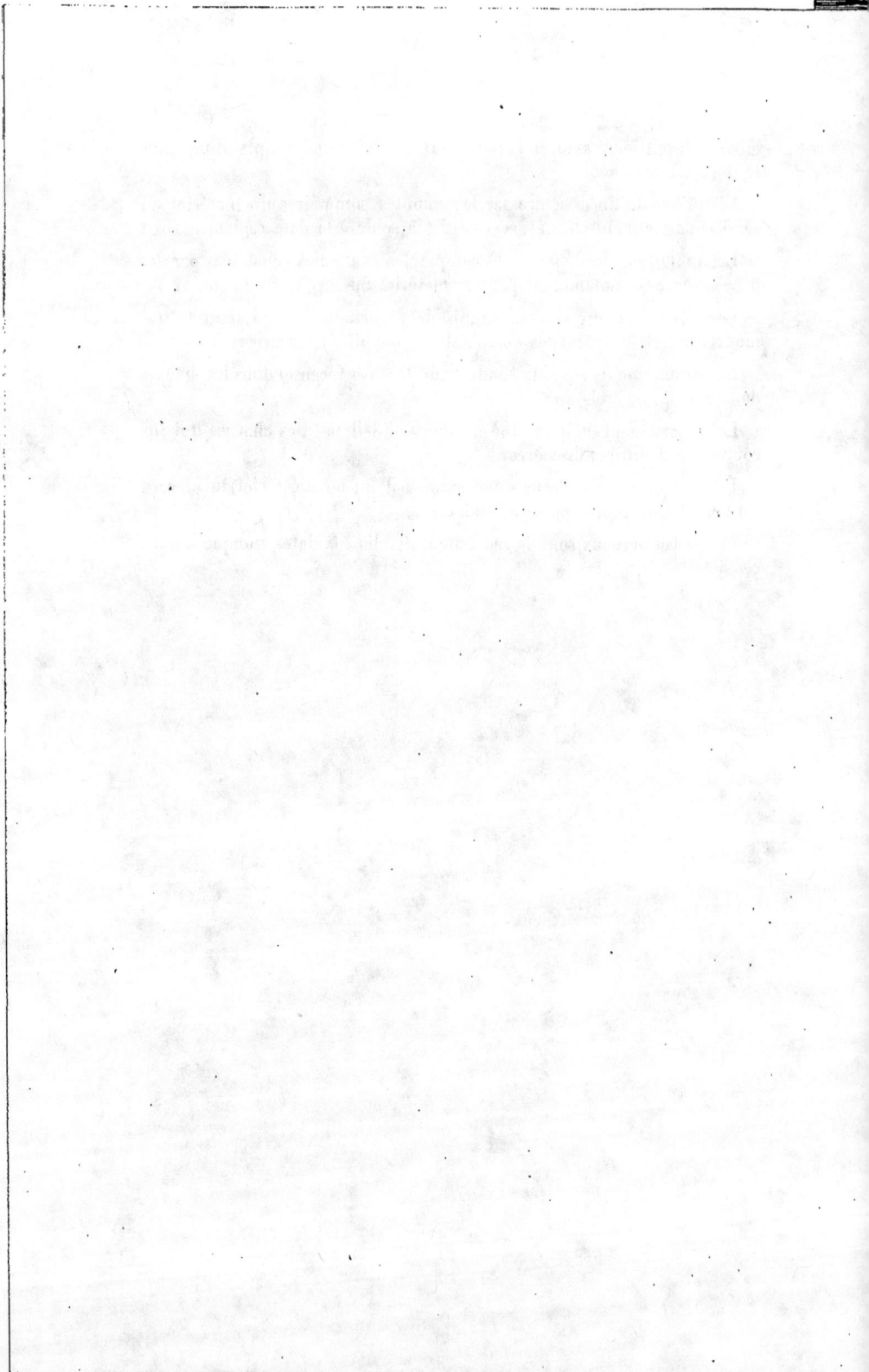

DIVISION II

SERVICE DES SUBSISTANCES

ET DE L'HABILLEMENT

DIVISION II.

SERVICE DES SUBSISTANCES
ET DE L'HABILLEMENT.

SECTION I.

SUBSISTANCES.

PREMIÈRE PARTIE.

RÉSUMÉ SOMMAIRE DE LA RÉGLEMENTATION.

ATTRIBUTIONS ET ORGANISATION GÉNÉRALE DU SERVICE.

Le service des subsistances et de l'habillement forme le deuxième service ressortissant à la direction de l'Intendance maritime d'après le décret du 18 décembre 1909 (chap. 5, art. 19, p. 1401). Ses attributions, en ce qui concerne les subsistances, sont les mêmes que celles de l'ancien détail des subsistances, abstraction faite des opérations de vérification et d'apurement qui sont actuellement confiées au service de la solde (instr. 30 déc. 1909).

Elles comprennent :

1° La constitution (par achat ou transformation), la garde, la conservation et la délivrance aux ayants droit des denrées et récipients nécessaires à l'alimentation des divers rationnaires de la Marine qui doivent recevoir de l'État tout ou partie de leurs vivres en nature;

2° La liquidation des prestations en deniers allouées en remplacement des délivrances en nature;

3° La passation de certains marchés d'ordinaire;

4° Enfin, les délivrances accidentelles en nature ou en argent aux non-rationnaires, conformément à l'instruction du 2 mars 1896, modifiée.

La vérification de la comptabilité des rationnaires et non-rationnaires incombant aujourd'hui au service de la solde, celui des subsistances a beaucoup moins l'occasion de faire application des textes qui concernent le service de la comptabilité des vivres à bord des bâtiments ou services de la flotte. La direction du service est entièrement confiée au corps du commissariat depuis la suppression des manutentionnaires; la gestion est assurée par le corps des comptables et les agents du commissariat. Dans les ateliers, des agents techniques sont chargés de la surveillance du personnel ouvrier et militaire.

Au sujet de l'organisation intérieure des services, consulter la circulaire du 9 février 1910, *B. O.*, 276, et l'instruction du 17 juin 1910, *B. O.*, 1209, relative aux nouvelles attributions du service des subsistances et de l'habillement dans les ports militaires.

TEXTES INTÉRESSANT SPÉCIALEMENT LE SERVICE DES SUBSISTANCES.

En dehors des textes constitutifs précités, la réglementation applicable au service des approvisionnements de la flotte s'étend au service des subsistances, sauf sur les points qui seront détaillés ci-dessous (renvoi à la partie du Guide qui traite de cette partie du service). De même pour le contrôle du personnel ouvrier et pour celui de la comptabilité des travaux, il y aura lieu, sauf exceptions, de se référer au Guide des constructions navales. Enfin, pour tout ce qui concerne les droits acquis des rationnaires, c'est au Guide des bâtiments, des services de la flotte ou des troupes qu'il faudra se reporter, le présent Guide n'ayant pour objet que les points spéciaux intéressant le service des subsistances.

1. Personnel.

Le service des subsistances emploie des commissaires, des agents et commis du personnel des comptables, des agents et commis du commissariat, des agents techniques des travaux, des ouvriers et du personnel militaire détaché.

15 novembre 1909, *B. O.*, 1229, et dépêche du 15 décembre 1910 (Équipages, service de santé) : circulaire relative à la formation des boulangers-coqs.

22 mars 1910, *B. O.*, 615 : Le service des subsistances peut embaucher des ouvriers auxiliaires dans la limite de sa dotation.

18 juin 1910, *B. O.*, 1873 : Répartition des agents techniques des tra-

vaux des subsistances dans les ports et fixation des effectifs définitifs et provisoires.

28 juin 1910, *B. O.*, 1378 : Décret incorporant dans le corps du commissariat le personnel des manutentionnaires.

20 juillet 1910 : Organisation du personnel des agents techniques (dispositions spéciales aux agents des subsistances, voir p. 1924 et 1926).

12 décembre 1911, *B. O.*, 1288 : Nouvelle répartition des agents techniques du service des subsistances, de l'habillement et du casernement.

Le tableau V du fascicule n° 5085 (Réglementation du personnel ouvrier) fixe le programme des épreuves spéciales imposées aux candidats du service des subsistances.

Nota. — Outre ces textes, consulter la réglementation générale, et notamment pour le personnel ouvrier :

Décret du 13 juin 1907 modifié par actes suivants : 6 septembre 1907, *B. O.*, 1068; 11 décembre 1907, *B. O.*, 1311; 5 septembre 1909, *B. O.*, 1001; 23 septembre 1909, *B. O.*, 1021; interprétation, 16 juillet 1907, *B. O.*, 879; 13 décembre 1907, *B. O.*, 1316; 3 avril 1908, *B. O.*, 405. Voir également le fascicule 5085 concernant la réglementation du personnel ouvrier; le décret du 4 novembre 1909 et l'arrêté du 7 décembre suivant modifié le 9 juin 1910, *B. O.*, 1155, au sujet des ouvriers auxiliaires[1].

Les heures de travail sont fixées par le règlement du 15 mai 1902 et la circulaire du 7 janvier 1903, *B. O.*, 3.

La question du personnel entretenu est étudiée dans la partie du présent Guide relative au service de la solde.

2. Approvisionnements. — Marchés. — Recettes techniques.

Le service des subsistances est appelé à passer des marchés pour la fourniture de denrées, liquides, récipients, et accidentellement du matériel et de l'outillage spécial à son service qui n'est pas procuré par marché commun. Il ne s'occupe pas des installations de vivres à bord, ni de la délivrance du matériel d'armement.

[1] Le personnel ouvrier des arsenaux et établissements de la Marine vient d'être réorganisé par les textes ci-après, publiés pendant que le présent Guide était en cours d'impression :

Décret du 12 mai 1912, *J. O.*, 4465, portant réorganisation du personnel ouvrier immatriculé des arsenaux et établissements de la Marine;

Décret et arrêté du 18 mai 1912, *J. O.*, 4632, relatifs au statut des ouvriers et ouvrières auxiliaires embauchés dans les arsenaux et établissements de la Marine.

Voici les textes les plus récents concernant les marchés et approvisionnements des subsistances.

29 août 1911, *B. O.*, 530 : Notification d'un tableau modifiant la nomenclature des vivres.

VIN.

18 avril 1899 : Décision relative à la recette, aux manipulations, soins et analyse chimique du vin rouge.

5 décembre 1903 : N'acheter le vin à 9 degrés que par petits contingents de manière à ne pas avoir de trop grandes quantités en cave.

25 octobre 1905 : Ne pas délivrer de vin de Banyuls aux navigateurs faisant campagne.

14 mai 1908 : Procédé de mesurage d'acidité du vin après culture.

14 mai 1908 : Modification aux conditions techniques de recette du vin.

30 septembre 1909 : Le vin à 9 degrés sera maintenu dans les approvisionnements, à condition qu'il ne soit pas destiné à constituer les approvisionnements des bâtiments navigants.

11 mai 1910, *B. O.*, 1123 : Les marchés pour fourniture de vin devront comporter des lots de 25,000 litres jusqu'à concurrence de 1/4 de la fourniture.

6 décembre 1910, *B. O.*, 4084 : Les vins de France et d'Algérie pourront contenir jusqu'à 3 gr. 20 de cendres par litre.

28 juillet 1910, *B. O.*, 1955 : La quantité de vin à déposer à titre d'échantillon avant l'adjudication sera de 50 litres. Les soumissions devront être déposées dix jours à l'avance.

14 janvier 1911, *B. O.*, 145 : L'examen microscopique des vins ne sera pratiqué qu'à titre d'indication complémentaire.

8 mars 1911 (subsistances) : Éviter les livraisons durant la saison chaude.

29 mars 1911, *B. O.*, 543 : Exprimer en hectolitres l'importance des marchés de vin, vinaigre, etc.

1er avril 1911, *B. O.*, 548 : Dispositions relatives aux approvisionnements à entretenir en vin à 9 degrés et à 10 degrés. Détermination des besoins.

29 janvier 1912, *B. O.*, 353 : Conditions particulières des marchés de vin à 9 et à 10 degrés.

[illegible]
[illegible] naissance.

[illegible] publication dans [illegible]
[illegible] différentes formes.

[illegible] avril 18[illegible]. — Question relative à [illegible]
[illegible]

[illegible] que pour [illegible]
[illegible] en cote.

[illegible] systèmes
[illegible] complets.

[illegible] du [illegible]

[illegible]

[illegible] commencement [illegible]
[illegible] à [illegible]
[illegible]

[illegible] pour [illegible]
[illegible] en outre [illegible]
[illegible]

[illegible]
[illegible]

[illegible]
[illegible]
[illegible]

[illegible]
[illegible] complémentaires.

[illegible] Les [illegible]
[illegible]

[illegible]
[illegible]

[illegible] provisoire [illegible]
[illegible]
[illegible]

[illegible]
[illegible]

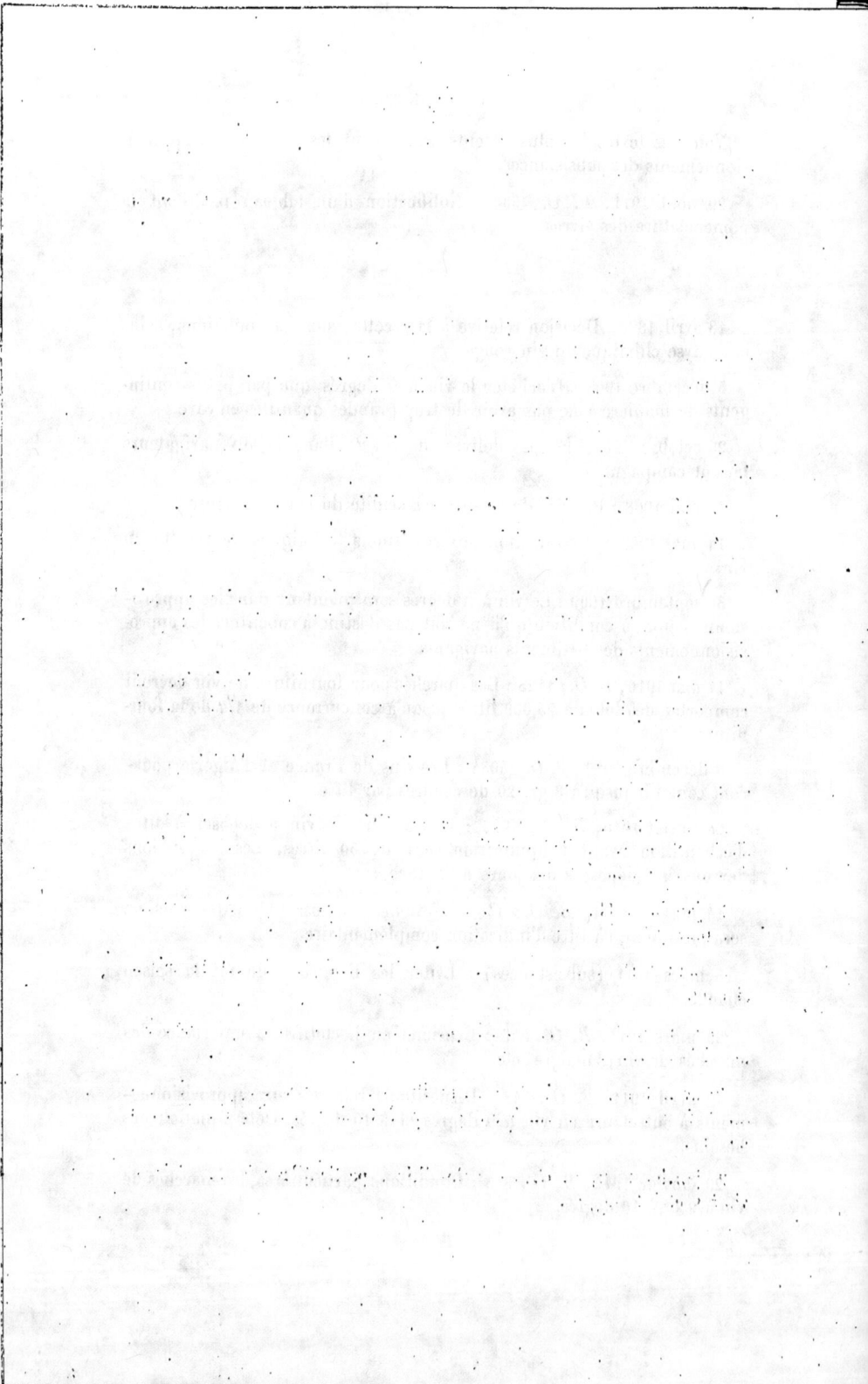

VINAIGRE.

2 octobre 1908 : Modifications aux conditions de recette du vinaigre.

28 avril 1910, *B. O.*, 918 : La Marine ne consommera désormais que du vinaigre de vin fabriqué dans les manutentions ou du vinaigre d'alcool acheté par adjudication.

7 février et 8 décembre 1911, *B. O.* : Conditions particulières des marchés de vinaigre. (Une étude complémentaire de ces conditions est en cours.)

GRAISSES.

14 mars 1910 : Expérimentation de produits susceptibles de remplacer la graisse de Normandie.

25 février 1911, *B. O.*, 326 : Rétablissement de la *graisse de Normandie* dont une circulaire du 15 novembre 1909 avait interrompu la fabrication. — Nouvelles conditions de recette pour la graisse alimentaire et la graisse de coco.

CONSERVES DE VOLAILLES.

31 octobre 1908 : Les conserves de volailles sont maintenues dans l'approvisionnement comme vivres de malades.

CONSERVES DE BOEUF.

31 décembre 1909, *B. O.*, 1504 : Les conserves de l'approvisionnement exhalant une mauvaise odeur, de même que les boîtes ouvertes par la commission de visite et reconnues avariées, seront immédiatement détruites sur l'ordre du directeur local de l'Intendance maritime.

20 janvier 1910 (subsistances) : Emballage des boîtes de conserves avec du carton ondulé.

14 avril 1910, *B. O.*, 754 : En principe, les conserves de bœuf ne pourront pas rester en magasin plus de cinq ans.

31 mai 1910, *B. O.*, 1164 : Indication du millésime de fabrication des conserves, de leur prix de remboursement. Le nombre de repas de conserves est ramené à un par semaine.

28 juillet 1910, *B. O.*, 1963 : Les boîtes de conserves de l'usine de Rochefort seront peintes avec une couleur spéciale pour chaque année de fabrication. — Couleurs adoptées.

19 octobre 1911, *B. O.*, 895 : Proportion des conserves de bœuf en boîtes de 1 kilogramme à comprendre dans les approvisionnements à terre et à bord.

SARDINES.

3 avril 1911, *B. O.*, 551 : Mesures prises pour écouler les approvisionnements de sardines à l'huile. Les conserves de poisson ne figureront plus parmi les approvisionnements du magasin des subsistances.

18 septembre 1911, *B. O.*, 640 : Conditions particulières concernant les fournitures de conserves de poissons aux ordinaires.

LAIT CONCENTRÉ.

9 mars 1906, *B. O.*, 257 : Inscription du poids net contenu dans les boîtes de lait.

Condamnation des boîtes de lait concentré bombées; remplacement en nature par le fournisseur, dans le délai de six mois, des boîtes condamnées.

Les conditions particulières des marchés de lait sont à l'étude.

VIANDES DE BOEUF, VEAU, MOUTON, PORC.

21 février 1911, *B. O.*, 342 : Par application de l'article 3 du décret du 18 novembre 1882, le système des adjudications *restreintes* sera désormais employé pour les marchés de l'État concernant la fourniture de la viande à effectuer au service des subsistances dans les cinq ports militaires, à Dunkerque, à Ajaccio, à Alger et à Bizerte.

24 novembre 1911, *B. O.*, 1192 : Admission du bétail colonial.

15 février 1912 (subsistances) [à Toulon] : Admission de la viande de zébu; modifications diverses au cahier des charges.

HARICOTS.

3 juin 1909 : Conditions de recette des haricots; exclusion des haricots de couleur.

Dépêche ministérielle du 25 novembre 1910 : Les haricots nécessaires aux hôpitaux seront fournis par les subsistances à titre de cession.

Dépêche ministérielle à Toulon du 10 décembre 1910 : Renvoi approuvé d'un cahier des charges (haricots); prévoir deux contingents.

POIVRE.

Circulaires ministérielles du 3 décembre 1902 et du 9 janvier 1912 : Paris centralisera en janvier l'état de prévision des ports et Toulon opérera la répartition par la voie des transports du littoral dès l'arrivée du contingent annuel acheté à Saïgon sur la base des besoins de 21 mois.

LÉGUMES DESSÉCHÉS.

21 novembre 1896, *B. O.*, 625 : La fourniture des légumes desséchés sera assurée par un marché passé à Toulon qui sera chargé d'approvisionner les autres ports (voir en outre dép. du 24 mars 1910 confirmant cette façon de procéder).

GELÉE DE VIANDE.

16 novembre 1909 : Achat de Liebig en remplacement de gelée de viande; bases des délivrances (2 grammes d'extrait pour 6 grammes de gelée).

SUCRE.

27 octobre 1908 : Modification relative à l'origine des sucres.

5 juillet 1889, *B. O.*, 18 : Conditions de recette du sucre cristallisé.

RIZ.

25 mars 1911, *B. O.*, 480 : Époques des livraisons de riz.

BLÉ.

11 mars 1904 : Conditions de recette du blé.

29 mars 1911, *B. O.*, 543 : Exprimer en quintaux l'importance des marchés de blés.

26 août 1911, *B. O.*, 529 : Clauses à insérer dans les cahiers des charges et relatives à l'exclusion des blés contenant des charançons.

19 avril 1912, *B. O.*, 770 : Conditions particulières des marchés de blé.

[illegible] continuent [illegible] la base [illegible]

[illegible]

[illegible] l'origine des [illegible]

[illegible] véritable [illegible]

[illegible]

[illegible] Conditions [illegible]

[illegible]

[illegible]

CAISSES À FARINE.

24 août 1909 : Essai d'un nouveau type de caisse à farine.

FARINE.

Dépêche ministérielle du 25 novembre 1910 : Conditions de recette de la farine destinée aux pays d'outre-mer.

28 juin 1911; *B. O.*, 1164 : La farine fabriquée dans la marine sera dénommée à l'avenir farine à 72 p. 100 d'extraction. Les manutentions devront tirer du blé le maximum de ce qu'il peut rendre pourvu que la moyenne annuelle de rendement ne soit pas inférieure 72 kilogrammes de farine pour 100 kilogrammes de blé brut.

BOUTEILLES D'EAUX MINÉRALES.

18 janvier 1904 : Les bouteilles d'eaux minérales devront être remises aux subsistances pour être délivrées gratuitement aux ordinaires en remplacement des bidons en bois supprimés par la circulaire du 14 janvier 1903.

DIVERSES DÉPÊCHES.

27 avril 1897, *B. O.*, 561 : N'admettre que des produits français dans les fournitures, sauf pour les denrées coloniales.

10 mars 1906, *B. O.*, 303 : Les bâtiments désignés pour campagne lointaine n'embarqueront que des vivres provenant des fabrications ou des récoltes les plus récentes. (Pour le *vin*, consulter la circulaire précitée du 1er avril 1911, *B. O.*, 548.)

10 septembre 1908 : Les achats de vivres sont exonérés de la retenue de 0,50 au profit de la caisse de prévoyance.

2 février 1910, *B. O.*, 266 : Régime alimentaire des transports du littoral non compris dans l'exception de l'article 5 de l'arrêté du 16 novembre 1909.

11 mars 1910, *B. O.*, 476 : Approvisionnement en denrées des bâtiments stationnés hors des ports militaires.

30 mai 1910 : Les prochains marchés généraux des ordinaires comprendront des denrées des associations coopératives.

11 juin 1910, *B. O.*, 1204 : Les marchés des ordinaires pour fourniture

des denrées d'épicerie doivent être passés sur prix de base aux termes des circulaires manuscrites des 23 mai et 5 septembre 1908.

Recommandations au sujet de l'établissement des prix. Le cahier des charges devra être communiqué au syndicat des épiciers.

8 avril 1911, *B. O.*, 599 : Mode d'exclusion des marchés pour fournitures aux ordinaires.

26 juillet 1911, *B.* O., 90 : Recommandations relatives à la passation des marchés pour fournitures aux ordinaires. Limites apportées à l'intervention des autorités maritimes.

Nota. — Voir en outre la réglementation générale, et notamment : décret du 17 novembre 1882; conditions générales du 18 juin 1910, commentées le 15 septembre 1910, et la « réglementation des marchés », soumise à une refonte quinquennale.

Consulter le Guide du service des approvisionnements pour les textes concernant la passation des marchés, *notamment* : Circulaire du 3 juin 1902, *B. O.*, 1228, pour les marchés généraux; 14 octobre 1910, *B. O.*, 3231, marchés à longue nomenclature et à commandes à cours variable; 19 juillet 1907, *B. O.*, 873 et 24 décembre 1909, *B. O.*, 1484.

Consulter la circulaire du 23 octobre 1911, *B. O.*, 924, pour la rédaction des marchés ayant trait à des fournitures divisées en lots d'inégale importance.

Algérie. — Stock de vivres à entretenir à Oran (dép. 20 août 1910 [subsist.] et 1er déc. 1911 [subsist.]).

Adjudications restreintes (dép. 24 juin 1911 [subsist.]).

Saïgon. — Nouvelle fixation des stocks de vivres. Dispositions relatives au ravitaillement du dépôt (circ. 14 févr. 1911, *B. O.*, 309, et 1er mars 1912, *B. O.*, 377).

Tunisie. — Les marchés de vivres y seront passés par adjudication restreinte (circ. 20 mai 1911, *B. O.*, 929).

Diégo-Suarez. — Dispositions prises pour l'approvisionnement du dépôt de vivres (circ. 30 oct. 1911, *B. O.*, 1019).

Dakar. — Dispositions prises pour l'approvisionnement du dépôt de vivres (circ. 12 mars 1912, *B. O.*, 443).

3. Rationnaires et non-rationnaires.

Le service des subsistances ayant pour mission de satisfaire aux droits des rationnaires et non-rationnaires de la Marine, nous indiquons ci-dessous les textes qui leur sont applicables. Il est à noter d'ailleurs que les subsistances ne s'occupent plus de vérification des droits acquis, ni de l'apurement.

Instruction du 2 mars 1896. — Cette instruction, relative aux délivrances de vivres aux non-rationnaires, figure avec ses modifications à la onzième annexe du fascicule n° 20 *bis* du *Bulletin officiel* de 1910.

Consulter également les dépêches portées en note sur l'instruction.

Arrêté du 16 novembre 1909 formant la huitième annexe de l'instruction sur les vivres.

Cet arrêté intéresse dans son entier le service des subsistances, car il fixe les droits des rationnaires en nature et en deniers. (Rationnaires en santé, prisonniers de guerre, condamnés, marins en détachement, marins à l'infirmerie).

Pour les troupes coloniales, consulter l'article 10 de l'arrêté et le règlement de la Guerre.

Consulter également la neuvième annexe qui détermine les bases d'embarquement des vivres à bord des bâtiments (vivres de campagne, prestations supplémentaires, combustible, vivres de malades, bâtiments en réserve, vivres de prévoyance des torpilleurs et sous-marins, stock de mobilisation et vivres de secours).

1er avril 1910, *B. O.*, 697 : Amélioration de l'alimentation des équipages et composition des repas.

28 juillet 1910, *B. O.*, 1963 : Les agents techniques ordinaires d'études peuvent participer aux délivrances du café pour l'assainissement de l'eau, au même titre que les agents techniques ordinaires des travaux.

12 décembre 1910, *B. O.* : Rappel des prescriptions réglementaires relatives aux délivrances de vivres aux non-rationnaires.

31 décembre 1910, *B. O.*, 103 : Arrêté sur l'alimentation des marins indigènes (modifié le 20 juillet 1911, *B. O.*, 75).

28 juin 1911, *B. O.*, 1165 : Modification à l'arrêté (précité) du 16 novembre 1909, en ce qui concerne les allocations pour travaux pénibles.

[illegible]

[illegible] pour [illegible] des [illegible] Martinique [illegible] et [illegible] droits acquis [illegible]

[illegible]

[illegible] continuation [illegible]

[illegible]

[illegible] son simple [illegible]

[illegible] dans [illegible] des [illegible] et en France [illegible] ou [illegible]

[illegible]

[illegible] de la [illegible]

[illegible] qui [illegible] de [illegible] ou [illegible] supplémentaires [illegible] ou [illegible] des [illegible]

[illegible] l'administration des [illegible]

[illegible] et [illegible] de la [illegible] pour l'accroissement de l'am[illegible] des [illegible]

[illegible] Daguet des [illegible] règlements [illegible] au [illegible]

[illegible] sur [illegible] station [illegible]

[illegible] vendre [illegible]

4. Manutention, Conservation.

La manutention ne constitue plus un service à part depuis la suppression du corps des manutentionnaires. Cette partie du service reste cependant la caractéristique des occupations spéciales du service des subsistances, l'intérêt de conservation et de transformation des denrées étant primordial.

A noter, à ce sujet, les textes suivants :

24 septembre 1836, *B. O.*, 571 : Soins spéciaux à donner au vin.

7 avril 1900 : Renvoi des caisses d'emballage à conserves au port de Rochefort.

16 janvier 1900 : Au sujet de la nourriture des chats.

13 juin 1900 : Suppression de la bûche de Noël.

23 décembre 1901 : Intervention d'un vétérinaire civil dans les commissions de recette.

15 janvier 1902 : Vente du son aux domaines.

30 avril 1903 : Autorisation d'employer des sacs en jute.

5 février 1904 : Utiliser les bois de démolition pour la confection des revêtements en bois des caisses à farine, n'employer du bois neuf que dans le cas où cette ressource n'existerait pas.

2 février 1907 : Transport de l'huile comestible.

2 février 1907 : Interdiction de procéder au vinage du vin.

22 février 1907 : Bonification du vin.

30 mars 1907 : Analyse périodique des vins.

5 avril 1907 : Les plombs ne seront plus apposés sur les caisses de conserves expédiées de port à port; mais l'article 348 de l'instruction du 8 novembre 1889 sera appliqué dans les autres cas.

15 septembre 1908 : Achat local et emploi de la gailleterie pour les fours.

29 août 1909 à Brest et 8 juin 1904 : Ne laver qu'à l'eau bouillie les bouteilles destinées à contenir des échantillons de vin. Celles-ci doivent être en verre clair (voir dép. 18 févr. 1909).

8 septembre 1909 : Au sujet des fours de boulangerie et pétrisseuses de bord.

12 janvier 1910, *B. O.*, 48 : Précautions à prendre au sujet de l'eau employée pour la panification (les bâtiments sont seuls visés).

11 février 1910, *B. O.*, 282 : Marquage du pain.

2 mars 1910, *B. O.*, 465 : L'étain employé à la fabrication de récipients qui ne sont pas destinés à recevoir des aliments ne devra pas contenir plus de 1,50 p. 100 de plomb ou de métaux étrangers.

28 avril 1910, *B. O.*, 920 : Veiller à ce que les délivrances de viande aux petites unités soient effectuées avec tout le soin désirable.

21 juin 1910 : Installation frigorifique à bord.

13 juillet 1910 : Allocation d'un demi-dixième aux ouvriers boulangers qui ravitaillent les fours en combustible.

13 juillet 1910, *B. O.*, 1894 : L'ouverture des caisses à farine doit être pratiquée au moyen du dévissage du couvercle et non du déclouage du fond.

6 août 1910 : Débarquement des fours Somasco, leur suppression.

20 janvier 1911, *B. G.*, 178 : Emballage des boîtes de conserves avec du carton ondulé (au lieu de foin).

20 mars 1911, *B. O.*, 466 : Interprétation de l'instruction du 17 juin 1910 en ce qui concerne les fourneaux de cuisine à bord.

5. Comptabilité en matières et en deniers.

Le service des subsistances applique les règles ordinaires de la comptabilité financière et de la comptabilité matières. Voir cependant les textes suivants qui intéressent spécialement ce service.

24 août 1901 : Tenue de la comptabilité des apparaux.

22 janvier 1903 : La valeur des résidus de fabrication sans utilisation ne sera plus déduite des prix de transformation.

27 décembre 1905 : Les ordres de délivrance ne seront plus récapitulés dans le service des subsistances sur le bordereau modèle 147 *ter*.

26 mars 1906 et 5 novembre 1910 : Les cautionnements des marchés d'ordinaires doivent être déposés dans la caisse des conseils d'administration des services et non à la caisse des dépôts et consignations.

10 décembre 1907 : Ne plus établir de billet de sortie pour les délivrances de vivres donnant lieu à l'émission de bulletins n° 48.

19 février 1908 : Recommandations relatives à la comptabilité de l'emploi aux travaux.

24 août 1908, *B. O.*, 844 : Allocation d'une indemnité journalière de vivres aux premiers-maîtres mécaniciens détachés aux charbonnages en France.

21 janvier 1910, *B. O.*, 191 : Prix du pain confectionné avec la farine logée.

14 avril 1910, *B. O.*, 754 : Augmentation du taux des prestations en deniers.

14 mai 1910, *B. O.*, 1121 : La prime de 0 fr. 50 ne peut être allouée aux sous-marins présents dans les centres de stationnement des flottilles.

14 juillet 1910, *B. O.*, 1392 : Remise en magasin à fin de condamnation de denrées avariées.

20 août 1910, *B. O.*, 2037 : Droits de douane en Tunisie; dispositions à prendre au sujet des approvisionnements de la Marine.

1er mars 1909, *B. O.*, 271 : Les billets de demande relatifs à des denrées soumises à des droits de douane, d'octroi ou de régie, devront relater si les denrées sont délivrées à l'entreposé ou à l'acquitté. Les unités simples seront, à cet effet, munies des exposants D. O. R.

14 janvier 1909, *B. O.*, 24 : Les ordres de délivrance de vivres ne doivent être signés que par le commissaire aux subsistances et visés par le garde-magasin.

17 mai 1905, *B. O.*, 511 : Les changements de classification provenant de l'incorporation des droits de douane, régie, octroi, dans les prix des denrées, ne doivent pas entrer dans la comptabilité des crédits-matières.

29 janvier 1910 (dép. minist.) : Recommandations relatives aux prélèvements sur les stocks de réserve; modèle du tableau à joindre à la demande.

Circulaire du 30 décembre 1910 (man.) : Mise en service d'une nouvelle nomenclature des travaux. Retenir, pour le service des subsistances : 1° que les opérations de logement affectent le prix des confections; 2° qu'on ne doit classer aux dépenses indivises, en ce qui concerne le fonctionnement des machines, que les dépenses non imputables à un travail déterminé.

8 novembre 1911, *B. O.*, 1025 : Comptabilité des travaux du service des subsistances; incorporation de certaines dépenses accessoires dans les prix de fabrication.

11 mai 1911, *B. O.*, 882 : Imputation budgétaire de certaines dépenses du chapitre 16 (Service des subsistances; matières et indemnités représentatives; instructions pour la formation du compte financier en ce qui concerne ce chapitre.)

2 juin 1911. *B. O.*, 1040 : Comptabilité des crédits engagés (chap. 16).

Les tarifs des indemnités de vivres sont modifiés trimestriellement par la voie du *Bulletin officiel* qu'il faudra consulter.

Nota. Voir, en outre, la partie du Guide du service des approvision-

nements relative à la liquidation et à la comptabilité des dépenses engagées, et notamment :

Liquidation. — Règlement du 14 janvier 1869 (document n° 5216 mis à jour au 1er janvier 1909).

Comptabilité des dépenses engagées :

Décret du 14 mars 1893, *B. O.*, 798;

Circulaire du 30 juin 1896, *B. O.*, 1015;

Circulaire du 14 septembre 1896, *B. O.*, 697;

Décret du 18 mai 1910, *B. O.*, 565.

État de développement des dépenses effectuées au titre du chapitre «Vivres» : Recommandations au sujet de son établissement (circ. 24 févr. 1911, *B. O.*, 381).

6. Bâtiments et services de la flotte.

Le service des subsistances aura fréquemment à faire application de l'*Instruction du 17 juin 1910 modifiée le 28 octobre 1911*, B. O., *984*, *sur la comptabilité vivres à bord* des bâtiments du service de la flotte ainsi que de ses annexes. Voici les points sur lesquels cette action s'exercera tout particulièrement :

Art. 14. Délivrances par les magasins.

Art. 15. Examen des vivres d'approvisionnement avant l'embarquement; Contestations.

Art. 16. Examen des vivres journaliers.

Art. 17. Surveillance et justification des délivrances.

Art. 18. Transport des vivres.

Art. 19. Ravitaillement en dehors des ports militaires.

Art. 53. Remise en magasin; dispositions relatives aux récipients; responsabilités encourues.

Art. 77, § 9 et suivants. Remboursement des rations délivrées à des passagers; suite à donner aux états.

Art. 86 et circulaire du 27 septembre 1909 formant la 12e annexe : Délivrance dans les ports militaires des denrées nécessaires aux ordinaires (contrôle effectif des denrées); centralisation à l'abattoir de la Marine des fournitures de viande; fourniture obligatoire par les subsistances des denrées pouvant être tirées des magasins; fourniture des denrées non comprises dans l'approvisionnement des subsistances; organisation d'une salle de dépôt; institution d'une commission supérieure des ordinaires présidée par le chef de service des subsistances; exceptions relatives à la

fourniture de certaines denrées fraîches, légumes, etc., que les ordinaires peuvent se procurer directement.

Art. 90 et 91. Délivrance de vivres aux bâtiments appliquant le régime intégral des prestations en deniers.

Art. 102. Approvisionnement des postes de torpilleurs.

Art. 116 et 117. Approvisionnement des groupes de sous-marins.

1re annexe. — Suite à donner aux états appréciatifs de rations délivrées à charge de remboursement.

2e annexe. — Nomenclature des denrées et des récipients.

4e annexe. — Dispositions à prendre pour les droits d'octroi relatifs aux consommations de vivres dans l'arsenal.

5e annexe. — Tableau des localités où s'opèrent les délivrances.

7e annexe. — Notice relative aux récipients (il y a lieu de rechercher si les recommandations de cette notice sont suivies en ce qui concerne les relations du service des subsistances avec les navires).

7. Fraudes alimentaires.

Le service des subsistances a tout particulièrement à faire application des lois sur la répression des fraudes.

Loi du 1er août 1905 sur la répression des fraudes des denrées alimentaires.

Décret du 31 juillet 1906 portant règlement d'administration publique pour l'application de la loi du 1er août 1905 sur les fraudes alimentaires.

Décret du 5 juin 1908 sur la répression des fraudes.

Arrêté ministériel du 1er août 1906, relatif au prélèvement des échantillons.

Consulter également la circulaire du 27 septembre 1909, 12e annexe du fascicule n° 20 *bis* du *Bulletin officiel* de 1910, p. 1598.

Répression des fraudes; denrées pour lesquelles des prélèvements ont été opérés; constatation des fraudes en matière de viande; modes d'action pour la répression.

Annexe à cette circulaire contenant l'instruction relative aux principales dispositions à insérer dans les cahiers des charges pour la fourniture de viandes à la Marine (diverses espèces de viande, examen des animaux, etc.)

Enfin, annexe 2 relative aux conditions que doivent remplir les denrées d'ordinaire autres que la viande.

9 novembre 1910 : Notifiant les circulaires du Ministère de l'Agriculture en date des 11 juin, 18 juin et 20 juillet 1908 et 4 juin 1910 relatives aux travaux plombifères et à la peinture des boîtes de conserves.

19 décembre 1910, *B. O.*, 1911, 210 : Décret (agriculture) portant règlement d'administration publique pour l'application de la loi du 1er août 1905 sur la répression des fraudes (sucrerie, confiserie, chocolaterie).

19 décembre 1910, *B. O.*, 1911, 220 : Arrêté (agriculture) sur la coloration des produits de la sucrerie et de la confiserie.

19 décembre 1910, *B. O.*, 1911, 2237 : Application du règlement ci-dessus.

8. Formation de l'approvisionnement. – État du nécessaire.

L'approvisionnement du service courant du matériel des subsistances autre que les vivres et le combustible est fixé à un an d'après la moyenne des consommations des trois dernières années (3 sept. 1894 et 28 févr. 1895). Il est fixé à trois mois pour les denrées principales et le combustible. Cependant les haricots sont achetés pour un an par un seul marché à quantités fixes (dép. du 26 janv. 1899); le poivre est envoyé par Saïgon pour les besoins d'un an. Les conserves de bœuf, de graisse et de gelée de viande viennent de Rochefort sur ordres spéciaux du ministre; le vin de Bordeaux est envoyé de ce port pour une année; l'approvisionnement de biscuit doit être calculé seulement sur la moyenne des envois à l'extérieur (dép. min. 27 août 1902).

C'est l'état du nécessaire, document spécial aux subsistances, qui indique les besoins du service; il remplace les cahiers signalétiques. Cet état est adressé mensuellement au ministre (voir circ. 3 et 26 sept. 1894; 22 sept. 1898; 30 mai 1899; 8 sept. 1894; 12 janv. 1895; 23 et 28 août 1902; 3 avril 1905; 23 janv. 1903; 27 janv. 1905; 20 févr. 1906; 1er sept. 1908).

9 août 1910, *B. O.*, 2006 : Dispositions à prendre pour la formation de l'état mensuel du nécessaire.

15 mai 1910, *B. O.*, 1120 : Les bâtiments en réserve devront fournir une situation mensuelle des vivres au chef du service qui en tiendra compte sur l'état mensuel du nécessaire.

Une circulaire du 16 janvier 1912, *B. O.*, 64, complétant l'Instruction manuscrite du 8 septembre 1894, contient des instructions très précises sur la constitution des approvisionnements du Service des subsistances (dispositions relatives au stock et au service courant; époques à choisir pour les achats; moment à partir duquel doivent être préparés les cahiers des charges; importance des marchés).

9. Réceptions et contestations.

Instruction du 8 novembre 1889, art. 41 à 71. Voir en outre les textes cités au Guide du service des approvisionnements, et notamment :

17 août 1906 : Pesées du blé froment à la trémie; mode de réception;

25 octobre 1902 : Procédé de réception du vin rouge;

16 septembre 1891, *B. O.*, 396 : Consommation de denrées par les commissions de recette;

28 novembre 1910, *B. O.*, 4053 : Composition de la Commission de recettes des subsistances.

10. Transformations et fabrications.

Les principales transformations opérées dans les ateliers de la Marine sont la mouture (sauf à Lorient et à Bizerte), la fabrication du pain et du biscuit, la torréfaction du café et la fabrication du vinaigre; enfin, à Rochefort, le fabrication des conserves de viande de bœuf et de la graisse de Normandie (voir à ce sujet les textes précités sur le mode de fabrication des boîtes, peintures, etc.)

Pour ces transformations, les subsistances appliquent maintenant le régime comptable ordinaire. Cf. décret du 18 mars 1910, *B. O.*, 551, et Instruction générale du 29 juillet 1911, *B. O.*, 291.

Dépêche ministérielle du 25 novembre 1910 : L'autorisation ministérielle ne sera plus nécessaire pour la fabrication du biscuit.

11. Distributions. – Droits de douane et d'octroi.

Les distributions aux rationnaires et non-rationnaires sont déterminées par les instructions visées ci-dessus sous ce titre. A noter, en outre :

12 mars 1899, *B. O.*, 421 : Suppression de l'intervention de la douane au moment des délivrances;

22 août 1910, *B. O.*, 2032 : Droits de douane en Tunisie; dispositions à prendre au sujet des approvisionnements de la Marine;

30 novembre 1909 : Proportion des diverses espèces de viande suivant les ports;

[illegible]

[illegible]

[illegible]

[illegible]

[illegible]

[illegible]

[illegible]

[illegible]

[illegible]

[illegible]

[illegible]

[illegible]

[illegible]

[illegible]

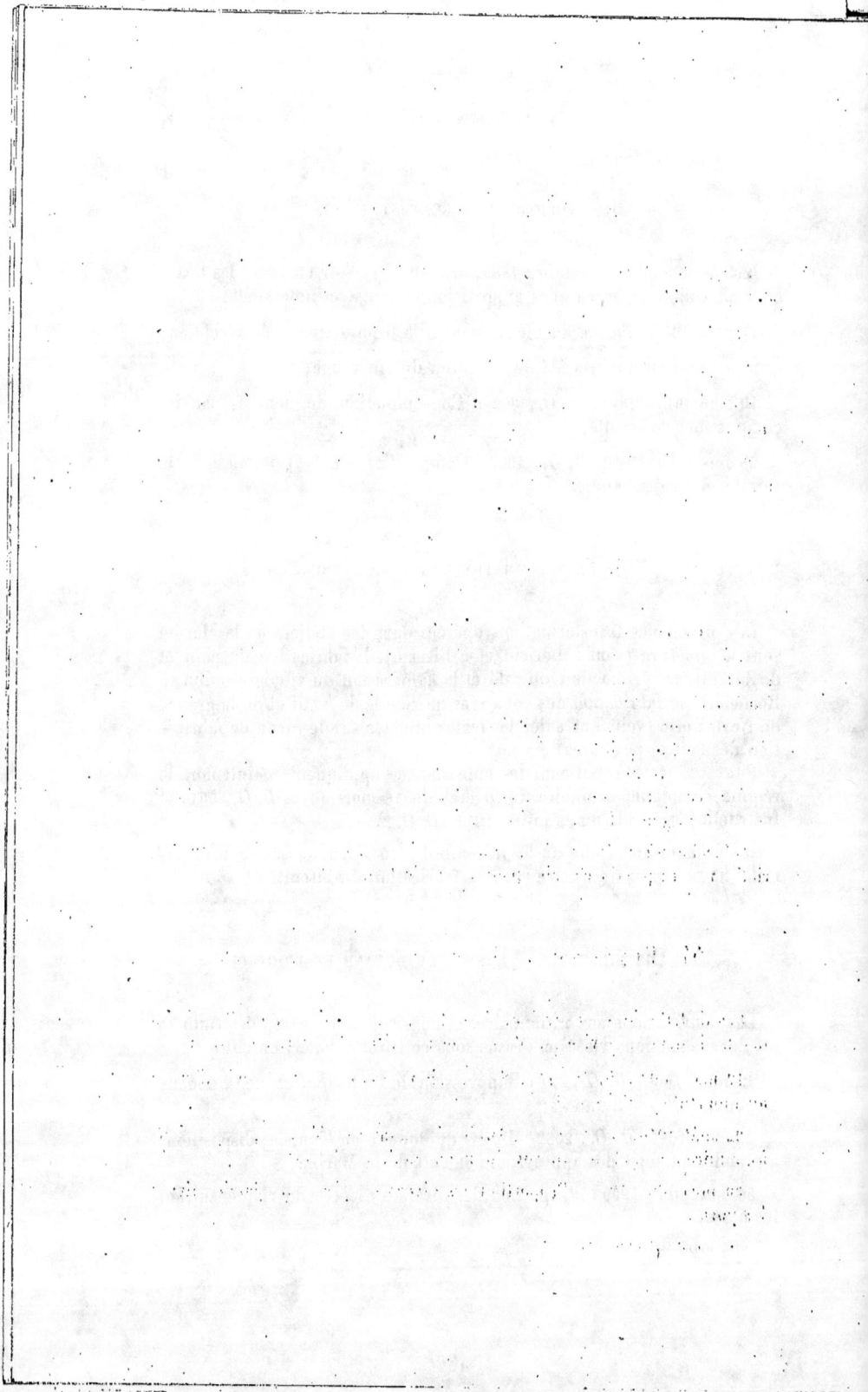

24 août 1908 : Autorisation de distribuer une certaine partie de la farine en sacs.

Les bâtiments reçoivent des vivres soit à l'entreposé sans majoration de taxes, soit à l'acquitté, c'est-à-dire majoré des taxes.

Sur la question des droits de douane et d'octroi, consulter aussi les : Circulaires du 25 octobre 1875, *B. O.*, 357; 7 janvier 1884, *B. O.*, 86; 5 septembre 1878, *B. O.*, 378; 26 septembre 1878, *B. O.*, 631; 12 janvier 1884, *B. O.*, 59; 12 mars 1889, *B. O.*, 421; 29 avril 1890, *B. O.*, 434; 20 décembre 1892, *B. O.*, 719; dépêche du 19 juillet 1895; approvisionnements généraux; circulaires du 3 août 1895, *B. O.*, 373; du 26 juin 1896, *B. O.*, 1002; du 2 avril 1901, *B. O.*, 338.

Les tarifs d'octroi ne peuvent être revisés sans qu'un officier du commissariat soit appelé à assister aux délibérations du conseil municipal (circ. 7 mai 1874, *B. O.*, 598).

24 décembre 1908, *B. O.*, 1290 : Au sujet des sommes dues par l'État à une ville pour droits d'octroi; question des timbres.

6 juin 1910, *B. O.*, 1172 : Les taxes fiscales occasionnées par les passe-debout sont à la charge de celui qui contracte avec l'État.

24 avril 1910 : Application à la Marine de la réglementation du 30 mai 1904 de la Guerre avec dérogation en ce qui concerne le payement. C'est-à-dire établissement de congés pour chaque sortie de denrées pour les établissements à terre et d'acquits-à-caution pour les bâtiments à l'extérieur.

12. Magasins. — Locaux. — Mouvements des denrées. Prêts, etc.

Décret du 24 octobre 1910, 5240 : Règlement sur la comptabilité du matériel.

Instruction du 8 novembre 1889 sur les matières (voir le Guide du service des approvisionnements, la réglementation des crédits-matières, l'application des prix réels et la formation du livre bleu).

Même observation en ce qui concerne la comptabilité des prêts et celle des envois.

Le livre bleu contient, en ce qui concerne les subsistances, un état spécial, état P (voir instr. sur son établissement, dép. 28 mai 1910).

Cessions de charbons à la coopérative des dépôts (sans majoration) [circ. 25 mars 1911, *B. O.*, 479].

La notice n° 1 (volume de la Guerre n° 92) donne, sur l'aménagement des locaux des subsistances, les mesures de propreté, la capacité des magasins, le cubage des couches, les mesures propres à prévenir les [illegible] de [illegible] farine [illegible]

Les [illegible] sont compris dans [illegible] de taxe, [illegible] des taxes.

[illegible] de [illegible] d'octroi [illegible] 28 octobre [illegible] 1858 [illegible] 1872 [illegible] 1878 [illegible] 1806 [illegible] 1892 [illegible] [illegible] 1871 [illegible]

[illegible] du conseil municipal [illegible]

[illegible] une ville [illegible]

[illegible] Conseil d'État.

[illegible] avec dénomination ou de quantité [illegible] d'établissement [illegible] [illegible] en leur [illegible]

[illegible] — [illegible]

[illegible] 1876 [illegible] sur la réglementation [illegible]

Instruction du 8 novembre 1889 sur les [illegible] de la réglementation des [illegible] des plus [illegible] la condition des [illegible]

La réglementation [illegible] et [illegible]

[illegible] en ce qui concerne [illegible] mai 1916 [illegible]

[illegible] des mesures [illegible]

incendies, des renseignements intéressants qui constituent des indications précieuses pour le contrôleur, bien qu'elles ne soient pas réglementaires au département de la Marine.

13. Ravitaillement. – Circulaires confidentielles.

La constitution et l'entretien des stocks de guerre et de réserve est une des questions les plus délicates et les plus importantes du service des subsistances.

L'instruction générale sur l'approvisionnement à entretenir dans les ports militaires date du 8 septembre 1894; elle a été l'objet de plusieurs modifications. Il conviendra de s'y reporter. Ces textes définissent le stock de réserve; ils ont été arrêtés de concert avec le département de la Guerre, chargé d'assurer en cas de siège la nourriture des troupes et de la population civile[1].

On trouvera, dans les bureaux des subsistances, des tableaux indiquant le quantum des approvisionnements à entretenir, réparti en approvisionnement de campagne pour les marins embarqués (ration de campagne, supplément de chauffe); ravitaillement de trois mois des marins embarqués; vivres de malades pour les bâtiments; approvisionnement de première ligne pour la mobilisation des troupes; approvisionnement de siège (dans les places de première urgence).

Consulter également, au dossier de mobilisation, les dépêches confidentielles, notamment : Dépêche du 28 février 1895, réserve de barillage; dépêche ministérielle du 8 septembre 1894; 14 décembre 1897; 28 juillet 1898; 28 août 1903; 23 janvier 1903; 27 février 1905; 20 février 1906; 1er septembre 1908.

Les subsistances doivent entretenir des stocks par lots pour la défense fixe, les sous-marins et les torpilleurs de 2e ligne.

A Toulon, on conserve également les récipients nécessaires pour les mouvements d'embarquement. La farine doit être partiellement répartie dans des caisses ou sur un plancher.

[1] Les dispositions essentielles de l'instruction manuscrite du 8 septembre 1894 ont été rappelées dans une circulaire du 16 janvier 1912, *B. O.*, 64, qui a fourni, en outre, des précisions sur les points suivants : époques à choisir pour les achats de vivres, préparation des achats, importance des achats.

DEUXIÈME PARTIE.

LISTE DES REGISTRES ET DOCUMENTS

TENUS DANS LE SERVICE.

Nota. — On trouvera, au titre du service des approvisionnements, une liste très détaillée des registres réglementaires et non réglementaires tenus dans ce service, et dont la plupart concernent également le service des subsistances.

En outre, les subsistances établissent les documents *spéciaux* détaillés ci-dessous.

Situation mensuelle des crédits engagés sur le chapitre «Vivres» et sur le chapitre de l'outillage.

Situation mensuelle de la dotation du chapitre «Salaires», mentionnant l'effectif ouvrier, au 1er de chaque mois, de chaque catégorie de ce personnel.

État des délivrances de vivres aux non-rationnaires.

Etat du nécessaire en denrées, etc.,

État de concordance pour les cessions de vivres, destiné à permettre le rapprochement de la pièce d'entrée ou de sortie des denrées avec la pièce de sortie ou d'entrée des *deniers.*

État des sommes payées pour droit d'octroi, de régie et de douane.

Relevé spécial des opérations du chapitre «Vivres» destiné à la formation du compte de gestion que le ministre fournit au Parlement.

État récapitulatif des délivrances de vivres aux non-rationnaires pendant l'année.

Compte de gestion de la prison maritime (instr. 3 juill. 1899).

Situation définitive des dépenses du chapitre «Vivres». Cette situation doit parvenir au ministre à la clôture de l'exercice (voir dép. à Brest 19 sept. 1903).

État de remboursement des délivrances faites au dépôt, à l'école des mécaniciens, à la défense fixe, etc. (dép. 3 juin 1899; 29 déc. 1900).

État des cessions de chapitre à chapitre à régulariser dans les formes des articles 81 et 82 de l'instruction du 8 novembre 1889 (art. 934 de l'instr.).

[illegible]

[illegible]

[illegible]

[illegible]

État des cessions faites à des services étrangers à la Marine.

État des cessions faites à des particuliers.

État pour servir au remboursement des droits de douane et d'octroi (circ. 1868, 2e sem., 90; 18 avril 1895, *B. O.*, 589).

Compte de gestion du garde-magasin, accompagné de l'inventaire de l'approvisionnement en vivres, récipients, etc. (mod. 91; art. 440 et 716, etc.; instr. 8 nov. 1889).

Compte sommaire des existants et mouvements d'entrée et de sortie des apparaux et du mobilier en service dans les magasins (instr. 8 nov. 1889, art. 708, 711, 716, 725, etc., modifiés par dép. 30 avril 1901).

État renfermant les renseignements demandés par les Chambres au sujet de la situation de l'approvisionnement (stock, service courant, etc.) modèles annexés à la loi de finances du 13 avril 1898 et 13 avril 1900). Etat P (dép. 28 mai 1910).

État des diverses fabrications effectuées pendant le 4e trimestre de l'année précédente et les trois premiers trimestres de l'année en cours, destiné à servir à la formation du tableau des prix de la ration (dép. 4 oct. 1894; 21 déc. 1895, subsistances).

TROISIÈME PARTIE.

MÉTHODES D'INVESTIGATIONS.

Observations préliminaires. — La vérification d'un service d'approvionnement comme celui des subsistances comportant des procédés d'investigations communs avec ceux qui concernent les approvisionnements de la flotte, nous renvoyons au Guide de ce service, dont nous nous bornons à reproduire le plan, en signalant les exceptions relatives aux subsistances et les observations particulières que comporte l'examen de cette partie des attributions de l'Intendance maritime.

Nous ajouterons enfin une quatrième section, spéciale à la manutention qui est le trait caractéristique du service des vivres.

A. Vérification du service administratif des subsistances.

1. Examen d'ensemble de l'organisation.

Renvoi au Guide du service de l'approvisionnement; examiner en outre si les services de l'habillement et des subsistances ont été organisés séparément (circ. 9 févr. 1910, *B. O.*, 276); s'assurer que les subsistances sont reliées au réseau téléphonique en vue des délivrances rapides et des ordres de mobilisation.

2. Visite de caisse, examen de la comptabilité du trésorier.

«Sans observation[1].»

3. Inspection du service du personnel.

Voir ce qui est dit au Guide des approvisionnemenis et renvoi ci-dessous à la section de manutention.

[1] Les mots «Sans observation» signifie que nous renvoyons sans observation au Guide du service des approvisionnements.

4. Comptabilité des apparaux.

« Sans observation. »

Le service des ateliers centralise le compte sommaire des apparaux du magasin et de la salle des dépôts (dép. 30 avril 1901).

5. Examen de la comptabilité du mobilier en service.

« Sans observation. »

6. Investigations relatives à la préparation et à la passation des marchés.

Voir les observations contenues au Guide des approvisionnements, sauf pour ce qui concerne le major général.

En outre, cette partie du service appelle les observations suivantes :

a. **Service des rations.**

1° Il serait intéressant de faire un relévé statistique des prix payés par la manutention militaire, spécialement en ce qui concerne le blé, afin de les rapprocher de ceux obtenus par la Marine dans les mêmes localités. On trouvera à cet égard tous les renseignements voulus à la manutention militaire qui ne fera sans doute aucune difficulté pour les fournir. On recherchera, dans le cas où cette comparaison ne serait pas en faveur de la Marine, les motifs pour lesquels celle-ci a été conduite à payer plus cher les denrées (rigueur des conditions de recette, mauvaise époque des traités, etc.).

On s'assurera :

2° Pour le vin, que le vin à 9 degrés a été acheté par petits contingents de manière à ne pas avoir de trop grandes quantités en cave (dép. 3 décembre 1903). Que ce vin à 9 degrés n'est pas destiné en principe à constituer les approvisionnements des bâtiments naviguant (se reporter aux indications données à ce sujet par la circulaire du 1er avril 1911, *B. O.*, 548).

3° Que, dans la rédaction du cahier des charges, on se conforme aux textes suivants : scission des lots, circulaire du 11 mai 1910, *B. O.*, 1123; clauses techniques, 14 mai 1908; dépôt d'échantillons, 28 juill. 1910, *B. O.*, 1955.

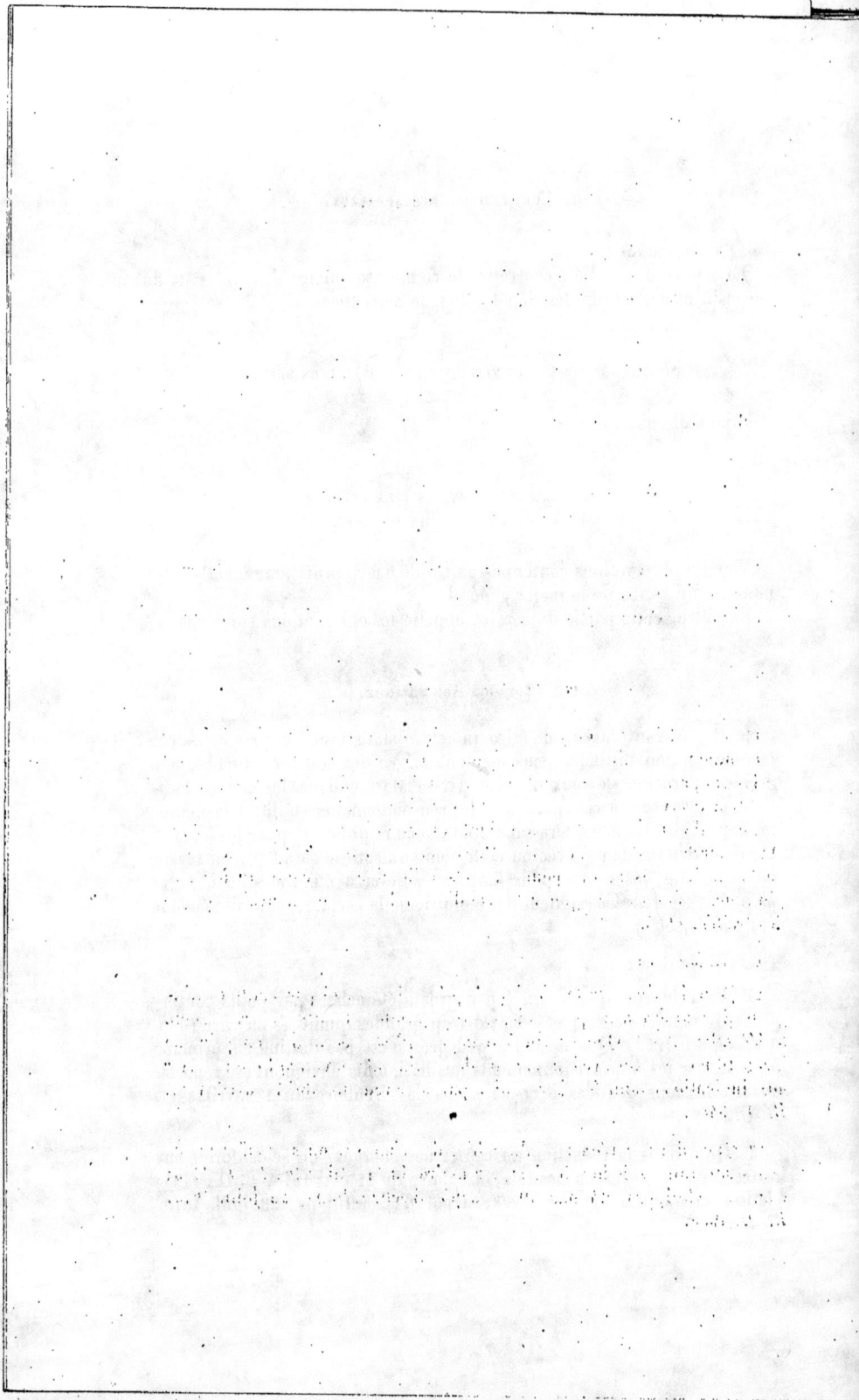

4° Pour le vinaigre, que l'on achète du vinaigre d'alcool (circ. 28 avril 1910, *B. O.*, 918); cet examen est particulièrement important pour les achats faits sur facture.

5° Pour le lait concentré, que l'inscription du poids net est inscrit sur les boîtes (circ. 9 mars 1906, *B. O.*, 957).

6° Pour les haricots, que l'on n'a pas accepté des haricots de couleur (circ. 3 juin 1909) et que leurs achats comprennent les quantités nécessaires aux hôpitaux (dép. 25 nov. 1910).

7° Pour le poivre, que les envois ont été faits régulièrement et que les ports n'ont pas été obligés d'en acheter sur place (dep. 3 déc. 1902).

8° Mêmes observations en ce qui concerne les légumes desséchés procurés par Toulon.

9° On s'assurera en outre qu'on n'a admis dans les fournitures que des produits français, sauf pour les denrées coloniales (27 avril 1897, *B. O.*, 561).

10° Que les achats n'ont pas supporté la retenue de 0,50 p. 0/0 au profit de la Caisse de prévoyance (10 sept. 1908).

11° Que les denrées destinées à être consommées à l'extérieur ont toujours été achetées en entrepôt.

12° En ce qui concerne la partie économique de la passation des marchés, la comparaison des prix d'achat avec les fabrications de la manutention aura déjà fourni des données intéressantes; mais il y aura lieu de pousser plus loin cette étude.

On comparera le prix des marchés et des achats sur facture avec les cotes commerciales du *Journal officiel* ou des journaux locaux. Si l'on tient compte, d'une part, de la courbe des mercuriales du commerce et de tous autres renseignements commerciaux, et d'autre part de la situation des approvisionnements et du prix de denrées des subsistances, il sera possible de donner sur la gestion économique des marchés des renseignements intéressants.

13° En ce qui concerne l'époque des marchés, on recherchera s'ils ont été passés à des époques favorables. Exemple : pour l'huile, fin février (circ. 12 septembre 1910, *B. O.*, 2650). Cf. circulaire du 1er février 1912, *B. O.*, 64.

14° Pour le vin, il a été maintes fois rappelé qu'autant que possible on ne doit pas s'approvisionner dans les trois mois qui précèdent la récolte.

Pour le blé, il faut également éviter, ainsi que le fait la manutention militaire, de procéder à des adjudications dans ce qu'on appelle la période de soudure, c'est-à-dire de fin mars à la récolte.

[illegible] sommes [illegible] partie [illegible] importante [illegible]

[illegible] pôles [illegible]

[illegible]

[illegible] (1879) [illegible]

[illegible] description [illegible]

[illegible] sont [illegible]

[illegible] de Cassel [illegible]

[illegible] la commune [illegible] pour obtenir [illegible]

[illegible] qui concerne [illegible] la question des [illegible] comparaison des [illegible] conditions [illegible] donner [illegible]

[illegible] connaissance [illegible] la situation [illegible]

[illegible] concerne [illegible] pour [illegible]

[illegible]

[illegible]

b. Service des ordinaires.

Conformément à la 12e annexe de l'instruction du 17 juin 1910, les Subsistances sont chargées de certaines distributions relatives aux fournitures des ordinaires (circ. 27 septembre 1909); à cet égard, le contrôleur s'assurera :

1° Que la centralisation des fournitures de viande est faite à l'abattoir de la Marine;

2° Qu'aucune viande n'est distribuée si elle n'a été préalablement examinée et si elle ne provient de l'abattoir de la Marine;

3° Qu'on s'est inspiré de l'annexe 1 à la circulaire du 27 septembre 1909 au sujet de la nature, de la qualité et de la recette des viandes à fournir;

4° Qu'on suit bien le tableau de distribution établi pour chaque port pour les délivrances de viande;

5° Que la fourniture a été scindée en plusieurs lots si la chose paraît préférable;

6° Que les frais d'entretien du troupeau par le fournisseur ne sont pas incorporés dans le prix de la viande.

Pour les denrées autres que la viande, on devra s'assurer :

1° Que la commission supérieure des ordinaires fonctionne conformément à la circulaire du 27 septembre 1909 et que le contrôle des denrées s'exerce d'une façon efficace;

2° Que, pour les cahiers des charges, on se conforme aux conditions de recette de l'annexe 2 de l'instruction du 27 septembre 1909;

3° Qu'il n'est pas fait abus de charcuterie;

4° Que les marchés d'épicerie sont passés sur prix de base et qu'on a tenu compte à cet égard des recommandations de la circulaire du 11 juin 1910, *B. O.*, 1204;

5° Que les rapports d'assortiment sont conformes à la réalité des besoins prévus, et, en cours de marché, que les commandes se rapprochent des rapports d'assortiments portés au cahier des charges;

6° Que les adjudications ont été faites régulièrement dans des conditions de concurrence satisfaisantes;

7° Que les prix ont été avantageux et que l'exécution des marchés n'a donné lieu à aucune plainte de la part des bâtiments;

8° Que les fournisseurs écartés l'ont été pour des motifs légitimes;

9° Qu'il ne s'est produit aucune substitution de denrées dans le trajet des subsistances aux bâtiments ou services;

10° Que la surveillance des fraudes s'est exercée dans des conditions satisfaisantes, qu'il a été fait des prélèvements, que la répression des fraudes s'est exercée conformément à la circulaire du 27 septembre 1909. Le contrôleur devra se faire communiquer tous les procès-verbaux d'analyse pour se convaincre que le service des subsistances s'occupe bien de cette obligation (voir 1re partie, § 7, fraudes alimentaires au sujet des textes à consulter).

7. Investigations relatives à l'exécution des marchés.

a. Commandes.

« Sans observation. »

Les Subsistances passent très peu de marchés à commandes, sauf pour le marché viande dont il y aura lieu de surveiller de très près l'exécution en ce qui concerne l'exigibilité des commandes et les dates de livraison à l'escadre (principalement pour les bœufs vivants).

b. Recettes.

Renvoi au guide des approvisionnements :

1° S'assurer en outre : qu'on applique les dispositions des dépêches du 17 août 1906 pour la pesée des blés à la trémie et du 25 octobre 1902 pour la réception du vin rouge;

2° On devra s'assurer également que le fournisseur d'animaux vivants ne fait pas boire les troupeaux avant de les embarquer, ce qui constitue une fraude classique. Faire une enquête à ce sujet et rapprocher les poids payés du rendement des animaux; au besoin s'informer auprès des bâtiments;

3° Veiller à la propreté des abattoirs. — S'assurer que les abatis des animaux sacrifiés ont été sectionnés conformément au cahier des charges; en feuilletant le carnet d'abatage qui indique l'espèce des animaux

abattus (bœufs, vaches ou taureaux), on se rendra compte que l'adjudicataire a bien sacrifié la proportion de bœufs exigée dans son marché.

4° L'opération suivante est recommandée en vue de rechercher des trafics, d'ailleurs peu probables : rapprocher les souches des billets de sortie des peaux, du nombre des animaux abattus; rapprocher, d'autre part, les nombres et poids des animaux «vu entrer» par le garde-consigne, et s'assurer qu'il y a identité de termes entre ces données et celles des carnets d'abatage sur lesquels sont faites les recettes de viande, puis les délivrances aux services. Ces opérations auraient pour but de démasquer des abatages fictifs.

5° On devra enfin veiller à ce que les commissions de recette ne fassent pas des consommations abusives de denrées.

6° Un point très important concernant la salle de recette consiste à se rendre compte si elle a la capacité voulue pour contenir les blés commandés et s'il ne s'est produit aucun mélange entre le blé reçu et le blé à recevoir. Des fraudes célèbres se sont déjà produites dans ces conditions. Il faut également s'assurer que les sacs ont été intégralement versés sur le plancher avant d'être pesés à nouveau.

c. Liquidations.

Renvoi au Guide des approvisionnements. En outre, il y aura lieu de contrôler la liquidation de la prestation en deniers. Il sera bon, à cet égard, de rapprocher l'enregistrement des mandats des années précédentes de quelques registres administratifs de bâtiments au service de la solde, afin de s'assurer de la concordance entre les sommes liquidées et les sommes perçues.

Rappelons que les marchés des subsistances ne sont point astreints à la retenue de 0,50 au profit de la Caisse de prévoyance.

d. Réalisation et restitution des cautionnements.

Renvoi au Guide des approvisionnements. On pourra s'assurer que les cautionnements provisoires exigés, notamment dans les marchés de viande, ont bien été rendus.

Noter en outre que les cautionnements de marchés d'ordinaire doivent être déposés dans la caisse des conseils d'administration des services, et non à la Caisse des dépôts et consignations (dép. 26 mars 1906 et 5 nov. 1910).

e. **Situations de fourniture.**

« Sans observation. »

Nota. — Nous conseillons pour vérifier l'ensemble du service des liquidations de rapprocher le livre-journal où sont enregistrés les payements aux fournisseurs des entrées par suite d'achats du magasin. Il doit y avoir une identité de termes entre la somme payée aux ayants droit et la valeur de la prise en charge du comptable en tenant compte des pénalités pour retards. Depuis la suppression des états de concordance pour les achats (décr. 6 janv. 1903), cette opération est devenue essentielle. Le payement des acomptes aux fournisseurs de viande doit être surveillé d'une façon toute particulère.

8. Comptabilité des prêts.

« Sans observation. »

9. Comptabilité des cessions.

Renvoi au Guide des approvisionnements.

La question de la comptabilité des cessions de denrées et des rations des passagers est très importante pour le service des subsistances; soit qu'il poursuive le remboursement des vivres cédés aux ordinaires ou à des services étrangers; soit qu'il donne la suite voulue aux états appréciatifs de rations délivrés par les bâtiments à charge de remboursement. A cet égard, il y aura lieu de procéder aux vérifications suivantes :

1° Comparer les états de concordance pour les cessions de vivres avec les pièces d'entrée et de sortie des denrées du magasin et les états de cession, et s'assurer que toutes les denrées délivrées à charge de remboursement figurent sur les états de concordance (art. 438, instr. 8 nov. 1889 modifié par circ. 4 déc. 1896 et décr. 6 nov. 1908);

2° S'assurer que les remboursements de cessions ont été poursuivis; que notamment les ordinaires ont effectué le remboursement exact de la valeur des denrées qui leur ont été cédées;

3° Rapprocher les écritures des Subsistances des écritures du service de la centralisation financière.

4° Rapprocher la comptabilité des cessions de subsistances de la comptabilité de quelques bâtiments du port comptable (duplicata des billets de demande) et voir s'il y a identité de termes;

[illegible] de la croix

[illegible]

5° S'assurer que les états appréciatifs du remboursement des rations délivrées à des passagers ont bien reçu la suite prévue au paragraphe 14 article 77 de l'instruction sur les vivres.

Si les remboursements d'avances n'ont pas été opérés, le contrôleur demandera que l'annulation soit poursuivie et fera les observations que comporte la situation.

A cet égard, il sera bon de rapprocher, pour les années antérieures, la comptabilité des subsistances du registre administratif de quelques bâtiments du port comptable que l'on trouvera au service de la solde (à noter que le prix de la ration journalière est fixé uniformément à 1 franc sans majoration). Consulter également le tableau synoptique formant première annexe de l'instruction.

10. Examen de la comptabilité des dépenses engagées.

Renvoi au Guide des approvisionnements.

Nous appelons, en outre, l'attention sur le point suivant : le service des subsistances omet souvent d'engager immédiatement la valeur des minima figurant à son compte sur les marchés communs.

11. Envois.

Voir le Guide des approvisionnements.

Le service des envois de vivres est particulièrement délicat. Le contrôleur devra s'assurer :

1° Que les ports chargés d'approvisionner les autres ports exécutent les envois en temps voulu et qu'ils se servent autant que possible des transports de l'État. Exemple : pour l'huile d'olive deux contingents séparés pour le service des subsistances et pour le service de santé par le premier transqort consécutif à la recette (24 janv. 1910).

Poivre : répartition par voie des transports du littoral (dép. 3 déc. 1902).

Pour les légumes déssechés (21 nov. 1896 et dép. 25 mars 1910).

2° Veiller à ce que les soins voulus aient été donnés aux récipients et que les plombs aient été apposés seulement sur les caisses de conserves qui ne sont pas expédiées de port à port (5 avril 1907); d'une façon générale, s'assurer que les Subsistances prennent bien pour leurs transports toutes les précautions énumérées à la 7° annexe de l'instruction sur les vivres et également dépêche du 2 février 1907. Transport d'huile comestible.

12. Investigations relatives à la situation de l'approvisionnement.

Renvoi au Guide des approvisionnements.

C'est surtout par l'étude des états mensuels du nécessaire que le contrôleur se fera une idée exacte de la façon dont les approvisionnements ont été entretenus. A cet égard, il est important de rechercher comment le service a calculé ses besoins.

1° Laissant de côté le stock de réserve dont il sera question plus loin, il convient de rechercher le procédé de calcul des chiffres portés à la colonne 4, «Délivrances à la flotte». Celles-ci ne sauraient être uniformément le produit de la conversion du nombre de rations résultant des effectifs des équipages embarqués; on devra apprécier en conséquence l'importance des délivrances à faire dans les trois mois en tenant compte des éléments suivants :

a. Effectif des armements actuels (tenir compte des délivrances supplémentaires);

b. Augmentation due au plan d'armement (voir notamment l'annexe spéciale du budget);

c. Diminution résultant du plan d'armement;

d. Augmentation prévue pour un ravitaillement éventuel de forces navales étrangères au port de ravitaillement;

e. Diminution due à l'éloignement probable de bâtiments qui se ravitaillent d'ordinaire dans le port;

f. Augmentation due à des causes accidentelles (Ex. : déficit de recensement pour le vin, — cessions aux tables pour le vin, le café, le sucre, etc.);

2° A titre de renseignement, rapprocher les prévisions des mois antérieurs des délivrances réelles (joindre un tableau statistique). Le contrôleur appréciera d'après cette étude si les prévisions du service n'ont pas été calculées ou trop largement ou d'une façon trop étroite. Il recherchera la cause des erreurs qui ont pu se produire. Et il examinera si elles proviennent : soit de circonstances que le service ne pouvait pas prévoir, soit du fait que celui-ci a négligé de puiser dans les documents officiels mis à sa disposition les éléments voulus pour maintenir l'approvisionnement en constant état d'équilibre;

Passant à l'examen des ressources :

3° Si la situation est déficitaire le contrôle envisagera les moyens de la conjurer immédiatement. Si elle est au contraire en excédent, il y aurait lieu de voir si des envois aux autres ports pourraient être ordonnés ;

4° On s'assurera de la réalité des existants et des ressources à terme. Le service peut être enclin, afin d'atténuer un déficit, à envisager comme ressource à recevoir, sur marché ou par envoi, des quantités qui, en réalité, ne sont pas attendues d'une façon certaine.

Il faudra donc s'assurer que, sur ce point, le service des subsistances n'a fait état que de données incontestables;

5° On comparera les prévisions, sur lesquelles les marchés ont été basés, avec les prévisions de l'état du nécessaire, on verra de la sorte si ces prévisions ont été identiques. L'état du nécessaire étant en quelque sorte le manomètre de l'approvisionnement, on ne comprendrait pas qu'il n'en ait pas été tenu compte dans la rédaction des marchés;

6° A cet égard, on s'assurera que les marchés ont été passés et notifiés en temps voulu;

7° On s'assurera enfin qu'il a été tenu compte des notas *a* à *g*, de l'état du nécessaire, imprimé modèle 1764;

8° Pour certaines denrées qui sont délivrées selon la convenance des bâtiments (assaisonnements, haricots, riz, etc.), c'est surtout sur les moyennes antérieures qu'il faut se baser;

9° Si des déficits dans l'approvisionnement sont constatés et qu'ils soient dus à des retards dans l'exécution des marchés, il faudra rechercher à qui ces retards sont imputables, et voir si des sanctions ont été prises à l'égard des fournisseurs.

APPENDICE.

Dispositions spéciales au service administratif des subsistances.

1. *Délivrances aux rationnaires, relations avec les bâtiments et services.* — A l'aide des billets de demande des bâtiments, le contrôleur devra rechercher si les subsistances n'ont procédé qu'à des délivrances réglementaires (instr. 2 mars 1896 pour les non-rationnaires et arrêté 16 nov. 1909 pour les rationnaires); s'il a été tenu compte des bases d'embarquement de vivres à bord des bâtiments lors des ravitaillements (9e annexe de l'instruction). A l'aide des billets de remise, il s'assurera que toutes les denrées remises par les bâtiments figurent sur le registre de la salle de dépôt;

Qu'on a suivi le tableau de distribution et de composition des repas spéciaux dans chaque port (art. 14, instr. et arrêté 16 nov. 1909),

Que les vivres d'approvisionnements et les vivres journaliers ont été examinés conformément aux articles 15 et 16 de l'instruction;

[illegible] du suffrage universel [illegible]

[illegible] de droit [illegible]

[illegible] à l'empire [illegible]

[illegible] les [illegible] libres [illegible]

[illegible] comme [illegible]

[illegible] que les [illegible] prennent [illegible]

[illegible]

[illegible] de leur complète [illegible]

[illegible]

[illegible] aucune [illegible]

[illegible]

Qu'on tient compte des recommandations des articles 17 et 18 de ladite instruction, et notamment que les transports de vivres à l'intérieur des magasins sont assurés par les bâtiments.

Que les maîtres-commis n'autorisent aucune consommation par les hommes de corvée; soit dans l'enceinte des subsistances, soit dans les embarcations.

Que pour réaliser des économies de récipients, les bâtiments font usage de l'autorisation de distribuer une certaine partie de la farine en sac (24 août 1908).

Qu'il est tenu compte des règlements sur les droits de douane, d'octroi ou de régie (obligations des bâtiments à ce sujet : 1er mars 1909, *B. O.*, 271).

Qu'à cet égard les droits de consommation ont été acquittés quand il y a eu lieu, et que, par contre, les bâtiments qui en sont exonérés n'ont reçu que des vivres à l'acquitté.

Que les bâtiments s'éloignant momentanément du port, notamment les bâtiments et les remorqueurs de la direction du port, ne se sont pas procuré à l'extérieur des denrées à des prix exagérés (vin, café, sucre, etc.).

2. *Mobilisation.* — L'entretien d'un stock de réserve dans les magasins est une des obligations primordiales du service des subsistances : il y aura donc lieu, en se reportant aux circulaires confidentielles visées à la première partie du Guide, de s'assurer que le stock de réserve a été bien calculé.

Que notamment le supplément de chauffe a été incorporé dans les vivres de campagne et que les calculs des stocks correspondent à la réalité du plan de mobilisation.

Pour l'examen de l'état du nécessaire, on se rendra compte qu'à aucun moment le stock de réserve n'a été entamé.

Que la réserve des récipients est déterminée en tenant compte des différents besoins de la mobilisation.

D'une façon générale, par l'étude raisonnée des moyens dont disposent les subsistances, par l'examen des lots réservés pour la défense fixe, les sous-marins et les torpilleurs de deuxième ligne, et enfin par la comptabilité de la mobilisation, on recherchera si le service des subsistances est préparé pour passer instantanément du pied de paix sur le pied de guerre (à ce point de vue, il sera bon que le contrôleur s'assure par lui-même que le fournisseur de viande entretient réellement les troupeaux prévus à son marché).

B. Vérification de la comptabilité des magasins.

Renvoi au Guide des approvisionnements.

Examiner en outre la comptabilité des droits de douane et d'octroi.

Par suite de la dépêche du 24 avril 1910, on applique maintenant à la Marine la réglementation de la Guerre du 30 mai 1904.

Il conviendra de se reporter aux tarifs d'octroi, afin de vérifier si les droits payés correspondent bien à ces tarifs.

Si les taxes ont été l'objet d'une modification, s'assurer qu'on en a tenu compte.

Dans le cas où les tarifs d'octroi, paraîtraient trop onéreux pour la Marine, le contrôle pourrait en faire la remarque.

L'attention du contrôle est, en outre, appelée sur les points suivants :

Les ordres de délivrance ne sont plus récapitulés sur le bordereau 147 *ter* (circ. 27 déc. 1905, *B. O.*, 1122).

La délivrance de vivres ne donne plus lieu à l'émission du bulletin n° 48 (circ. 10 décembre 1907).

Les frais d'encaissement et de décaissement ne sont plus compris dans le prix du pain confectionné avec la farine logée (21 janv. 1910, *B. O.*, 191), mais les frais de mise en sac et de pesage du blé destiné à la mouture, de même que de la farine prise en magasin pour être panifiée, y sont incorporés (circ. 8 nov. 1911, *B. O.*, 1025).

Les changements de classification provenant de l'incorporation des droits de douane, d'octroi, etc., ne doivent pas entrer dans la comptabilité des crédits-matières.

Nous recommandons en outre de rapprocher le livre-journal en valeurs du comptable des écritures de la liquidation toutes les fois que les mouvements de magasin ont une répercussion financière (achats, cessions, etc.).

C. Inspection des sections de magasin.

---

1. Examen des locaux.

Renvoi au Guide des approvisionnements.

S'assurer, en outre, que les conserves sont logées en boîtes sur champ et que les caisses sont ouvertes de façon à laisser voir les boîtes bombées.

La notice 1 du volume 92 de la Guerre donne des renseignements sur

l'aménagement des locaux, les mesures de propreté, la capacité des magasins et les dispositions propres à prévenir les incendies.

En examinant si toutes ces précautions sont remplies, le contrôleur pourra être conduit à formuler des proportions intéressantes.

Les sections doivent être réparties conformément à l'annexe 5 de l'instruction sur les vivres (tableau des localités où s'opèrent les délivrances).

Veiller spécialement à l'aération des magasins à blé et à farine.

2. Utilisation du personnel.

« Sans observation. »

On pourra se rendre compte du rendement du personnel de chaque section en examinant le nombre de pièces justificatives qui passent dans la section.

3. Examen des écritures.

Renvoi au Guide des approvisionnements.

Examiner, en outre, si la comptabilité des denrées à l'acquitté et à l'entrepôt est tenue d'une façon distincte.

Recommandation importante. — Afin de s'assurer de la sincérité des écritures, il faudra rapprocher des balances les pièces justificatives (duplicata des billets de demandes et de remises) de quelques bâtiments comptant au port et s'assurer qu'il y a concordance absolue entre eux et les balances des sections.

4. Étude du fonctionnement général de la section.

« Sans observation » (sous réserve des points qui n'intéressent pas les subsistances).

Nota. — Consulter également sur le Guide des approvisionnements et, à titre de renseignements, la partie relative aux investigations spéciales aux parcs à charbon et aux matières grasses.

APPENDICE.

Recensements.

Les recensements sont très importants dans le service des vivres. Nous ferons à ce sujet les remarques suivantes :

Examiner plus particulièrement les denrées qui ont le plus de valeur (vin, café, sucre, poivre, conserves) et qui peuvent être le plus facilement détournées.

Il y a intérêt à inventorier successivement les denrées qui subissent des transformations dans l'établissement (blé, farine, pain).

On portera une attention spéciale à la sacherie, qui présente souvent des déficits sérieux.

Pour les denrées en sacs, on peut compter les sacs et se régler sur le poids moyen de certains d'entre eux pesés au hasard.

Il y aura lieu d'examiner avec soin les récipients étanches renfermant du café et du sucre, pour rechercher s'ils n'ont pas été touchés.

Pour les denrées en tas, en couches ou en meules, la notice 1, volume 92 de la Guerre, indique les règles à suivre pour effectuer le cubage; mais on ne peut accorder une grande confiance au résultat ainsi obtenu, car il est difficile de connaître la densité moyenne exacte des denrées. D'autre part, l'opération de pesage conduirait à de grandes dépenses qu'on ne peut engager qu'avec circonspection. Il suffira donc, en général, de se rendre un compte approximatif de l'existence des denrées et notamment du blé et de la farine. « Une impression favorable — dit le Guide des subsistances de la Guerre — résultera du soin pris pour faciliter les recensements (isolement et forme régulière des tas, étiquettes, etc.).

« Enfin on devra s'assurer qu'il n'existe pas de *rideau*, c'est-à-dire que les couches de grains ne reposent pas sur des objets volumineux et notamment des caisses vides. »

Il est essentiel que le contrôleur parcourre tous les magasins, afin d'en rapporter cette *impression favorable* dont il est parlé ci-dessus.

Pour le vin, ne pas oublier d'opérer un prélèvement dans l'approvisionnement et de faire procéder à une analyse, afin de se rendre compte si les caractéristiques du vin n'ont pas changé et surtout si le degré alcoolique n'a pas baissé.

Il faudra également peser le tafia à l'aide de l'alcoolomètre et rapprocher le degré obtenu du degré d'origine en tenant compte de l'influence du temps.

Pour les déficits, il faudra rechercher (après avoir procédé à l'ouillage pour le vin) s'ils sont dus à une dessiccation ou à une évaporation normale.

[illegible]

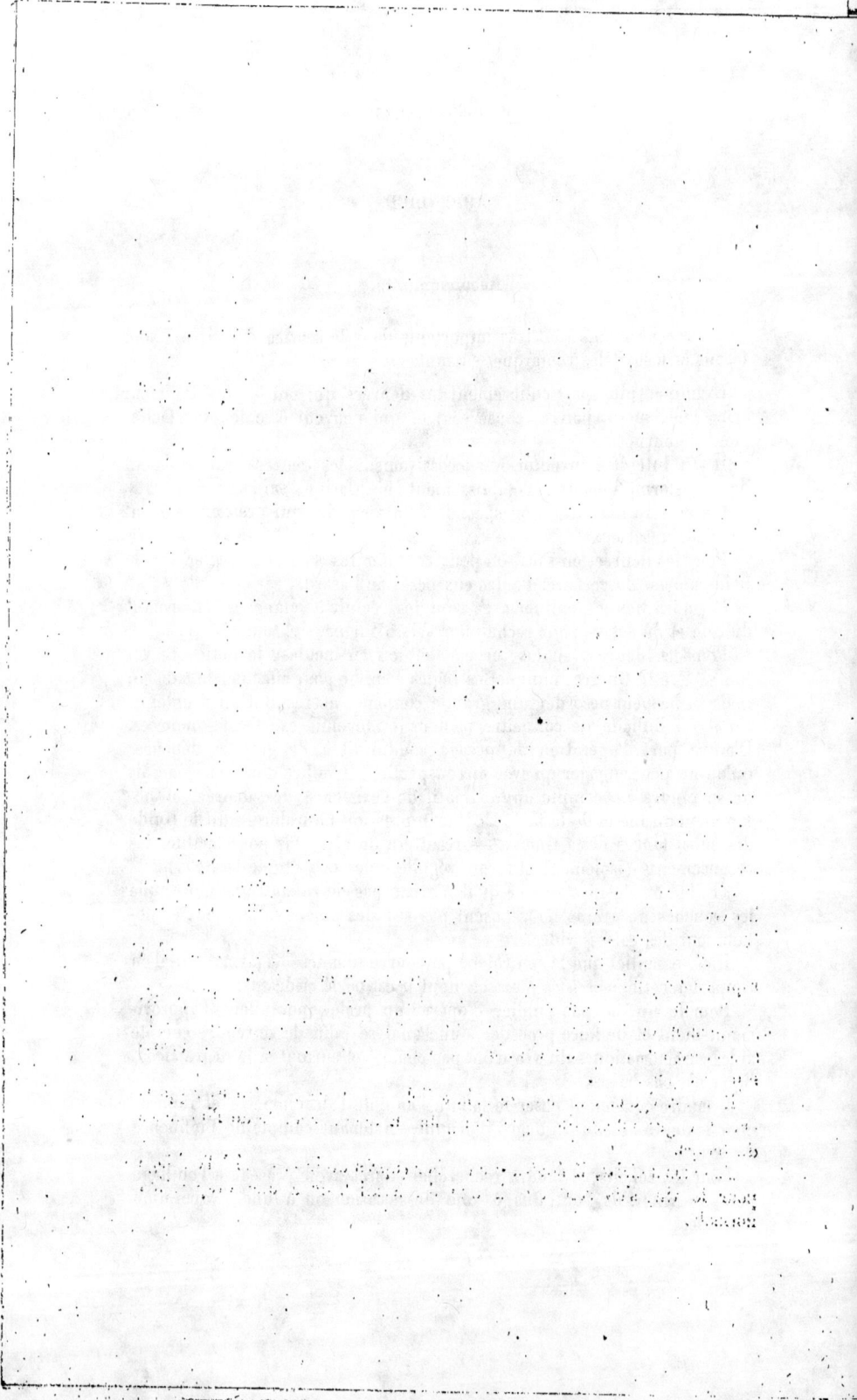

Le contrôleur se fera communiquer tous les recensements qui ont été faits au cours des dernières années, y compris ceux par épuisement de tas, et il s'assurera que le taux des déficits a été normal eu égard au climat et à la saison et que, d'une façon générale, il n'a pas pour résultat de masquer la négligence du comptable.

Le contrôleur pourra, à ce point de vue, en cas de déficit, faire des comparaisons avec la manutention de la Guerre et avec celle des autres ports.

Il ne devra pas hésiter, s'il y a lieu, à proposer d'engager les responsabilités.

D. Inspection des ateliers.

Nota. — Il ne nous est pas possible, à l'occasion du Guide des subsistances, d'entrer *dans tous les détails* de la vérification du personnel ouvrier, de la vérification de la comptabilité d'emploi aux travaux et, d'une façon générale, de ce qui concerne les ateliers.

Il y aura donc lieu de se reporter au guide concernant les directions de travaux, et spécialement la Direction des Constructions navales, pour laquelle cette question est primordiale.

D'où la division de cette section en deux chapitres : le premier donnant des indications générales concernant la vérification d'un atelier quelconque, le second entrant dans le détail des procédés d'investigation spéciaux au service de la manutention.

Chapitre Premier. — Règles générales.

1. Vérification des moyens dont disposent les ateliers en personnel; surveillance et discipline industrielle de l'atelier.

1. Donner des renseignements statistiques sur le personnel et sa répartition depuis la dernière inspection.

2. Apprécier si le nombre des ouvriers est suffisant; dire s'il n'est pas exagéré, si les spécialités sont mal réparties ou si leur proportion est conforme aux besoins du service.

3. Examiner si le nombre des surveillants correspond au tableau des effectifs annexé à la circulaire du 18 juin 1910, *B. O.*, 1873. Provoquer les mouvements nécessaires dans le cas où les cadres seraient en excédent ou en déficit.

4. Rechercher si la surveillance s'exerce dans les conditions de l'arrêté du 15 mai 1902 : présence des surveillants aux casiers, entrée et sortie des agents techniques aux mêmes heures que le personnel ouvrier (circ. 7 janv., 27 mai 1903 et circ. 19 oct. 1907, *B. O.*, 1161).

5. Si les surveillants n'ont pas été distraits de leur métier de surveillance proprement dit pour être occupés à d'autres emplois (circ. 19 oct. 1907).

6. Si les rondes de feux sont faites conformément aux règlements locaux (dép. 31 juill. 1910, C. N.).

7. Si les commissaires affectés aux ateliers règlent leurs heures de présence d'après celles du personnel ouvrier et s'ils exercent la surveillance prescrite par la circulaire du 19 octobre précitée (service des ingénieurs).

8. Si le personnel comptable tient ouvertes les sections de magasin pendant toute la durée de la journée de travail et s'il assure effectivement les délivrances (instr. précitée, § 3, service du personnel comptable).
Ce point intéresse particulièrement les subsistances en raison de l'importance des délivrances inopinées.

9. En ce qui concerne l'organisation du travail s'assurer que la prise des marrons se fait régulièrement en tenue de travail conformément à la circulaire du 23 janvier 1909, *B. O.*, 25.

10. Que la durée d'ouverture des casiers à marrons a été ramenée à dix minutes avant la reprise du travail (circ. 23 janv. 1909).

11. Que, par suite de ces dispositions et de l'application des circulaires du 23 mai 1903 et du 23 janvier 1909, la journée de travail est de huit heures de travail effectif.

12. Que les casiers sont disposés près du lieu de travail, qu'ils sont l'objet d'une surveillance constante de la part des surveillants des travaux. Les casiers doivent être suffisamment fractionnés; d'autre part, ils ne doivent pas être trop nombreux afin de ne pas surcharger inutilement le travail des agents (dép. min. 30 juill. 1910, C. N.)

13. On s'assurera que la surveillance des casiers est assurée conformément à l'article 10 de l'arrêté du 15 mai 1902 et qu'un rapport est remis par un officier de service, s'il y a lieu.

14. Que les surveillants techniques se trouvent à leur poste à l'heure réglementaire et ne prennent pas leur tenue de ville avant l'heure du débauché, même lorsqu'ils sont de service aux casiers.

15. Que les ouvriers remettent leur marron dans les dix minutes qui

[illegible]

[illegible]

[illegible] sont [illegible]
[illegible]

[illegible]

[illegible]

[illegible]

[illegible]

suivent la cessation du travail, que des sanctions sont prises dans le cas contraire, que les ouvriers n'abusent pas de retards systématiques dans le but de brimer leurs surveillants et qu'il ne se produit pas de fraude dans la remise des marrons.

16. Que les ouvriers portent bien leurs marrons sur eux, sous peine d'une punition disciplinaire.

17. Que les postes doux sont remplis par des ouvriers figurant sur une liste spéciale, que cette liste est revisée tous les six mois (circ. 19 oct. 1907, § 5, alinéa B).

18. Que les ouvriers affectés à des emplois généraux (dépôts d'outils, etc.) ne sont pas trop nombreux et que les ouvriers ne font pas l'office de gardiens de bureaux (26 mai 1910).

19. Que les absences journalières sont portées sur la main courante; relever le nom des ouvriers qui s'absentent fréquemment sans autorisation et voir s'ils ont été l'objet de sanctions disciplinaires (voir à ce sujet une dépêche du 25 octobre 1910 à Toulon, artillerie).

20. Relever les absences des conseillers municipaux; s'assurer qu'elles sont motivées par les réunions régulières du conseil municipal et qu'elles ne sont pas exagérées (circ. 27 mai 1910, *B. O.*, 1141).

21. Que les permissions de sorties ne sont données qu'exceptionnellement en cas d'urgence et pour des motifs dûment justifiés (réglementation p. 87) et, d'une façon générale, que les permissions sont accordées conformément à l'arrêté précité.

22. Que la surveillance des ateliers le dimanche et celle des travaux hors cloche, du balayage (dép. 4 mai 1910) et du repos de midi sont bien exercées.

23. Que les surveillants ne sont pas surchargés de travaux d'écritures et que l'effectif des ouvriers aux écritures est conforme aux effectifs réglementaires (circ. 11 janv. 1908 et 2 déc. 1910).

Nota. — Inutile de dire que c'est par des contre-appels inopinés et en assistant à la prise et à la remise des marrons que le contrôleur pourra faire les constatations les plus fructueuses au sujet de la discipline industrielle des ateliers.

2. Vérification des moyens dont disposent les ateliers en matériel.

1. Examen des machines-outils. Contrôler leur date d'entrée en service grâce à l'inventaire ou aux inscriptions portées sur les machines elles-mêmes. S'assurer que ces machines sont suffisamment modernes et propres au service.

Voir, d'après la situation des crédits engagés des cinq dernières années en fin d'exercice, si le service a employé tous les crédits qui lui ont été délégués pour l'amélioration de l'outillage (dép. à Toulon, 25 oct. 1910).

2. Examiner les moyens de transport et de levage. Examiner si l'on ne pourrait pas développer l'outillage de transport mécanique.

3. Étudier le moteur de l'atelier, son état, son rendement; voir si les tuyautages de vapeur sont protégés par des enveloppes calorifuges, s'il y a des fuites apparentes de vapeur. Dans le cas où l'électrification serait possible, il y aurait lieu de la demander.

Le ramonage des chaudières doit s'effectuer dans des conditions économiques.

4. Examiner si les règles concernant la protection des ouvriers sont bien observées.

5. Demander, s'il y a lieu, qu'il soit établi des vestiaires, des lavabos, des latrines à proximité des chantiers (circ. 19 oct. 1907, alinéa 4).

6. Veiller à ce que les dépôts d'outils fonctionnent dans des conditions satisfaisantes.

7. S'assurer que l'atelier n'a manqué ni de matières premières, ni d'outils, que les magasins convenablement approvisionnés sont à portée des ateliers et que, de ce côté, on n'a eu à enregistrer aucune perte de temps.

8. Inspecter les locaux et immeubles et s'assurer qu'ils sont en bon état et aptes au rôle qui leur est dévolu; qu'ils sont protégés contre l'incendie.

9. Examiner comment le travail est organisé et formuler les observations que suggéreraient les constatations faites sur la division du travail et la répartition des travaux entre les ouvriers.

3. Rendement économique et organisation du travail.

1. Veiller à ce que le graissage des moteurs, des machines, etc., s'effectue à l'huile oléonaphte (dép. 22 janv. 1908, C. N., et 10 sept. 1910 à Toulon, artillerie).

2. Étudier, d'après les comptes d'ouvrages, le prix de revient des différentes opérations et le comparer avec les prix industriels.

3. Examiner si le travail à la tâche est appliqué et dans quelles conditions.

4. Pour apprécier le rendement économique des ouvriers, s'assurer de leur âge et voir si les mesures nécessaires pour le rajeunissement des cadres ont bien été prises. Ce point important a donné lieu à des observations du contrôle à Brest et à Toulon (voir notamment dép. 29 nov. 1910 à Toulon).

5. Examiner si l'atelier a bien effectué en temps voulu les travaux et confections qui lui ont été ordonnés; comparer la date de l'ordre d'exécution et la date d'achèvement; relever les retards.

6. Rechercher si les travaux n'ont pas été interrompus par une avarie majeure ou une réparation provoquée par la négligence du service.

7. Contrôler l'utilité des travaux supplémentaires et s'assurer qu'on n'en abuse pas. Veiller à ce que ces travaux supplémentaires ne conduisent pas à faire fonctionner les moteurs pour un trop petit nombre d'ouvriers (voir dép. 25 oct. 1910 à Toulon, artillerie, contrôle).

4. Comptabilité.

1. Examiner la comptabilité du personnel ouvrier de la façon suivante :

Rapprocher les billets de sortie de la main courante;

Rapprocher la main courante des journaux-contrôle;

Refaire par épreuves le compte de certains ouvriers (retenue de salaires et dixièmes supplémentaires).

2. Examiner comment les surveillants s'acquittent de leurs obligations dans la tenue des bons d'emploi aux travaux, s'assurer que les recommandations relatives à la circulaire du 7 mars 1908, comptabilité Perron, ont bien été observées.

3. S'assurer de la bonne tenue des carnets n° 1 au cours des contre-appels[1].

4. Examiner le service des remises[1].

5. Examiner la comptabilité des apparaux et du petit outillage[1].

6. Examiner la comptabilité des travaux[1].

[1] Renvoi aux Guides spéciaux des directions.

Chapitre II. — Règles spéciales à la manutention.

1. Vérification des moyens dont dispose l'atelier en personnel.

Examiner comment on emploie le personnel militaire mis à la disposition des subsistances.

Quelle est la répartition des spécialités?

Voir si des ouvriers de spécialités sont employés comme manœuvres. Exemple : les panneliers au transport et à l'arrimage des pains, les meuniers au transport du blé et de la farine.

Comment sont organisées les brigades des boulangers?

Si la main-d'œuvre rendue disponible par les absences de l'escadre est utilisée judicieusement.

Pour les autres points, renvoi aux règles générales.

2. Vérification des moyens dont dispose l'atelier en matériel.

1° Examiner comment s'effectuent les moyens de transport; les subsistances de la Marine sont généralement mal outillées, et le fait d'effectuer à la main des transports qui, dans l'industrie, sont faits automatiquement grève rapidement les frais généraux.

Nous citerons, dans cet ordre d'idées :

a. L'absence d'automatisme dans les moulins, d'où nécessité de faire à la main tous les transports de produits antérieurs ou postérieurs à la mouture, ainsi que les mélanges.

b. Absence de monte-charges ou de tout autre moyen de transport rapide pour les divers mouvements des farines et des blés.

c. Mauvaise situation des greniers par rapport au moulin.

d. Défectuosités de l'outillage de la boulangerie pour le transport des pains.

e. Défectuosités des apparaux destinés au pompage du vin. Cette opération est souvent effectuée à l'aide des pompes à bras, alors que les pompes électriques produiraient un rendement bien supérieur.

f. Absence de scies circulaires pour le sciage des bois.

g. Emploi de fers à souder au charbon.

2° Il y aura lieu de faire une description du moulin afin de juger de l'état dans lequel se trouve cet appareil, et d'examiner s'il produit un rendement suffisant pour satisfaire à tous les besoins, y compris ceux du temps de guerre.

3° Afin d'apprécier l'opportunité de modifier les installations du moulin, on pourra faire, en examinant le compte d'ouvrage de fabrication et le rapport annuel des travaux, une étude sur le prix de revient de la mouture.

4° Examiner si les fours sont en nombre suffisant pour assurer les besoins du temps de guerre. Consulter le plan de mobilisation et voir s'il n'a été fait état que de fours utilisables.

5° Veiller à ce que toutes les mesures contre l'incendie soient bien prises, notamment au moulin où les canalisations électriques devront être montées sur des isolateurs.

3. Rendement économique et organisation du travail.

Le nombre des comptes ouverts de la manutention n'étant pas très élevé, il faudra les prendre un à un pour en commenter les résultats.

1° Service du magasin. On appréciera si les ouvriers affectés à ce service ne sont pas trop nombreux.

On envisagera les suppressions possibles.

Pour les mouvements et les recettes de blés, on s'efforcera de déterminer le rendement individuel des ouvriers manœuvres et de rechercher s'il est satisfaisant.

On s'assurera qu'il n'a été fait appel à l'entreprise des transports que dans les cas d'absolue nécessité, et que, par contre, il est fait appel à celle-ci toutes les fois que la chose est avantageuse.

On recherchera si des manœuvres occupent certains postes d'une façon permanente (armement des embarcations, plantons, gardiennage).

2° Pour la fabrication de la farine, déterminer le nombre des ouvriers employés au moulin, et comparer, si possible, à rendement égal, cet effectif à celui d'un moulin industriel existant dans la localité.

Étudier le prix de revient de la mouture de la farine, frais généraux compris, et comparer son prix total au prix des farines achetées à Lorient.

Envisager les économies qui pourraient être réalisées pour diminuer les prix de revient soit sur les dépenses du moteur, soit sur les procédés de graissage (notamment emploi de l'huile oléonaphte), soit sur la main-d'œuvre.

Prélever des échantillons de farine et les faire analyser pour se rendre compte de sa qualité, examiner si toutes les mesures de propreté sont

[illegible] que, ac l'autre est en pareil [illegible] fondement suffisant pour substituer dans [illegible] y concernés, ceux des [illegible].

3. [illegible] d'apprécier l'opportunité d'y modifier les instructions [illegible] ou autre lieu, [illegible] ou le proposer par voie [illegible]

4. [illegible] service du temps de guerre [illegible] de mobilisation [illegible]

[illegible] contre l'union [illegible] dispositions réglementaires devront [illegible]

[illegible] Hiérarchie, [illegible] et [illegible]

Le matériel qui comporte [illegible] de la [illegible] n'étant pas être [illegible] réduire les [illegible] un [illegible] somme [illegible] règle.

[illegible] ouvriers affectés à certains [illegible]

On [illegible] les [illegible]

[illegible] ou à [illegible] manœuvre et de [illegible]

[illegible]

[illegible] de la [illegible] de ces [illegible]

[illegible]

[illegible] de [illegible] et [illegible] l'emploi [illegible]

[illegible] de la [illegible] emploi des [illegible]

[illegible] ou sur la [illegible]

[illegible]

prises dans la manipulation des farines et si les sacs qui les renfe ment sont suffisamment nettoyés (noter l'influence de la malpropreté sur l'acidité des farines).

3° *a.* Pour la boulangerie, examiner le rendement individuel des boulangers.

b. Voir si les fournées sont réglées économiquement; cf. une dépêche à Toulon du 6 mai 1911 prescrivant au port de s'inspirer des méthodes suivies à Lorient.

c. Examiner si l'aide apportée à la boulangerie par les bâtiments au mouillage est réglée en conformité des prescriptions de la circulaire du 20 novembre 1911, *B. O.*, p. 1156.

d. Une dépêche du 8 décembre 1904 alloue un demi-dixième supplémentaire aux hommes qui sont en service devant les fours de 300 rations; ce supplément doit être limité au travail des fours proprement dit.

e. Le rendement de la farine en pain doit être suffisant, soit au minimum 1 kilogramme de pain pour 740 grammes de farine (art. 48, Instr. 17 juin 1910).

f. Pour la dépense du sel, l'instruction du 17 janvier 1910 prévoit à l'article 47 une dépense de 4 à 5 kilogrammes par 1000 rations.

g. Pour le fleurage, il est de 3^k 500 à 4 kilogrammes par 1000 rations, Ces chiffres ont-ils été dépassés ?

h. Au sujet du rendement économique de la fabrication, se renseigner sur les dépenses de charbon. On doit employer, pour les fours, de la gailletterie (dép. 15 sept. 1908); les dépenses ne doivent pas être exagérées; on pourra la comparer avec celle de la manutention militaire où cette consommation est limitée.

i. On comparera le prix de revient du pain avec ceux de l'industrie et notamment avec ceux des marchés d'entreprise. On en tirera les déductions voulues. Cette comparaison pourrait amener le Contrôle à proposer notamment la suppression des marchés d'entreprise dans les localités voisines du port.

4° S'assurer qu'on utilise les bois de démolition pour la confection des revêtements des caisses à farine et que l'on n'emploie du bois neuf que dans les cas où cette ressource n'existerait pas (dép. 5 févr. 1904). Etudier à ce point de vue les ressources des autres services, notamment celles de l'artillerie (caisses à douilles).

5° Examiner les prix de revient des réparations de tonnellerie et voir si l'on n'aurait pas avantage à faire exécuter ce travail par l'industrie.

[illegible]

[illegible] ont atteint leur maximum, voir l'influence [illegible]

[illegible]

Voir les fournées [illegible]

[illegible] 1891, R. O. T., 1166.

[illegible]

[illegible]

[illegible] 1000 [illegible]

[illegible]

[illegible] du pain [illegible]

[illegible]

[illegible]

6° Mêmes observations en ce qui concerne les caisses en fer-blanc.

7° S'assurer que la fermeture des caisses à farine est effectuée au moyen du vissage et non du clouage (13 juill. 1910, *B. O.*, p. 1894).

8° Si les subsistances possèdent une presse à foin, le prix de la manutention ne devra pas être supérieur, tout compte fait, au prix du foin pressé acheté à l'industrie.

9° D'une façon générale, on examinera un à un tous les comptes pour savoir si le prix de revient des travaux n'est pas exagéré.

10° Les travaux hors cloche permanents ou accidentels pourront être contrôlés; l'allumage des feux notamment doit s'effectuer d'une façon économique.

4. Recette et conservation des denrées.

Le contrôleur devra s'assurer :

1° Que le service technique exerce un contrôle constant sur les recettes, y compris celles qui concernent les escadres.

2° Qu'il effectue des prises d'essai, conformément à la loi de 1905.

3° Que les greniers sont aérés et que la farine et les blés sont pelletés régulièrement. Le compte ouvert au pelletage sera intéressant à consulter.

4° Que toutes les denrées sont en bon état de conservation, ce dont on s'assurera par des analyses.

5° Que le vin n'a pas été viné (2 févr. 1907), qu'il a été l'objet d'analyses périodiques (30 mars 1907), que les bouteilles destinées à contenir l'échantillon n'ont été lavées qu'à l'eau bouillie (29 août 1909).

6° Que l'eau employée pour la panification n'est pas nocive.

7° Que le pain délivré aux bâtiments et services est à l'état frais, qu'il est marqué (11 févr. 1910, *B. O.*, 282) et qu'il pèse le poids voulu.

8° Afin de se rendre compte de la gestion technique, on se fera communiquer tous les procès-verbaux de pertes et d'avaries, ce qui permettra de se rendre compte de la façon dont la manutention s'acquitte de son rôle.

9° Enfin le contrôleur veillera attentivement aux soins qui sont donnés aux récipients; il s'assurera que toutes les recommandations de la 7° annexe de l'instruction du 17 juin 1910 ont été observées. (Délivrance du vin en pièce d'une, tierçon ou demi-tierçon suivant le cas; les bâti-

ments de 200 hommes n'ayant le droit de prendre des tierçons que pour la réserve de 8 jours.)

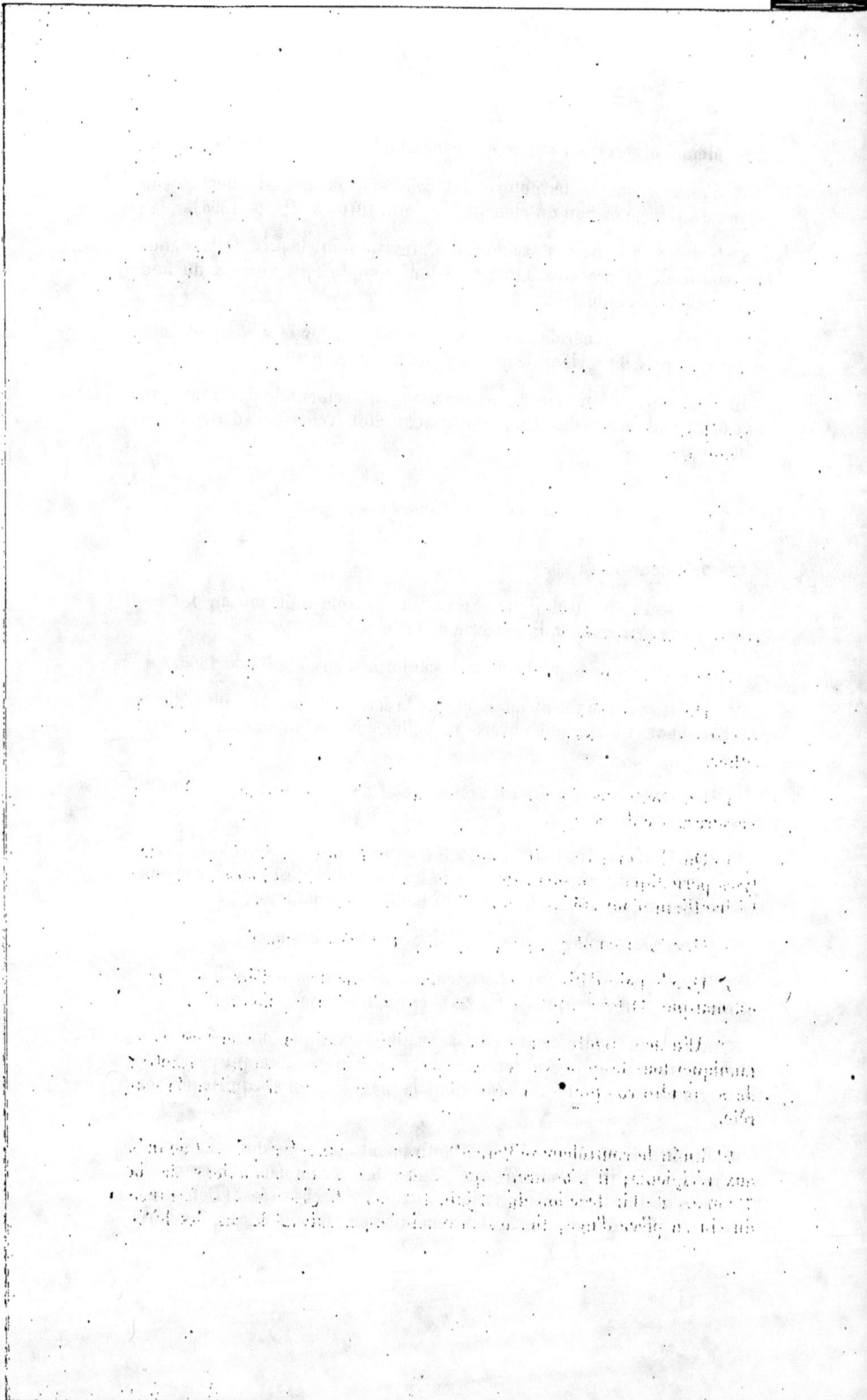

Jaugeage des fûts.

Nettoyage et soufrage (circ. 9 sept. 1901); les fûts doivent être stérilisés à la vapeur ou à l'eau bouillante.

Propreté des bondes.

Délivrance gratuite de bouteilles d'eau minérale.

Délivrance du tafia en bouteilles cachetées, etc.

10° Veiller tout spécialement à l'état de conservation du vin, notamment à son degré d'acidité. Si une transformation acétique était relevée par l'analyse, rechercher d'où elle provient (exemple : mauvais état des vaisseaux vinaires) et demander que des mesures immédiates soient prises pour en éviter le retour. (Voir notice spéciale sur les soins à donner au vin [Circ. du 18 avril 1899, formant un fascicule séparé] et s'assurer que les prescriptions de cette notice sont bien remplies, notamment en ce qui concerne la séparation du vin et des vinaigres.)

5. Comptabilité.

1° Les comptes des services généraux, notamment ceux du magasin, doivent être suffisamment divisés pour permettre le contrôle.

2° Les subsistances ont souvent une certaine tendance, pour diminuer le prix de revient de leur fabrication, à incorporer dans les dépenses du service général des frais qui grèvent le prix de fabrication. Exemples :

a. Transports intérieurs des denrées manutentionnées au moulin.

b. Dépenses du moteur (combustible et graissage) et de réparation des pétrisseuses.

3° Il y aura lieu d'examiner les frais généraux du service, et d'étudier tout particulièrement le rapport annuel du chef de manutention.

On s'assurera spécialement que les changements de classification résultant de modifications survenues dans les droits d'octroi et de douanes n'ont pas été déduits à tort des frais généraux.

4° Veiller à ce que la valeur des résidus de fabrication ne soit pas déduite des prix de transformation (22 janv. 1903).

5° S'assurer que tous ces résidus ont bien fait l'objet d'une remise à l'administration des domaines.

6° En examinant la comptabilité des remises, on se rendra compte si les dispositions de l'article 53 de l'Instruction du 17 juin 1910 ont bien été appliquées, notamment en ce qui concerne les récipients, et si les responsabilités encourues ont été engagées et poursuivies.

[illegible] communes [illegible]
la recette [illegible]
Longueur des [illegible]
Nettoyage et soudage [illegible] les fils conducteurs [illegible]
[illegible]
[illegible] soudé.
[illegible] de bouteilles [illegible]
[illegible]

[illegible] la température [illegible] formation [illegible] des [illegible] prises [illegible] sur la [illegible] et [illegible]

B. Chauffage

[illegible] entièrement ceux du [illegible] par [illegible]

[illegible] produits [illegible] de fabrication [illegible]

[illegible]

[illegible]

[illegible] le rapport [illegible]

[illegible] les changements [illegible]

[illegible] prix de [illegible]

5. [illegible] des données.

10. [illegible]

APPENDICE.

Recommandations diverses.

Nous conseillons enfin au contrôleur qui sera chargé de l'inspection des subsistances de se reporter aux notices concernant l'exécution des différentes branches du service des subsistances militaires, tomes I et II, qui lui fourniront d'utiles éléments pour son inspection :

Nous signalons notamment :

Les mesures de propreté et d'assainissement périodiques des greniers, magasins et caves.

Les mesures contre l'incendie.

Les résultats de la mouture, déchets et prix de revient.

La contenance des fours.

Ce qui est relatif au blé et à sa conservation.

Ce qui est relatif à la farine, à ses altérations, à son analyse, à son mode d'emmagasinage, à sa répartition, etc.

Ce qui est relatif à la fabrication du pain, à la caractéristique du bon et du mauvais pain, à son transport; enfin à la consommation du combustible (tableau n° 12). On puisera dans ce titre des renseignements intéressants sur le rendement économique de la boulangerie. (Voir surtout tableau n° 16 : Quantité de denrées nécessaires pour la fabrication du pain.)

Ce qui concerne la fabrication du biscuit, et le taux du rendement (soit 86ᵏ 5 p. 100 avec des farines de blé tendre à la sortie du four, et 93ᵏ 5 p. 100 après ressuage).

Ce qui concerne les légumes verts, les légumes secs, le sucre, le café, l'eau, le vin, les bestiaux, l'abatage, conserves de viande, etc.

QUATRIÈME PARTIE.

QUESTIONNAIRE.

Nous renvoyons au questionnaire du service des approvisionnements de la flotte. En outre, les questions suivantes, spéciales au service des subsistances, pourront être posées :

Le personnel d'officiers et d'agents est-il suffisant ? N'est-il pas surabondant ? Ne donne-t-il pas lieu à des mutations trop fréquentes ?

La Commission de recette a-t-elle prononcé des rebuts importants ? Quelle en a été la cause ?

A-t-on comparé les prix payés par la Marine avec les cotes commerciales ?

Les achats sont-ils faits à des époques avantageuses et dans les conditions qui paraissent les meilleures ? L'exiguïté des locaux n'oblige-t-elle pas à les échelonner à des intervalles réguliers et trop rapprochés ?

N'y a-t-il pas de denrées définitivement reçues et encore logées dans des sacs appartenant aux fournisseurs ?

La Commission d'appel a-t-elle fonctionné régulièrement ? Y a-t-il eu des projets de recours au Ministre ? Ont-ils été suivis jusqu'au bout ?

Le service des ordinaires est-il assuré dans de bonnes conditions ?

Y a-t-il eu des plaintes ou des réclamations, soit de la part des fournisseurs, soit de la part des services ?

L'abattoir est-il suffisant ?

Quelles sont les mesures prises pour s'assurer que le fournisseur entretient constamment les troupeaux prévus au contrat ?

Comment les subsistances assurent-elles la répression des fraudes ? A-t-on effectué des prises d'essai ? Des prélèvements ? Ces opérations ont-elles donné lieu à des poursuites ? Quels ont été les résultats de ces poursuites ?

Comment le fournisseur de viande exécute-t-il les commandes urgentes ?

Les conditions de recette technique des blés ont-elles donné lieu à des difficultés ?

Les salles de recette ont-elles une capacité suffisante ?

Toutes les cessions ont-elles été suivies de remboursement ou de régularisation ?

Les envois ont-ils été reçus ou expédiés en temps voulu ?

Le service a-t-il été informé à temps des modifications dans le plan de ravitaillement des escadres ?

Des sanctions ont-elles été prises contre les fournisseurs défaillants ?

Les délivrances aux bâtiments et services s'exercent-elles dans les conditions de rapidité voulue? Y aurait-il lieu d'apporter des améliorations aux moyens matériels de distribution dont les subsistances disposent ?

Quelles sont les réflexions auxquelles donne lieu le service de la mobilisation ?

Le commissaire aux subsistances a-t-il eu l'occasion d'assister à des séances du conseil municipal pour les questions d'octroi ?

Les approvisionnements sont-ils en bon état de conservation (vin, farine, conserves, biscuit en particulier)?

Les approvisionnements sont-ils constitués conformément aux fixations? Celles-ci paraissent-elles en rapport avec les besoins ?

N'existe-t-il pas en magasin des denrées ayant dépassé leur terme de conservation ?

Leur écoulement est-il bien assuré ?

L'emmagasinement est-il fait de façon à assurer la bonne conservation des denrées, la facilité des distributions et la possibilité des recensements. A-t-on pris contre les rongeurs les précautions utiles ?

L'ouillage des liquides est-il pratiqué dans des conditions convenables ?

N'y a-t-il pas de matériel (récipients, sacs, outillage, etc.) en quantité exagérée et sans emploi ? Quelle destination leur est-elle donnée ?

Torréfaction du café pour les ouvriers, rendement, ancienneté des approvisionnements et du café vert mis en distribution. L'emballage est-il satisfaisant ?

N'a-t-on pas distribué dans certaines circonstances (manœuvres, etc.) des conserves de viande de récente fabrication ?

Les farines sont-elles employées d'après leur ordre d'ancienneté ?

Le remboursement des denrées perçues à titre remboursable ne subit-il pas de retard ?

Comment sont assurés les transports intérieurs ?

Les magasins sont-ils suffisants ?

Les sacs ne sont-ils pas empilés sur une trop grande hauteur ?

Les planchers ne sont-ils pas trop chargés ? Ne fait-on pas le criblage [illegible] temps [illegible] ?

[illegible] infantile [illegible] ?

[illegible]

[illegible] moyens [illegible] ?

[illegible]

[illegible] conservation ?

[illegible] rapport avec les [illegible]

[illegible] conservation.

[illegible]

[illegible] conservation [illegible] et la possibilité [illegible] ?

[illegible]

[illegible] ?

[illegible]

[illegible] des [illegible] ?

[illegible]

[illegible] ?

[illegible]

[illegible]

[illegible]

dans le magasin même? Dans le cas de l'affirmative, les dispositions nécessaires ont-elles été prises pour l'évacuation de la poussière?

L'établissement est-il convenablement clos; est-il suffisamment gardé? Toutes les précautions contre l'incendie ont-elles été prises?

La consigne en cas d'incendie est-elle convenablement établie (datée et signée); est-elle en harmonie avec le matériel de secours dont on dispose?

Les toitures des hangars ou magasins sont-elles en bon état?

Ne laissent-elles pas de l'eau s'égoutter sur les denrées?

Y a-t-il des paratonnerres?

Les instruments de pesage sont-ils commodes et bien installés? Sont-ils poinçonnés chaque année par le vérificateur?

Examiner particulièrement le fonctionnement des ponts-bascules, s'il en existe.

Quels sont les recensements qui ont été faits? Y a-t-il eu des déficits ou des excédents? Les déficits ont-ils été jugés normaux; dans le cas contraire, les responsabilités ont-elles été engagées?

Qualité du pain, rendement, consommation de combustible?

Ne met-on pas de bois de chauffage ou d'allume-feux à sécher dans les fours?

Ne laisse-t-on pas séjourner des braises dans la boulangerie?

Prix de revient : sont-ils avantageux?

Moutures. Comment sont-elles assurées? Prix de revient?

L'établissement est-il pourvu des appareils mécaniques désirables, pétrisseuses mécaniques, monte-charge, etc., permettant de réaliser une réduction de personnel, et finalement une économie d'argent?

Le personnel ouvrier est-il assez nombreux? Les ouvriers trop âgés ont-ils été mis à la retraite d'office? Les spécialités sont-elles bien réparties?

Le cadre des surveillants est-il conforme aux prescriptions réglementaires? Les surveillants remplissent-ils bien leurs devoirs?

Les commissaires de service remettent-ils des rapports au sujet des ateliers?

Les sections de magasin sont-elles ouvertes pendant les heures de travail?

Les casiers sont-ils bien disposés? Les ouvriers remettent-ils leur marron en tenue de travail? Les postes doux ont-ils été revisés?

Les absences du personnel ne sont-elles pas trop fréquentes, notamment celles des conseillers municipaux? Quelles sanctions ont été prises?

Comment est assurée la surveillance des travaux hors cloche, du balayage, du repos de midi, etc.?

Comment sont placés les vestiaires, les lavabos, les latrines, etc.?

Emploie-t-on l'oléonaphte pour le graissage des moteurs?

Le travail à la tâche est-il appliqué?

Le service de comptabilité a-t-il relevé des erreurs dans la tenue des carnets 1 et des bons d'emploi des surveillants?

Par qui sont exécutés les divers mouvements des denrées?

Quels sont les projets d'amélioration de l'outillage qui ont été élaborés par le service? Quelles suites ont été données à ces projets? Existe-t-il un plan d'achat de l'outillage? Le service a-t-il signalé des disponibles sur ses situations de crédits?

L'escadre fabrique-t-elle une partie du pain pendant son séjour dans le port?

Utilise-t-on les bois de démolition pour le revêtement des caisses? Que deviennent les déchets de bois des subsistances?

Le foin est-il acheté pressé, ou bien cette opération est-elle faite dans l'arsenal?

Le pain est-il distribué frais aux bâtiments? Quelles seraient les améliorations susceptibles d'être ordonnées à ce sujet dans les distributions?

La manutention a-t-elle le temps nécessaire pour apporter tous les soins voulus aux récipients?

Les remises des bâtiments ont-elles donné lieu à des observations? Les responsabilités ont-elles été engagées?

La manutention possède-t-elle les notices concernant les subsistances militaires? Ont-elles eu l'occasion de faire application des renseignements qui y sont contenus?

SECTION II.

HABILLEMENT, CASERNEMENT, MOBILIER, CHAUFFAGE.

PREMIÈRE PARTIE.

RÉSUMÉ SOMMAIRE DE LA RÉGLEMENTATION.

1. Organisation et attributions du service de l'habillement, casernement, mobilier, chauffage.

Ce service est dirigé par le chef du service des subsistances; il ne doit pas former de groupe à part au point de vue administratif (circ. 9 févr. 1910, *B. O.*, 276); il est chargé de la gestion technique de l'habillement et, pour les casernes et établissements à terre autres que ceux des directions de travaux et du service de santé, du couchage, du casernement, du chauffage et de l'éclairage (décr. 18 déc. 1909). Ses attributions sont définies par l'instruction du 30 décembre 1909, *B. O.*, 1494, et détaillées dans celle du 17 juin 1910, *B. O.*, 1209, qui indique la réglementation à appliquer dans chaque cas particulier. On pourra consulter une circulaire du 2 février 1910, *B. O.*, 266, qui indique, dans un cas d'espèce, la compétence du service.

Se reporter, en ce qui concerne les prévisions de dépenses du service et le calcul de ses dotations, à une instruction du 10 janvier 1912, *B. O.*

Toute la réglementation applicable au service des approvisionnements de la flotte s'applique au service de l'habillement, sauf sur les points qui vont être détaillés ci-après :

2. Marchés.

Des marchés destinés à assurer l'approvisionnement de tous les ports sont passés par Paris pour la fourniture de :

Étoffes en laine, draps, molletons, flanelles (durée 6 ans; le dernier porte la date du 30 avril 1909);

Casques en liège;

Mouchoirs de poche;

Instruments de musique: clairons et cordons de clairon, etc.

Le matériel d'escrime est acheté sur mesure au fur et à mesure des besoins (dép. min. 3 déc. 1907).

Dépêche ministérielle du 7 septembre 1908 : Mode de calcul du nécessaire à se pourvoir dans les marchés de l'habillement et du couchage.

Dépêche ministérielle du 30 mars 1907 : En raison de la hausse actuelle des matières premières, les marchés de l'habillement auront une durée d'une année.

Dépêche ministérielle du 20 juillet 1906 : Les délais d'exécution des commandes doivent être fixés en prenant pour base une production mensuelle équivalente à la douzième partie du maximum de la fourniture.

Dépêche ministérielle du 23 mars 1909 : Le délai de remplacement des rebuts ne doit pas être inférieur à 45 jours.

3. Vérification et réception des fournitures.

Instruction du 17 juin 1910 : Composition de la commission de recette de l'habillement.

Note du 6 novembre 1907, *B. O.*, 1265 : Sur l'épreuve dynamométrique des tissus.

Circulaire du 2 mai 1910, *B. O.*, 1019 : Au sujet de la possibilité d'admettre avec rabais des effets d'habillement ou des matières premières destinées à leur confection.

Circulaire du 17 septembre 1911, *B. O.*, 634 : Notice sur la confection et la réception des effets.

Circulaire du 4 novembre 1911, *B. O.*, 950 : Recommandations aux commissions de recettes à l'occasion de la mise en vigueur des nouvelles conditions particulières des fournitures de toiles.

4. Importance des approvisionnements.

L'existant d'un article déterminé doit être compris entre 6 mois et 12 mois ; l'ensemble de l'approvisionnement doit correspondre à 9 mois de consommation moyenne (instr. 17 juin 1910 et circ. 27 avril 1912, *B. O.*, 823). Les étoffes servant à la confection s'ajoutent aux effets con-

fectionnés pour le calcul de l'existant (dép. min. 16 févr. 1903; solde); toutefois il doit exister dans chaque port un nombre déterminé, par la dépêche ministérielle du 30 juin 1908, de sacs complets disponibles pour le service courant.

Cet approvisionnement de prévoyance de 3 mois, détenu par le dépôt des équipages, doit figurer dans l'existant du magasin de l'habillement (circ. 6 sept. 1910, *B. O.*, 2126).

L'importance des stocks de réserve est fixée par des décisions particulières à chaque port et à chaque catégorie d'objets.

Une circulaire du 12 mai 1911 (intendance, personnel militaire, état-major général) a réduit le stock de guerre d'effets d'habillement des cinq ports militaires et indique les mesures à prendre pour réaliser progressivement cette réduction.

5. Prévisions des besoins.

Les besoins de chaque port sont calculés en prenant pour base la moyenne des consommations des trois dernières années, de manière à maintenir constamment en magasin un approvisionnement de neuf mois de consommation courante (1). Le reste à se pourvoir est évalué au prix des marchés en cours et sert à fixer le chiffre de la dotation. Ces éléments doivent parvenir à Paris, au plus tard, le 15 janvier de chaque année.

La situation des divers articles est suivie sur les cahiers signalétiques d'approvisionnement dont la tenue est prescrite par la circulaire du 7 décembre 1909 (*B. O.*, 1380).

Les chefs de service de l'habillement ont la faculté : 1° d'adopter, sous réserve de l'approbation du Ministre, un tableau spécial de répartition par tailles et subdivisions de tailles des effets d'habillement confectionnés par leurs soins, à la condition de ne pas dépasser l'allocation moyenne d'étoffe réglementairement attribuée à chaque effet; 2° de régler le confection des effets de manière à constituer leur approvisionnement selon les données de l'expérience. Voir à ce sujet les circulaires du 2 juillet 1901 et du 18 décembre 1907, *B. O.*

Les demandes d'effets d'habillement émanant des bâtiments en campagne sont établies et satisfaites dans les conditions fixées par la circulaire du 21 juillet 1910, *B. O.*, 1905. Pour les bâtiments du port, voir l'instruction du 17 juin 1910.

(1) Les besoins sont envisagés, au moment de la préparation des marchés, pour une période de quinze mois (neuf mois de service courant et six mois d'attente) [circ. 27 avril 1912, *B. O.*, 823].

[illegible]

[illegible]

[illegible]

[illegible]

[illegible]

[illegible]

[illegible]

6. Envois.

La circulaire du 14 janvier 1903, *B. O.*, 8, indique quelles sont les précautions spéciales à prendre au moment de l'emballage et du déballage des effets d'habillement.

7. Cessions.

Les cessions de chapitre à chapitre du matériel d'habillement d'une valeur supérieure à 500 francs ne doivent s'effectuer qu'après autorisation du Ministre (dép. min. 18 déc. 1903).

8. Prix de remboursement des effets pour officiers-mariniers, quartiers-maîtres et marins.

Les prix de remboursement applicables à compter du 1er avril 1912 ont été fixés par une circulaire du 18 décembre 1911, *B. O.*, 1317. Le tarif du 5 novembre 1907, *B. O.*, 1160, reste en vigueur pour les effets non prévus au tarif de 1911 en raison de leur disparition prochaine (chemise en toile blanche, chemise en molleton, etc.).

9. Circulaires ou dépêches fixant ou modifiant les divers devis de coupe et de confection des effets d'habillement.

Règlement du 27 mars 1858, *B. O.*, 233 : Consulter les notes du *B. O. R.*, tome 8, p. 210 et 211, ainsi que les dépêches manuscrites ou circulaires du 12 janvier 1885 (chemises en molleton); 10 octobre 1889 (vestons de premiers maîtres et maîtres); 18 juillet 1890 (ceintures de flanelle); 22 novembre 1894 (modification à la tenue); 7 mai 1898 (habillement des surveillants de prison); 11 juillet 1899 (canons croisés de pointeurs); 24 septembre 1901 (pantalons à brayette des seconds-maîtres); 7 novembre 1901 (paletot en molleton des surveillants de prison); 17 janvier 1902 (petit sac en toile et pochette en toile pour marins); 24 janvier 1903 (pèlerines en drap); 21 février 1903 (ceintures de flanelle); 23 mai 1903 lettres D. P. des marins vétérans); 31 août 1903 (coiffes blanches pour bonnets); 8 septembre 1903 (vestons en toile blanche); 1er avril 1904 (pantalons pour officiers-mariniers); 14 août 1906 (au sujet de la revision

[illegible]

[illegible] sous [illegible]
[illegible]

[illegible]

[illegible]

Les [illegible] en [illegible]
[illegible] en [illegible] 1950 [illegible]
dans [illegible]
[illegible] (1967) [illegible]
[illegible]

9. Conventions [illegible]
[illegible]

Règlements [illegible] R.A.R.,
tion [illegible] circulaires
de 15 janvier [illegible]
premiers postes [illegible] 1960 [illegible]
[illegible]
[illegible]
7 septembre 1961 [illegible]
[illegible] 1958 [illegible]
1961 (publiés [illegible]) [illegible]
(pénitenciers et dépôt) [illegible] 1958 [illegible] de fonctionnaires [illegible]
lettre [illegible] des maisons [illegible] (maisons [illegible])
bonnes); 8 septembre 1963 [illegible] Blanche) [illegible]
(questions pour officiers-mariniers); 14 août 1962 [illegible] de la maison [illegible]

des tarifs); 28 septembre 1906 (pèlerines en drap); 4 novembre 1908 (redingotes et vestons des officiers-mariniers); 11 décembre 1908 (pèlerines des marins vétérans); 16 juin 1909 (nouvelles allocations résultant de l'adoption du drap de 140 centimètres de largeur); 24 décembre 1909 (vestes de chauffe en toile bleu); 11 mars 1910 (pèlerines des vétérans).

Les quantités de drap en 140 centimètres allouées pour la confection des effets par la circulaire du 16 juin 1909 précitée ont été relevées par une circulaire du 17 octobre 1911 (S. H. C.). Ce tarif d'allocations n'est que provisoire et doit permettre d'attendre les résultats de l'étude poursuivie par l'expert tailleur du département en vue de l'établissement de nouveaux tracés et tarifs de coupe.

Rappelons que désormais les divers effets d'habillement doivent faire l'objet de descriptifs détaillés insérés au *B. O.* et prenant place :

a. Pour les effets dont la confection est demandée à l'industrie, dans le *Recueil des conditions particulières des marchés*, créé par la circulaire du 8 septembre 1910, *B. O.*, 2640.

b. Pour les effets dont la confection est réservée aux ateliers d'habillement de la marine, dans un *volume spécial* réunissant les divers fascicules spéciaux à chaque vêtement. Le descriptif est, dans ce cas, accompagné d'un devis de confection (cf. circulaire du 26 août 1911, *B. O.*, 515), notifiant le descriptif détaillé et le devis de confection de la vareuse en molleton; et la circulaire du 11 septembre 1911, *B. O.*, 583, notifiant le descriptif détaillé, le devis de confection et le prix de remboursement du caleçon de bain pour marins (la fourniture de cet effet, qui doit faire l'objet en principe d'adjudications publiques, ayant été *momentanément* confiée aux ateliers du service de l'habillement pour assurer l'écoulement d'excédents de toile de cretonne de coton écru pour chemises).

Se reporter, d'autre part, à la circulaire du 17 septembre 1911, *B. O.*, 634, notificative du titre Ier d'une notice sur la confection et la réception des effets d'habillement.

Pour les matières autres que les draps, toiles, molletons, visés dans les devis de confection, visés dans les textes qui précèdent, se reporter à la circulaire du 19 décembre 1884, *B. O.*, 1074.

Par circulaire du 27 mars 1901, *B. O.*, 521, l'atelier de l'habillement est chargé de la confection des effets des équipages, des marins vétérans, guetteurs sémaphoriques, pompiers, gardes-consignes, gardiens de bureau, gardes-pêche, surveillants des prisons et détenus.

10. Approvisionnement du tabac et du savon.

Instruction du 21 janvier 1854, *B. O. R.*, 26 : Relative à la livraison aux troupes de mer du tabac dit « de cantine ».

Circulaire du 2 février 1910, *B. O.*, 228 : Substitution du savon blanc au savon marbré, et obligation pour les bâtiments de s'approvisionner dans les magasins de la Marine.

Circulaire du 29 août 1911 (S. H. C.) : Réduction de l'approvisionnement de tabac à chiquer entretenu dans les cinq ports militaires.

11. Mobilier des casernes et couchage.

Règlement du 14 février 1879, *B. O. R.*, 528, modifié par circulaires du 9 septembre 1879, *B. O.*, 420; 17 août 1880, *B. O.*, 316; 14 septembre 1880, *B. O.*, 450; 1er mars 1881, *B. O.*, 289; 14 mars 1883, *B. O.*, 418; 12 mai 1888, *B. O.*, 780 : Sur le service du casernement des équipages de la flotte, suivi de la nomenclature des objets qui doivent être fournis sous la dénomination de mobilier des casernes.

Circulaire du 20 juillet 1909, *B. O.*, 783, et règlement du 21 novembre 1854, *B. O. R.*, 536 : Comptabilité du matériel de caserne. Sur le service des lits militaires, suivi de devis indiquant la composition des diverses fournitures de couchage et de tarifs des dégradations d'effets de literie provenant du fait de la troupe et dont la dépense est remboursable par elle à l'État. Rendu applicable aux équipages de la flotte par circulaire du 18 septembre 1856.

12. Mobilier des bureaux.

Règlement du 21 août 1878, *B. O. R.*, 478 : Sur l'ameublement des bureaux et postes divers des établissements de la Marine, suivi de la nomenclature des meubles affectés à chaque catégorie de bureaux.

Instruction générale du 8 novembre 1889 (art. 720 à 730, mod. par circ. 25 nov. 1893, *B. O.*, 630) : Comptabilité du mobilier en service dans les hôtels, bureaux et autres établissements de la Marine.

13. Mobilier des hôtels.

Règlement du 23 décembre 1845, *B. O. R.*, 237 : Sur les concessions de logement et de mobilier aux fonctionnaires et agents du département de la Marine.

Circulaire du 2 … 1893, B. O., … : Sur la substitution du coton blanc au coton écru … dans la fabrication … dans les magasins de la Marine.

Circulaire du 29 août 1911 (B. O. (C.)) : Sur la … de l'approvisionnement de … à chaque … dans les cinq ports militaires.

11. Mobilier des casernes et [illegible]

Règlement du 11 février 1879, B. O. R., 578, modifié par décisions du 6 septembre 1879, B. O., 320; 17 août 1880, B. O., 319; 13 septembre 1880, B. O., 550; 17 mars 1881, B. O., 280; 14 mars 1882, B. O., 118; 19 mai 1885, B. O., 730 : Sur le service du casernement des équipages de la flotte et de la nomenclature des objets qui doivent être fournis sous la dénomination de mobilier de casernes.

Circulaire du 20 juillet 1885, B. O., 65, et règlement du 21 novembre 1885, B. O. R., 565 : Complétant la nomenclature du matériel de casernes. Sur le service des lits militaires, ainsi que des droits … la composition des diverses fournitures de couchage, et les frais des dégradations d'objets de literie provenant du fait de la troupe et dont la dépense est remboursable par elle à l'État. Rendu applicable aux équipages de la flotte par décision du 16 septembre 1885.

12. Mobilier des bureaux

Règlement du 21 août 1878, B. O. R., 470 : Sur l'ameublement des bureaux et postes divers des établissements de la Marine, ainsi que la nomenclature des meubles affectés à chaque catégorie de bureaux.

Instruction générale du 4 décembre 1899 (art. 777 à 780), modifiée en nov. 1901, B. O., 627 : Comptabilité du mobilier en service dans les hôtels, bureaux et autres établissements de la Marine.

13. Mobilier des hôtels

Règlement du 23 décembre 1876, B. O. R., 235 : Sur les concessions de logement et de mobilier aux fonctionnaires et agents du département de la Marine.

14. Chauffage.

Les fournitures de chauffage aux bureaux et postes divers dans les ports et établissements sont effectués conformément au règlement du 19 juillet 1843, *B. O. R.*, 71, modifié le 27 mars 1851, *B. O. R.*, 541, et le 20 février 1890, *B. O. R.*, 409.

Le Préfet maritime approuve chaque année l'état des feux à allumer (circ. 26 oct. 1909, *B. O.*, 1129).

Le chauffage des marins des dépôts des équipages de la flotte était dû (art. 128, 10 juillet 1895) dans les conditions déterminées par l'instruction du 8 novembre 1847 (A. M. 1351) et les tarifs annexés p. 1425.

Le décret du 18 octobre 1910 a abrogé celui du 10 juillet 1895 et ne fait pas mention d'un règlement applicable au chauffage des casernes; c'est donc toujours l'instruction de 1847 qui est en vigueur pour les équipages de la flotte.

Une circulaire du 11 mai 1911, *B. O.*, 884, a fixé la composition et le fonctionnement de la commission des feux dans les ports militaires.

15. Éclairage.

Pour l'éclairage à l'huile, au pétrole ou à la bougie, appliquer le règlement du 19 juillet 1848.

Pour l'éclairage au gaz, voir la circulaire du 9 février 1910, § C, *B. O.*, 278.

Des décisions particulières doivent fixer le maximum de dépense à imputer au budget pour l'éclairage des casernes de marins; la deuxième annexe du décret du 11 juillet 1908 indique le cas où le surplus doit être imputé aux masses.

L'éclairage électrique est régi par la circulaire du 29 juillet 1910, *B. O.*, 1967, complétée par la circulaire du 20 décembre 1911, *B. O.*, 1332. Les dépenses ne sont limitées par aucun règlement.

16. Imprimés.

Les imprimés réglementaires font l'objet d'une nomenclature spéciale publiée en 1901 et modifiée le 30 juin 1905 et les 20 juin 1906, 1907, 1908, 1909, 1910; ces modifications sont insérées tantôt à la partie principale, tantôt à la partie supplémentaire du *B. O.*

La comptabilité des imprimés n'est tenue qu'en quantités, et il n'en est

pas rendu compte (circ. 7 décembre 1864, *B. O.*, 372). Une circulaire du 14 juin 1910 rappelle les règles relatives à l'impression et à l'autographie des formules dans les ports.

17. Personnel technique et personnel ouvrier.

Les avancements et propositions d'avancement seront concédés au personnel ouvrier du service des subsistances et de l'habillement par le chef de ce service (circ. 7 déc. 1910, *B. O.*, 4085).

Nouvelle répartition des agences techniques du service des subsistances, de l'habillement et du casernement (circ. 12 déc. 1911, *B. O.*, 1290).

[illegible] décoct [illegible] et [illegible] des formules [illegible]

[illegible]

[illegible] Bulletin de la Société [illegible] pour [illegible] (Bull. [illegible], t. II, [illegible]).

DEUXIÈME PARTIE.

LISTE DES REGISTRES ET DOCUMENTS TENUS DANS LE SERVICE.

Nota. — Cette liste contient les registres réglementaires et les registres non réglementaires dont la tenue facilite le fonctionnement du service et dans l'examen desquels le contrôle peut puiser des renseignements; ces derniers sont marqués d'un astérisque (*).

1. Registres tenus à l'atelier de l'habillement-casernement.

1. Compte ouvert avec le maître tailleur.

2. Carnets à souche, mod. 142 et 142 *bis*, pour les délivrances par le magasin des étoffes à délivrer au maître tailleur et les remises de résidus provenant des économies de coupes.

3. Carnets d'enregistrement des ordres de travail.

4. Livre-journal des entrées et des sorties de mobilier en service.

5. Inventaire-balance du mobilier en service.

*6. Carnet d'enregistrement des demandes de livrets de couture.

*7. Contrôle nominatif des titulaires de livret.

*8. Carnet d'enregistrement des demandes de blanchissage.

*9. Carnet d'enregistrement des demandes de chauffage.

La forme de la comptabilité des travaux autres que ceux qui sont confiés au maître tailleur n'a pas encore été arrêtée. Le port de Toulon a proposé d'adopter les modèles de la comptabilité du service des hôpitaux; en attendant la sanction de l'autorité supérieure, il tient :

*10. Registre des travaux d'entretien.

*11. Compte des matières employées aux travaux.

*12. Compte des matières employées aux confections.

2. Registre tenu à la salle des remises.

1. Registre mod. 24 *bis* des remises faites par les bâtiments.

3. Registres tenus par le service des recettes de l'habillement.

1. Enregistrement des ordres d'introduction et transcription sommaire des procès-verbaux de la commission.

2. Carnet de pesage et de mesurage.

3. Carnets de transmission (relations avec les fournisseurs, convocations, etc.).

*4. Enregistrement des résultats constatés à la visite et aux essais des diverses fournitures (toiles, draps, etc.).

4. Registres tenus par le magasin des imprimés.

1. Livre-journal des entrées et des sorties.

2. Balance spéciale pour la comptabilité des imprimés.

5. Registres tenus par la section « habillement » du magasin des subsistances.

1. Registres-balances.

2. Registre mod. 16 des objets à confectionner par les ateliers.

3. Carnet d'échange des effets confectionnés entre le magasin d'habillement et le stock de réserve.

4. État du matériel à réserver.

5. Registre à souche des billets de sortie.

6. Carnets de pesage et de mesurage des toiles, draps, etc.

*7. Enregistrement des délivrances de combustibles.

*8. Enregistrement des effets d'habillement confectionnés sur mesure par le maître tailleur.

*9. Enregistrement des bons à prendre mesure établis par les bâtiments.

*10. Enregistrement des envois effectués.

*11. Enregistrement des renseignements nécessaires pour l'établissement de la situation hebdomadaire des effets d'habillement.

TROISIÈME PARTIE.

EXPOSÉ

DES MÉTHODES D'INVESTIGATIONS RECOMMANDÉES.

Le service de l'habillement dépendant de celui des subsistances et ne formant pas, au point de vue administratif, une section à part, son inspection n'aura généralement pas lieu isolément. Les méthodes d'investigations préconisées à la division III (service des approvisionnements) s'appliqueront intégralement; on ne trouvera, sous le présent titre, que l'indication des recherches nouvelles qui pourront être nécessitées par l'étude du fonctionnement particulier de l'habillement, du chauffage, etc.

1. Investigations relatives à l'exécution des marchés.

A. Commandes.

1. *Draps.* — En dehors de la première commande, qui suit la date de la notification de l'approbation du marché, chaque service ne doit émettre qu'une commande annuelle, dans le courant du mois de mars de chaque année (art. 20 du cahier des charges général). Toutes les commandes émises doivent être enregistrées par le chef du service des subsistances et de l'habillement (dép. min. 23 mars 1910). Il ne peut être fait de commandes supplémentaires qu'à la suite d'un engagement formel pris par les fournisseurs de livrer dans les délais fixés par l'administration. La Marine peut s'adresser à d'autres que les titulaires du marché (art. 21).

2. *Matières premières. Toiles diverses.* — Les commandes sont subordonnées aux seuls besoins du service. Les cahiers des charges prévoient une production mensuelle minimum. On recherchera si l'administration exige la livraison de ce minimum mensuel qui est destiné à permettre de tenir au complet l'approvisionnement.

3. *Objets confectionnés.* — Les commandes doivent de plus indiquer l'assortiment des effets par pointure.

B. Recettes.

1. *Étoffes en laine.* — Les draps doivent être livrés non décatis. S'assurer que le décatissage a lieu préalablement à toute autre opération de recette; rechercher s'il y est procédé dans des conditions donnant toutes garanties aux fournisseurs (aération, destinée à rendre au drap sa souplesse dans un local bien sec et aéré; — les draps mal décatis paraissent toujours plus clairs qu'ils ne seraient si le décatissage était complet) et également toutes garanties à la Marine (le décatissage doit être dirigé de manière à obtenir tout le retrait que le drap peut éprouver).

Le métrage et pesage des étoffes doivent avoir lieu avant l'examen par la commission de recettes. Sont-ils opérés par la sous-commission chargée de la constatation des quantités? Les résultats obtenus sont-ils enregistrés sur le carnet de métrage (mod. n° 5 *ter*)? Toutes les pièces de la fourniture sont-elles mesurées, pesées et éprouvées au dynamomètre?

On déduit autant de fois 100 millimètres sur la longueur de toutes les pièces qu'il a été prélevé d'éprouvettes, en des points différents, pour l'essai des couleurs et l'épreuve dynamométrique.

La notice C, annexée au cahier des charges général, donne au surplus le détail des opérations à effectuer pour la vérification des étoffes. Il conviendra de s'y reporter et de s'assurer que toutes les opérations prescrites sont effectuées. On s'assurera notamment que la commission des recettes indique au moyen de « sonnettes » et de trous à l'emporte-pièce la position des tares afin que celles-ci puissent être reconnues en cas d'examen par une commission supérieure; qu'elle effondre les étoffes dans leur largeur aux endroits qui ne sauraient être employés à la coupe afin que ces parties n'augmentent pas indûment les quantités de drap à délivrer aux entrepreneurs; qu'elle ne prend ces mesures qu'après s'être assurée que la pièce ne sera pas inacceptable en raison du trop grand nombre de défectuosités.

Les coupons destinés à l'appréciation des couleurs sont-ils contenus dans un album enfermé dans un étui et placé à l'abri de la lumière? Les échantillons-types portent-ils l'indication du poids qu'ils doivent atteindre normalement, afin de vérifier que le taux d'humidité de la salle de réception est normal?

2. *Toiles et matières premières.* — Les cahiers des charges prévoient généralement la conformité des fournitures avec les échantillons-types; ceux-ci sont-ils suffisants pour permettre à la commission de se former une opinion en pleine connaissance de cause? sont-ils constitués au moyen d'envois du magasin central (dép. min. 30 déc. 1903). Les commissions sont généralement assistées du maître tailleur appelé comme expert: celui-ci n'exagère-t-il pas l'importance de certaines tares de manière à augmenter la réduction de métrage réclamée du fournisseur, afin d'aug-

menter ses économies de coupe, ces exigences ayant pour effet d'élever le prix des fournitures.

3. *Tous effets, étoffes, matières, etc.* — Par qui sont apposés les signes de propriété de la Marine sur les fournitures acceptées par les commissions? Par qui sont apposés les signes de rebut ou d'ajournement prévus par les divers cahiers des charges (art. 23 du cahier des charges des draps)? Où peut-on retrouver les numéros des pièces d'étoffes et de toiles rebutées que l'Administration doit conserver?

On s'assurera que l'admission avec rabais des effets d'habillement payés par les hommes des équipages n'est acceptée que lorsqu'elle ne correspond pas à une infériorité de qualité susceptible d'en diminuer la durée et le bon usage.

C. Liquidations.

Rechercher si les enlèvements de rebuts ont lieu dans les délais déterminés par les conditions particulières des marchés. Alors que tous les objets sont frappés d'une retenue fixe de 1 p. 100, quelle que soit la durée du retard, les draps subissent une retenue de 1/2 p. 100 de la valeur de la fourniture par jour de retard (art. 23).

L'administration doit retenir 1,50 par pièce de drap présentée en recette et non acceptée, pour rembourser la Marine des frais de décatissage.

Lors des échanges de cautionnements en matière, les sommes à payer aux fournisseurs sont basées sur le métrage des pièces provenant des cautionnements (art. 16).

D. Réalisation des cautionnements.

Cautionnements en matière (art. 16 du cahier des charges général).

S'assurer que ces cautionnements sont réalisés dans les quatre mois qui suivent la notification de l'approbation du marché; qu'ils sont échangés annuellement avec un nombre égal de pièces entières d'étoffes identiques recues au titre des commandes.

2. Investigations relatives au service des remises.

Les recherches à faire à l'occasion des remises sont analogues à celles qui sont indiquées à la division III (service des approvisionnements, 3e partie, § 7, *b*) sur le fonctionnement des commissions de condamnation de matériel. On s'assurera de plus que l'on n'a pas classé à réparer

des objets pour lesquels il existe déjà de notables excédents d'approvisionnements (circ. 12 juill. 1892, *B. O.*, 17). Le garde-magasin doit assister obligatoirement aux commissions de remise et être consulté à cet égard (circ. 27 déc. 1905, *B. O.*, 1128).

Les commissionss de visite des effets remis par les bâtiments doivent être réunies dans le plus bref délai afin que les autorités du bord puissent être appelées à fournir leurs explications (dép. min. 24 avr. 1907).

On s'assurera que tous les objets portés sur les registres de remise sont bien remis effectivement, surtout s'il s'agit d'objets à démolir ou à détruire; on recherchera si les résidus pris en compte correspondent bien aux objets détruits, si des objets ou matières classées à vendre ne sont pas distraits de leur destination, si les objets remis n'ont pas subi des détériorations autres que celles qui peuvent résulter de leur emploi normal.

3. Investigations relatives à la régularité des délivrances.

Les délivrances d'effets d'habillement ne sont point déterminées par un règlement d'armement; il ne sera donc pas intéressant d'examiner la quotité de chaque demande d'effets prise individuellement, mais, comme il est possible que le prix de remboursement de certains effets (jerseys, chemises de molleton, paletots en drap, par exemple) ne soit pas en rapport avec la valeur commerciale des objets délivrés, il pourra être utile de rechercher si les consommations de ces effets n'ont pas varié dans des proportions anormales. S'il en était ainsi, le contrôle pourrait être amené à rechercher à bord des bâtiments si ces effets ne font pas l'objet d'un commerce illicite de la part des marins qui se les font délivrer.

Il convient également de rechercher si la répartition des demandes par tailles est normale. S'assurer d'autre part que les délivrances faites au dépôt par le magasin comprennent toujours, en premier lieu, les effets *réduits de durée* provenant des remises des bâtiments et destinés à être distribués dans les conditions fixées par l'article 226 de l'instruction du 26 octobre 1910 (instr. 17 juin 1910, *B. O.*, 1209, § A, *in fine*).

Les délivrances de mobilier de caserne, de couchage, de mobilier des bureaux, de mobilier des hôtels, de chauffage et d'éclairage sont au contraire fixées par la réglementation (voir 2e partie, § 11, 12, 13, 14, 15). On s'assurera que les délivrances extraréglementaires ont bien été ordonnées par les autorités compétentes : ameublement des casernes, couchage à terre, mobilier des bureaux et postes divers : le préfet maritime (26 octobre 1909, *B. O.*, 1129); mobilier des hôtels : le ministre de la Marine (art. 21 du règlement du 23 déc. 1845); chauffage des bureaux et des casernes : le préfet maritime, en cas de travaux extraordinaires ou de rigueur excessive de la température, à charge de rendre compte au mi-

[illegible]

[illegible]

[illegible]

[illegible]

[illegible]

[illegible]

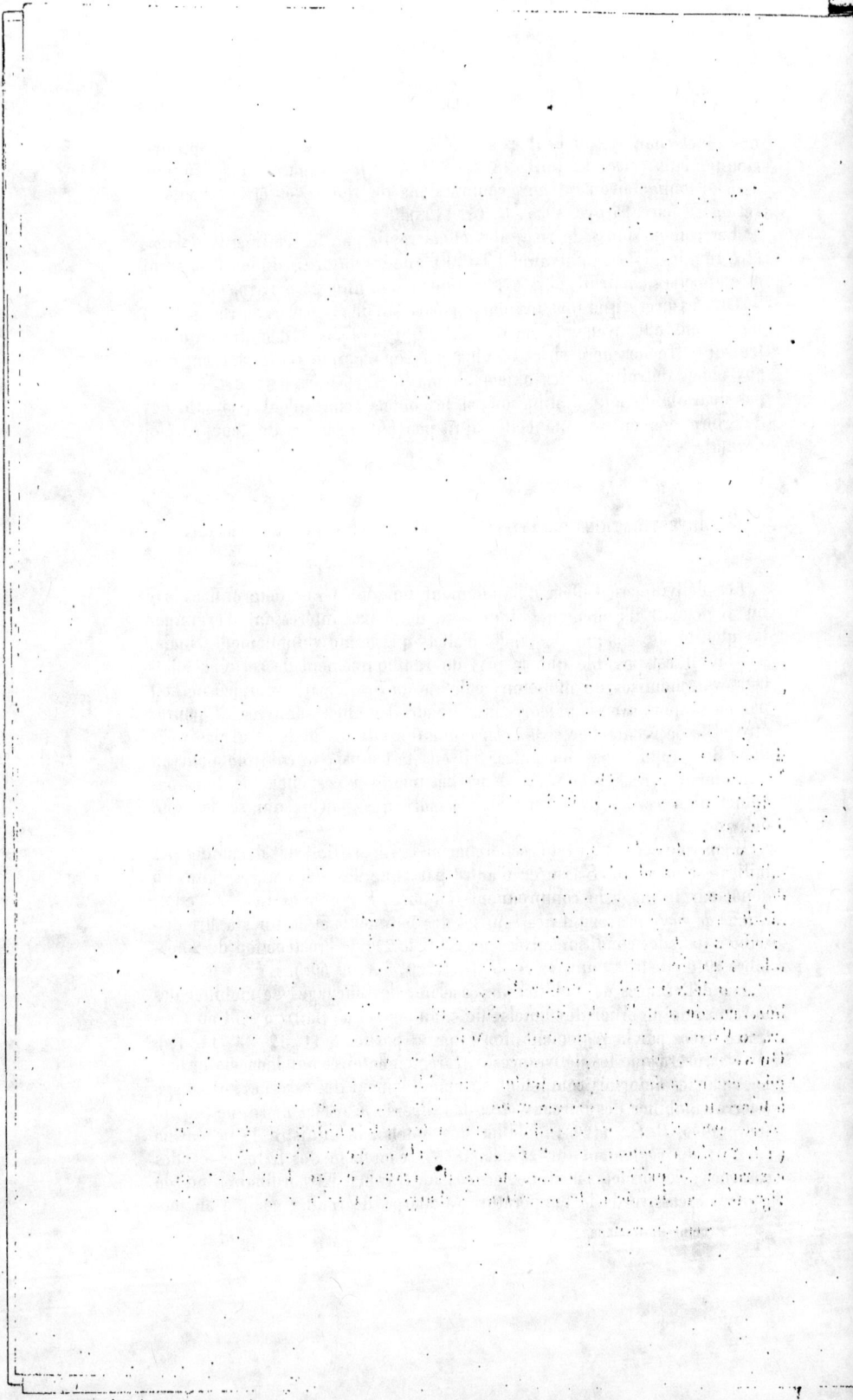

nistre (art. 36 de l'instr. 8 nov. 1847 et art. 12 du règlement du 19 juill. 1848); éclairage au gaz: le préfet maritime, si les dépenses sont minimes (26 oct. 1909, *B. O.*, 1129).

On examinera si le service cherche à utiliser les meubles remis par les bâtiments de la flotte (circ. 18 nov. 1910, *B. O.*, 4016).

On recherchera si le combustible destiné au chauffage est pris aux parcs, transporté et mis en place dans les bûchers par les parties prenantes (dép. min. 8 févr. 1904, T. H.). Cette règle est-elle suivie pour les délivrances aux postes militaires; en cas d'impossibilité, les dépenses de transport sont-elles réduites au minimum?

On s'assurera de la qualité du combustible. Ne délivre-t-on pas trop de bois pour le chauffage ou des charbons de prix trop élevés?

A la fin de chaque hiver, les services doivent dresser un état du combustible restant en approvisionnement et les quantités inscrites doivent être déduites des allocations leur revenant pour l'hiver suivant (dép. min. 14 mai 1904, T. H.)

Rechercher si les pertes et dégradations du matériel de couchage délivré aux casernes sont régulièrement constatées et mises à la charge des corps responsables, sauf dans les cas de force majeure (section IV, règl. 21 nov. 1854).

4. Investigations relatives aux ateliers

A. Atelier de l'habillement et du casernement.

Cet atelier doit comprendre tout le personnel affecté, et exécuter tous les mouvements, travaux et opérations se rapportant au matériel composant les sections de magasin « habillement » et « casernement ». Quelle est l'importance de cet atelier? Le personnel rendu disponible par suite de l'entretien du stock de réserve de l'habillement par le dépôt n'est-il pas trop nombreux? Existe-t-il un atelier de réparation du mobilier?

B. Atelier de confection des effets d'habillement.

Réclamer le traité qui lie le deuxième maître tailleur (ou l'entrepreneur de confection) à la Marine et s'assurer que les clauses principales en sont rigoureusement observées. La coupe des effets d'habillement est-elle effectuée exclusivement dans le local mis par la Marine à la disposition de l'entrepreneur? Quel est le nombre des marins mis à la disposition du tailleur pour être employés soit à la coupe, soit à la confection des effets d'habillement? Comment ces marins sont-ils rémunérés : 1° quand ils sont

[illegible]

[illegible] 1880).

On examinera [illegible]

On recherche [illegible]

De mesure [illegible]

[illegible]

[illegible]

[illegible]

[illegible]

[illegible]

[illegible]

[illegible]

employés à la coupe (tant par jour); 2° quand ils sont employés à la confection (prix de main-d'œuvre fixé par le marché)?

Quel est le nombre des tailleurs civils employés par l'entrepreneur? Quel est le nombre des ouvrières employées aux confections non exécutées dans l'intérieur de l'arsenal? Comment sont-elles choisies? Les travaux sont-ils répartis impartialement? Quelle est la proportion des livrets de couture réservés aux veuves et orphelins d'ouvriers des arsenaux?

Quelles sont les mesures prises pour donner toutes garanties à la Marine au point de vue des allées et venues des ouvrières, de la rentrée et de la sortie de l'arsenal des matières premières ou effets confectionnés? Rechercher comment sont rétribuées les ouvrières (elles doivent recevoir les prix de main-d'œuvre fixés par les tarifs).

Vérifier le compte ouvert tenu par le maître tailleur, s'assurer que ses indications concordent avec le compte ouvert tenu dans les bureaux du commissaire chargé de la direction et de la surveillance de l'atelier. Vérifier que les consommations d'étoffes portées en compte sont conformes à celles qui sont autorisées par les devis de coupes.

Examiner le compte des économies de coupe et retailles d'effets qui doivent rester la propriété de la marine. Étudier ces économies d'après l'assortiment des tailles réellement confectionnées. S'assurer que le tailleur ne reçoit que les quantités de matières premières et de fournitures nécessaires pour l'exécution des commandes prescrites. On pourra vérifier l'exactitude des comptes en faisant un inventaire des matières premières restant aux mains de l'entrepreneur.

L'entrepreneur, ou l'officier chargé de la surveillance de l'atelier, doit pouvoir présenter, attenant aux lisières, les chefs des pièces de toutes les étoffes qui lui ont été délivrées pour la confection pendant le trimestre en cours.

Quel est le nombre des confections mensuelles auxquelles peut être astreint l'entrepreneur? Ce nombre a-t-il été exigé lorsqu'il y avait lieu de combler des déficits dans le stock d'effets confectionnés? Les commandes ont-elles été fractionnées de manière à assurer autant que possible un fonctionnement normal et sans à-coups de l'entreprise?

L'entrepreneur participe-t-il à des confections étrangères à celles que lui donne la Marine? Quelles sont les garanties prises pour que les matières premières délivrées ne puissent être détournées de leur destination? Le personnel de l'entreprise est-il protégé, par contrat, dans les conditions indiquées par le décret du 10 août 1899? Comment a été établi le bordereau des salaires à lui payer?

Quelle est la durée du contrat qui lie l'entrepreneur à la Marine?

Comment et dans quel local est effectuée la recette des effets d'habillement présentés par les entrepreneurs? En particulier, comment reçoit-on les effets sur mesure et dans quel délai? La commission fait-elle apposer en sa présence, sur les effets qu'elle a reçus, la marque de propriété de la Marine et l'indication de l'année et du trimestre pendant lesquels ils ont été confectionnés? Ces marques sont-elles apposées avec soin de ma-

[illegible] tout [illegible] dans la [illegible] plus [illegible] commencé [illegible] (?)

Quels [illegible] des [illegible] les employés [illegible] entre eux ? On est [illegible] employés aux [illegible] de [illegible] ? Comment [illegible] ? Quelle [illegible] réparation [illegible] de [illegible] au contraire ?

On les [illegible] pour [illegible]

[illegible] entre eux, [illegible] de [illegible] contraires [illegible] les familles.

[illegible]

[illegible] dans les [illegible] de [illegible] contrat [illegible] les autres ? [illegible] familles [illegible] commerciales [illegible] de [illegible] ? Dans [illegible] de [illegible] matières [illegible] au [illegible]

[illegible] au [illegible] la [illegible] de l'action, dont [illegible] présent [illegible] les [illegible] la [illegible] pendant [illegible]

[illegible] de la [illegible] qu'il [illegible] une [illegible] d'y avoir lieu [illegible] de [illegible]

[illegible] de l'entreprise ?

[illegible] de [illegible] pour que les [illegible] de leur [illegible] par [illegible]

[illegible] les [illegible]

[illegible] la [illegible] des [illegible] ? [illegible] la [illegible] des [illegible] de [illegible] nière à être bien lisibles? N'est-il pas possible que des effets qui n'auraient pas été soumis à l'examen de la commission soient envoyés au magasin (ce qui arriverait si le tailleur procédait lui-même, seul, à l'apposition des marques)? S'assurer, d'une manière générale, que les commissions de recette se conforment strictement aux prescriptions de la notice sur la confection et la réception des effets dont le titre 1er, contenant des observations générales communes à tous les effets, a été notifié aux ports par circulaire du 17 septembre 1911, *B. O.*, 634.

5. Investigations relatives au magasin de l'habillement.

Les pièces de drap et de toiles doivent, en principe, être toutes munies de leur chef. On s'assurera qu'il n'existe pas de pièces dont les chefs auraient été cousus ou démarqués pour servir à la représentation de pièces déjà refusées: cet acte devrait être considéré comme frauduleux. L'obligation de présenter une pièce munie de son chef n'existe cependant pas pour les espèces de toiles dont la quantité maxima prévue au marché sera inférieure à 500 mètres (dép. min. 29 août 1909). De même, on pourra trouver en magasin des coupons d'étoffes qui proviendraient soit des reliquats de délivrances faites aux bâtiments pour leur approvisionnement de prévoyance, ou aux entrepreneurs de confection de bonnets en drap pour marins, soit des remises de bâtiments désarmés. Dans tous les cas, le comptable devra pouvoir renseigner le contrôleur sur la provenance des coupons.

Le chef des pièces doit porter certaines indications de catégorie et de fabrique (voir les cahiers des charges). Chaque fabricant ne peut avoir qu'une seule série de numéros de fabrique pour toutes les étoffes à fournir à la Marine. Il est interdit de donner le même numéro à plusieurs pièces.

Quelle utilisation peuvent recevoir les coupons provenant de délivrances fractionnées ou de remises?

Vérifier que l'on n'a pas reçu de pièces d'étoffes ou de toiles qui n'avaient pas la longueur, la largeur ou le poids prévus aux cahiers des charges.

On s'assurera que les pièces d'étoffes et de toiles sont prises en charge et délivrées pour les longueurs qui figurent aux carnets nos 5 *ter* et 5 *quater*, c'est-à-dire déduction faite pour tare et pour épreuves. Il doit y avoir concordance entre les indications des carnets de recette et les étiquettes du magasin.

Rechercher quelle est la marche suivie par les effets confectionnés, à partir de leur recette jusqu'au moment de leur délivrance, de manière à acquérir l'assurance que les stocks de réserve contiennent les effets les plus récemment confectionnés et que les plus anciens sont affectés aux délivrances. Les effets confectionnés sur mesure doivent, en principe,

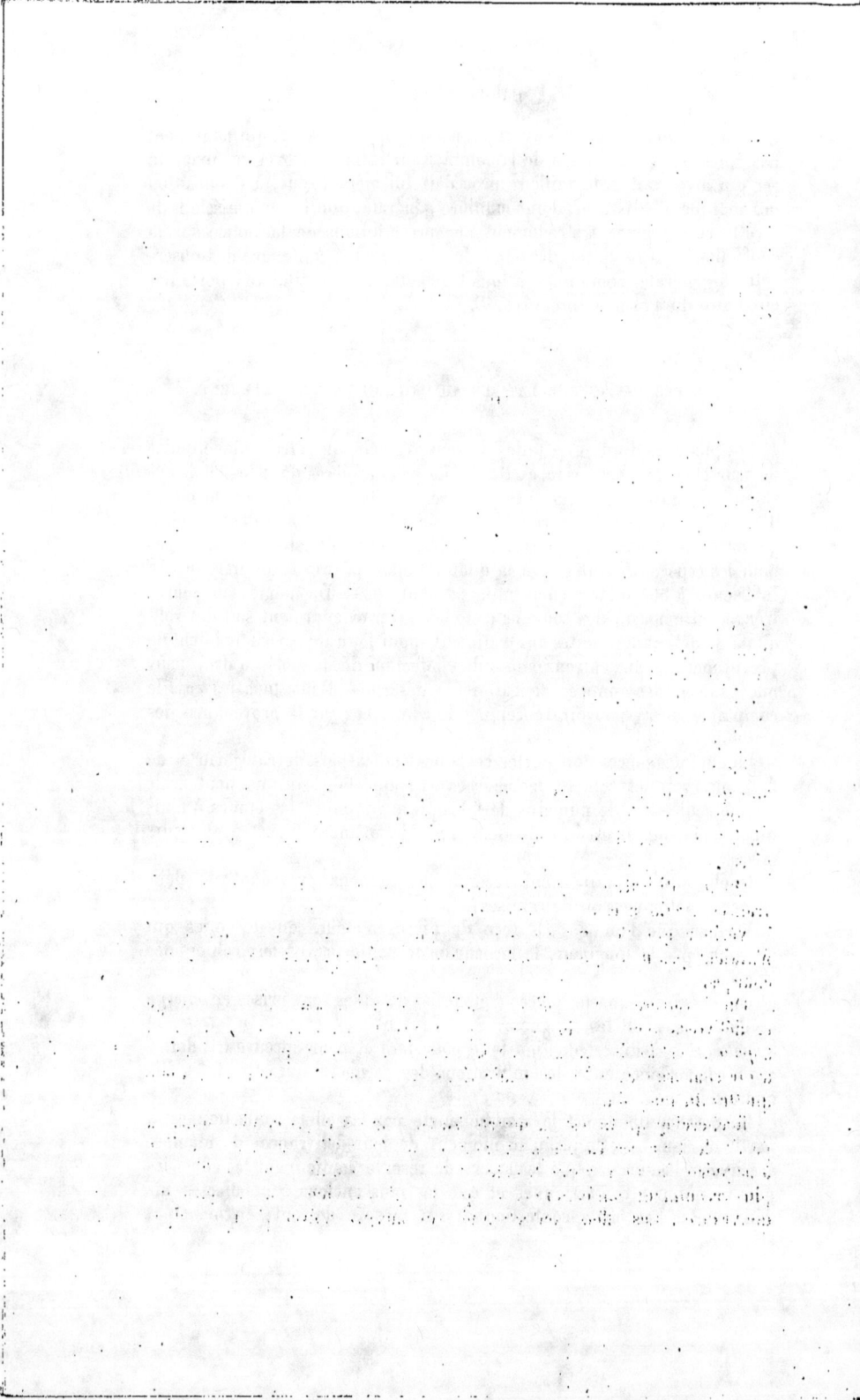

suivre les règles générales de comptabilité et de délivrance; est-ce possible, et comment opère-t-on dans la pratique?

Comment est assurée la conservation des effets et des étoffes en magasin (emploi de la naphtaline, de pyrèthre, de camphre, de l'insecticide ininflammable «Tue-tout», de l'huile Thésée, de la graisse Thomas)? Les résultats obtenus sont-ils satisfaisants? Les visites d'effets sont-elles réglées méthodiquement? Tient-on enregistrement des dates de battage, brossage, etc., des diverses piles d'effets?

Certains stocks, par exemple ceux des effets de couchage, des ustensiles de cambuse pour le service à terre, des réserves de tabac et de savon, ne sont-ils pas trop importants, par rapport aux consommations du magasin, pour que leur renouvellement normal puisse être assuré?

Quelle est la plus longue durée de séjour des étoffes et effets confectionnés en magasin? N'y a-t-il pas lieu de prendre des mesures spéciales à l'égard des plus anciens?

A-t-il été nécessaire de demander des prélèvements temporaires à la réserve de guerre pour assurer le service courant?

A-t-il été nécessaire de prélever des étoffes sur les cautionnements en matière déposé par les entrepreneurs? Par quelles causes ces mesures ont-elles été rendues indispensables?

Les bâtiments s'approvisionnent-ils de rubans légendés et de savon dans les magasins de l'habillement?

Dans tous les cas où l'on veut établir la situation du magasin d'habillement, il faut comprendre dans l'existant l'approvisionnement de prévoyance de trois mois du dépôt (décr. min. 6 sept. 1910), et l'approvisionnement d'étoffes destinées à la confection se trouvant soit en magasin, soit entre les mains du tailleur s'il s'agit d'évaluer l'approvisionnement en mois de consommation moyenne (fournie par le magasin, décr. min. 30 août 1910). Mais les effets confectionnés seuls doivent être comptés quand on veut connaître le nombre de sacs existant au port (décr. min. 23 mars 1910).

Inspecter le magasin des imprimés; rechercher si les formules et documents sont entourés de soins suffisants et si le magasin s'est toujours trouvé en mesure de satisfaire en temps voulu aux demandes des services consommateurs. S'assurer notamment que les bâtiments et les services à terre administrés comme les bâtiments ont pu disposer, dès le premier jour de l'année, des rôles d'équipage qui leur revenaient en raison de leurs effectifs. Rechercher si le magasin ne s'est pas constitué des réserves de certains documents ou imprimés non portés en compte.

QUATRIÈME PARTIE.

QUESTIONNAIRE.

Les locaux affectés au service de l'habillement sont-ils convenables et adaptés à ce service? Les communications destinées à faciliter les délivrances aux bâtiments, les envois à l'extérieur et les échanges avec le stock de guerre du dépôt sont-elles assurées économiquement?

Les entrepreneurs de confection de l'habillement disposent-ils de locaux appartenant à la Marine? Quelles sont les dispositions prises par l'entrepreneur pour se garantir des conséquences que pourrait avoir un incendie sur les fournitures qui lui appartiennent et sur les matières premières de la Marine dont il est responsable?

Les parcs à combustibles sont-ils suffisants; sont-ils à la disposition du Service des subsistances, à l'exclusion de tout autre service?

Tous ces locaux ne sont-ils pas éloignés du centre du service? De quels moyens de communication disposent-ils? L'emploi des plantons, courriers, etc., n'est-il pas exagéré?

N'y a-t-il pas des travaux qui pourraient être exécutés plus économiquement par des femmes que par des hommes?

L'écoulement de certains effets (notamment dans les pointures extrêmes) n'est-il pas nul ou trop lent? Le renouvellement des stocks de réserve est-il assuré?

Les travaux de lavage, nettoyage et réparation des essuie-mains et rideaux des bureaux, des effets de couchage à terre, sont-ils exécutés dans des conditions économiques? En cession, par le service de santé ou par un entrepreneur? Leur importance ne dépasse-t-elle pas les limites raisonnables?

Les achats de combustible pour le chauffage sont-ils effectués économiquement? Les appareils de chauffage en service dans les bureaux sont-ils destinés à brûler le combustible le moins coûteux? Utilise-t-on pour le chauffage les bois de démolition? Le débitage de ces bois est-il effectué économiquement?

Les demandes d'effets d'habillement dressées par les bâtiments reçoivent-elles rapidement satisfaction? N'y a-t-il pas eu des envois d'objets autres que ceux qui étaient demandés ou d'effets en mauvais état qui auraient occasionné des renvois ou des discussions?

Les entrepreneurs de confection d'effets n'ont-ils pas eu des difficultés avec leurs ouvriers; ceux-ci ne se sont-ils pas plaints de la trop grande sévérité des commissions de recette?

Tous les objets employés à des confections proviennent-ils des magasins de l'État, à l'exception des menues fournitures laissées par les devis à la charge de l'entrepreneur? Ces objets portent-ils les marques réglementaires?

Les marques qui doivent être apposées par les commissions de réception et en leur présence ne peuvent-elles passer dans d'autres mains que celles qui doivent régulièrement en faire usage?

Les effets sont-ils livrés dans les délais voulus?

A quelles dates sont effectués les recensements et visites d'effets de couchage?

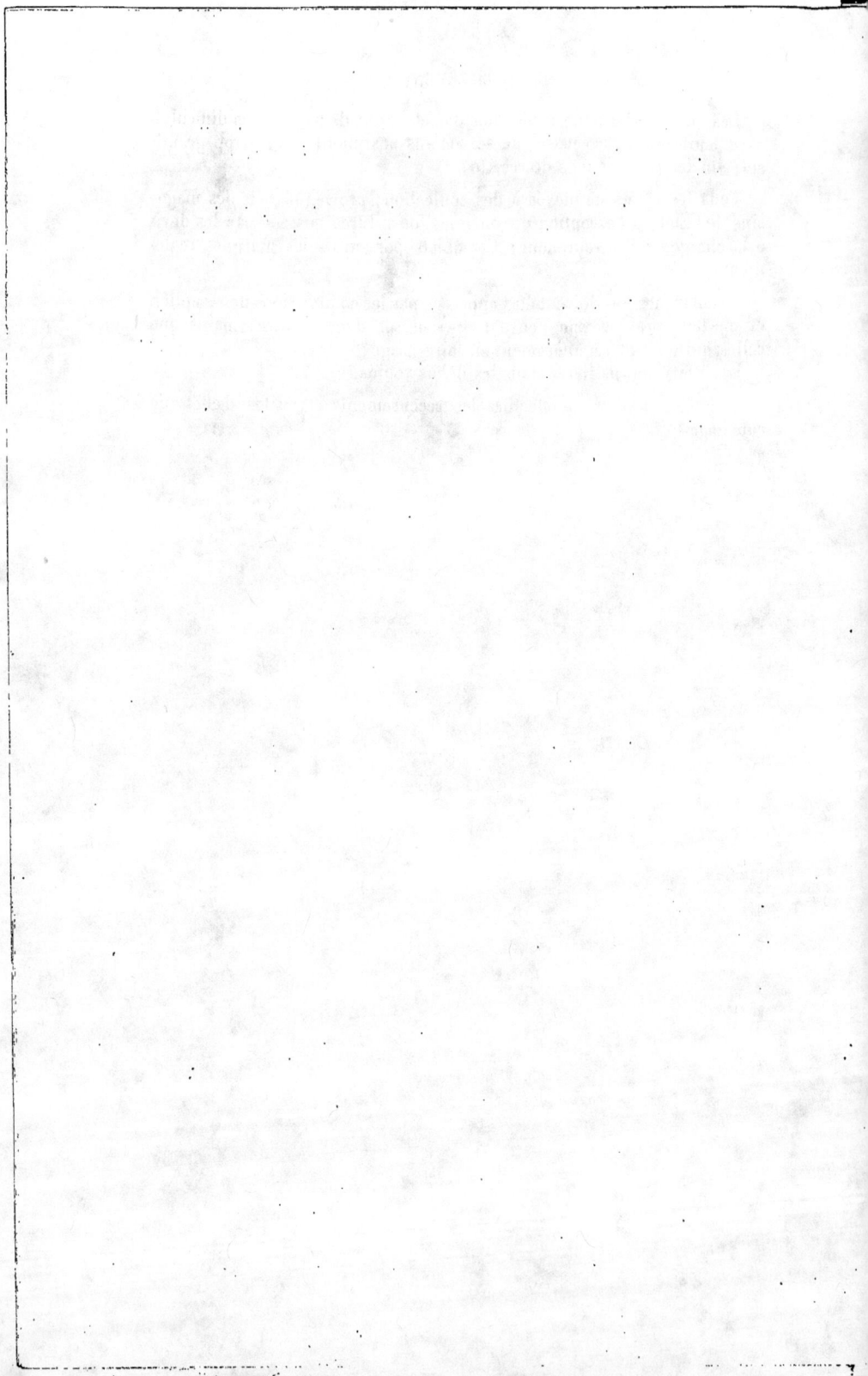

DIVISION III

SERVICE DES APPROVISIONNEMENTS
DE LA FLOTTE
ET TRANSPORTS GÉNÉRAUX

DIVISION III.

SERVICE DES APPROVISIONNEMENTS
DE LA FLOTTE
ET TRANSPORTS GÉNÉRAUX.

PREMIÈRE PARTIE.

RÉSUMÉ SOMMAIRE DE LA RÉGLEMENTATION.

---

1. Organisation et attributions du service des approvisionnements.

Le service des approvisionnements de la flotte et des transports généraux dépend du directeur de l'Intendance maritime ; il est chargé :

a. De l'administration du matériel mobile nécessaire aux bâtiments de la flotte, à l'exception de celui qui ressortit, d'après le règlement d'armement, à d'autres services ou qui est nécessaire au premier armement des bâtiments neufs. Ses prévisions sont vérifiées et visées, avec observations s'il y a lieu, par le major général ;

b. Des affrètements et transports généraux de matériel (décr. 18 déc. 1909, *B. O.*, 1388).

Les détails de fonctionnement et d'organisation intérieure sont déterminés dans l'instruction du 30 décembre 1909, *B. O.*, 1494, et dans la circulaire du 9 février 1910, *B. O.*, 276. Voir circulaire du 26 juin 1911, *B. O.*, 1128, relative à la situation du chef de la section des prévisions vis-à-vis du major général.

Consulter une circulaire du 8 décembre 1911, *B. O.*, 1269, définissant les charges respectives de la direction des constructions navales et de la direction de l'intendance en ce qui a trait aux délivrances de matières

DIVISION III.

[illegible] ÉTABLISSEMENTS

[illegible]

[illegible]

[illegible] ARTICLE [illegible]

[illegible]

[illegible]

[illegible]

[illegible]

[illegible]

[illegible]

[illegible]

consommables au premier armement. La première doit délivrer le montant des allocations normales. Ce qui est éventuellement délivré en sus de ces allocations est à la charge de la seconde, par exemple : la différence entre le plein normal et le grand plein pour le charbon.

2. Personnel.

Les chefs du service des approvisionnements de la flotte disposent, pour les manutentions, de matériel, et pour les travaux de copie dans les divers bureaux, d'agents du personnel ouvrier régis par le décret du 13 juin 1907.

Ce décret a été modifié aux dates suivantes : 6 septembre 1907, *B. O.*, 1068; 11 décembre 1907, *B. O.*, 1311; 5 septembre 1909, *B. O.*, 1001; 23 septembre 1909, *B. O.*, 1021. Il a été interprété officiellement par les circulaires suivantes : 16 juillet 1907, *B. O.*, 879; 13 décembre 1907, *B. O.*, 1311; 3 avril 1908, *B. O.*, 405[1].

Bien que ce document se rapporte à des actes antérieurs au décret du 13 juin 1907, on consultera avec avantage la «Réglementation du personnel ouvrier de la Marine» (document 5085), notamment pour l'interprétation du titre III du décret, et la circulaire du 19 octobre 1907, *B. O.*, 1161, sur l'organisation du travail dans les arsenaux.

L'effectif des ouvriers que l'on peut employer aux écritures est fixé par la circulaire du 11 janvier 1908, *B. O.*, 111.

Le service peut également employer des ouvriers auxiliaires régis par le décret du 4 novembre 1909 et l'arrêté du 7 décembre suivant, modifié le 9 juin 1910, *B. O.*, 1155[1].

Tout ce personnel est administré par le service des approvisionnements. L'annexe XXI des commentaires du décret du 21 juin 1900 règle l'institution des trésoriers et les détails de leur comptabilité. (Modifications : 8 mai 1903, *B. O.*, 555; 13 février 1904, *B. O.*, 118; 21 juillet 1908, *B. O.*, 122; 4 février 1910, *B. O.*, 234.)

Les heures de travail sont fixées par le règlement du 15 mai 1902 (annexe XII, p. 314 des commentaires du décret du 21 juin 1900). La durée du travail journalier est de huit heures (circ. 7 janv. 1903, *B. O.*, 3); pour les ouvriers employés aux écritures administratives, archivistes et télégraphistes, elle est de sept heures, mais peut être portée à huit heures quand le service l'exige : les heures supplémentaires en plus de huit heures sont décomptées à raison de 1/10 par 48 minutes.

[1] Le personnel ouvrier des arsenaux et établissements de la Marine vient d'être réorganisé par les textes ci-après, publiés durant l'impression du présent Guide :
Décret du 12 mai 1912, *J. O.*, 4465, pour le personnel immatriculé;
Décret et arrêté du 18 mai 1912, *J. O.*, 4632, pour le personnel auxiliaire.

3. Importance des approvisionnements.

L'importance des approvisionnements à entretenir dans les arsenaux est déterminée, d'une manière générale, par le décret du 24 octobre 1910.

L'existant d'un article déterminé doit être maintenu entre six mois et douze mois.

L'ensemble de l'approvisionnement doit être de neuf mois, ou, autrement dit, la valeur des déficits, par rapport à cette dernière limite, doit être compensée par celle des excédents utilisables (circ. 4 septembre 1909, *B. O.*, 969).

Il sera bon de consulter la nomenclature des dépêches et décisions ministérielles relatives à l'approvisionnement du matériel, à la constitution des réserves de guerre, etc., insérée page 253 du *Bulletin officiel* de 1907, ainsi que les décisions prises depuis cette époque :

Circulaire du 28 août 1909 : Fixation des stocks de réserve de combustibles;

Circulaire du 14 janvier 1910 (int. marit., approv.) : Stocks de réserve de matières grasses;

Deux circulaires du 11 février 1910 (approv.) : Stocks de réserve de barreaux de grilles pour chaudières;

Circulaire du 29 septembre 1910, *B. O.*, 2914 : Règles générales constitutives des stocks de réserve de matériel d'armement;

Circulaire du 8 mars 1911, *B. O.*, 405 : Règles à suivre pour la comptabilité des stocks de guerre et des réserves du service des approvisionnements de la flotte.

Il existe un grand nombre de décisions fixant l'importance de stocks particuliers à chaque port. On en obtiendra la liste soit du chef de la section des prévisions, soit du comptable auquel elles doivent être notifiées officiellement.

L'écoulement des excédents d'approvisionnement du service des approvisionnements de la flotte a donné lieu à des instructions qu'il importe de ne pas perdre de vue, savoir :

Circulaire du 15 mars 1911, *B. O.*, 413 : Nécessité d'utiliser, pour l'armement des bâtiments neufs, le matériel des remises et des excédents du service des approvisionnements de la flotte;

Circulaire du 23 octobre 1911, *B. O.*, 926 : Mesures à prendre pour l'écoulement méthodique des excédents d'embarcations en bois, de fanaux et de matériel d'éclairage existant dans les arsenaux de la marine ;

Une circulaire du 8 avril 1911, *B. O.*, 637, a prescrit la revision semestrielle, par les soins des directions des constructions navales et de l'in-

tendance, de la situation de certaines catégories d'objets de matériel de gamelle (orfèvrerie, coutellerie, etc.) compris dans des marchés généraux.

4. Prévision des besoins.

Le service des approvisionnements doit faire connaître au Département, le 1er mars de chaque année au plus tard, les dotations nécessaires à son fonctionnement pendant l'exercice courant. La marche à suivre pour le calcul de ces dotations est indiquée dans l'instruction du 31 janvier 1910, *B. O.*, 249, complétée par une circulaire du 17 janvier 1912, *B. O.*, 58, qui se réfère elle-même à l'instruction du 10 janvier 1912, *B. O.*, 30, spéciale au service de l'habillement.

Les besoins des divers articles de matériel sont déterminés trois fois par an : le 1er janvier, le 1er mai et le 1er septembre (circ. 20 août 1909, *B. O.*, 859) par la revision de cahiers signalétiques d'approvisionnements qui indiquent les quantités nécessaires, existantes, attendues et restant à commander des divers articles (circ. 18 janv. 1907, *B. O.*, 31). Ces besoins doivent être calculés en tenant compte de l'importance des remises (circ. 20 août 1909, *B. O.*, 856).

Des besoins imprévus peuvent résulter des demandes des bâtiments. Les demandes des bâtiments ou des envois ordonnés doivent toujours être rédigées comme l'indique l'instruction du 25 mai 1910, *B. O.*, 1133, et accompagnées de croquis. Les demandes émanant de bâtiments en campagne sont satisfaites dans les conditions indiquées par l'instruction générale du 23 mars 1910, *B. O.*, 615.

5. Passation des marchés.

Les actes réglementaires qui régissent les marchés et adjudications sont le décret du 18 novembre 1882; les conditions générales applicables aux fournitures de toute espèce et aux entreprises autres que celles des travaux publics à exécuter en France, en Algérie et en Tunisie, arrêtées le 18 juin 1910, et les commentaires, avec leurs annexes, publiés le 15 septembre 1910.

Le texte et les commentaires des conditions générales du 18 juin 1910 ont fait l'objet de modifications contenues dans un *premier fascicule annuel modificatif*, daté du 11 novembre 1911 et inséré au *Bulletin officiel*, p. 1033.

Ces textes et de nombreux décrets, circulaires[1] ou arrêtés qui y ont

[1] Plusieurs des circulaires susvisées font actuellement l'objet d'une revision et d'une codification sous forme d'Instructions. A déjà paru, le 23 mars 1912, *B. O.*, 645, l'«Instruction n° 1 relative aux divers modes de marchés et à leur approbation».

[illegible] générale [illegible]
[illegible]

[illegible]

[illegible] sont [illegible] le [illegible] les plus [illegible] [illegible] calculées [illegible] complexes [illegible] qui se [illegible] dans la [illegible] [illegible] puis [illegible]

[illegible] la considération [illegible] [illegible] les résultats [illegible] compte de l'importance des [illegible]

[illegible] les conditions [illegible] doivent [illegible] [illegible] les conditions [illegible]

[illegible]

[illegible] dans [illegible] [illegible] les conditions [illegible]

[illegible]

été annexés forment un document intitulé : *Réglementation des marchés*, qui doit être soumis à une refonte quinquennale.

Une instruction du 1er avril 1910 a décidé la publication d'un *Recueil des conditions particulières des marchés*. Ce recueil paraît par fascicules dont la publication est annoncée au *Bulletin officiel*. Les cahiers des charges et marchés ne doivent pas reproduire *in extenso* les conditions particulières insérées au recueil : il suffit de mentionner les références au recueil en indiquant le millésime de l'édition (par exemple 1910-1914), le numéro et la date du fascicule, et la date des feuilles rectificatives.

Circulaire du 8 juin 1911, *B. O.*, 1060 : Cahier des charges type.

Circulaire du 27 avril 1911, *B. O.*, 734 : Clause relative à l'examen d'échantillons avant livraison.

Circulaire du 18 décembre 1911, *B. O.*, 1314 : Rappel aux prescriptions de la circulaire du 9 août 1909, *B. O.*, 830, relatives au renouvellement ponctuel des marchés. Des modifications au cahier des conditions particulières ne doivent être proposées que si elles présentent un intérêt incontestable et suffisamment tôt pour que leur examen ne soit pas une cause de retard dans le renouvellement des contrats.

Certains marchés de forme ou de nature particulières sont, de plus, soumis aux règles indiquées ci-après :

1. Marchés généraux;
2. Marchés communs;
3. Marchés à longue nomenclature;
4. Marchés de longue durée;
5. Achats aux frais;
6. Contrats de transports;
7. Marchés comprenant la fourniture d'appareils brevetés.

1. Marchés généraux.

Circulaire du 3 juin 1902, *B. O.*, 1228 : Au sujet des marchés généraux des constructions navales.

La liste des marchés généraux a été augmentée par des dépêches manuscrites du 30 juin 1904 (mécanismes à friction; étoupilles, amorces); du 9 avril 1906 (acier fondu pour outils) et diminuée par la circulaire du 26 août 1909, *B. O.*, 844 (pompes Letestu).

Les marchés suivants sont passés par Paris :

Lampes à incandescence;
Matériel d'éclairage;
Appareillage électrique;

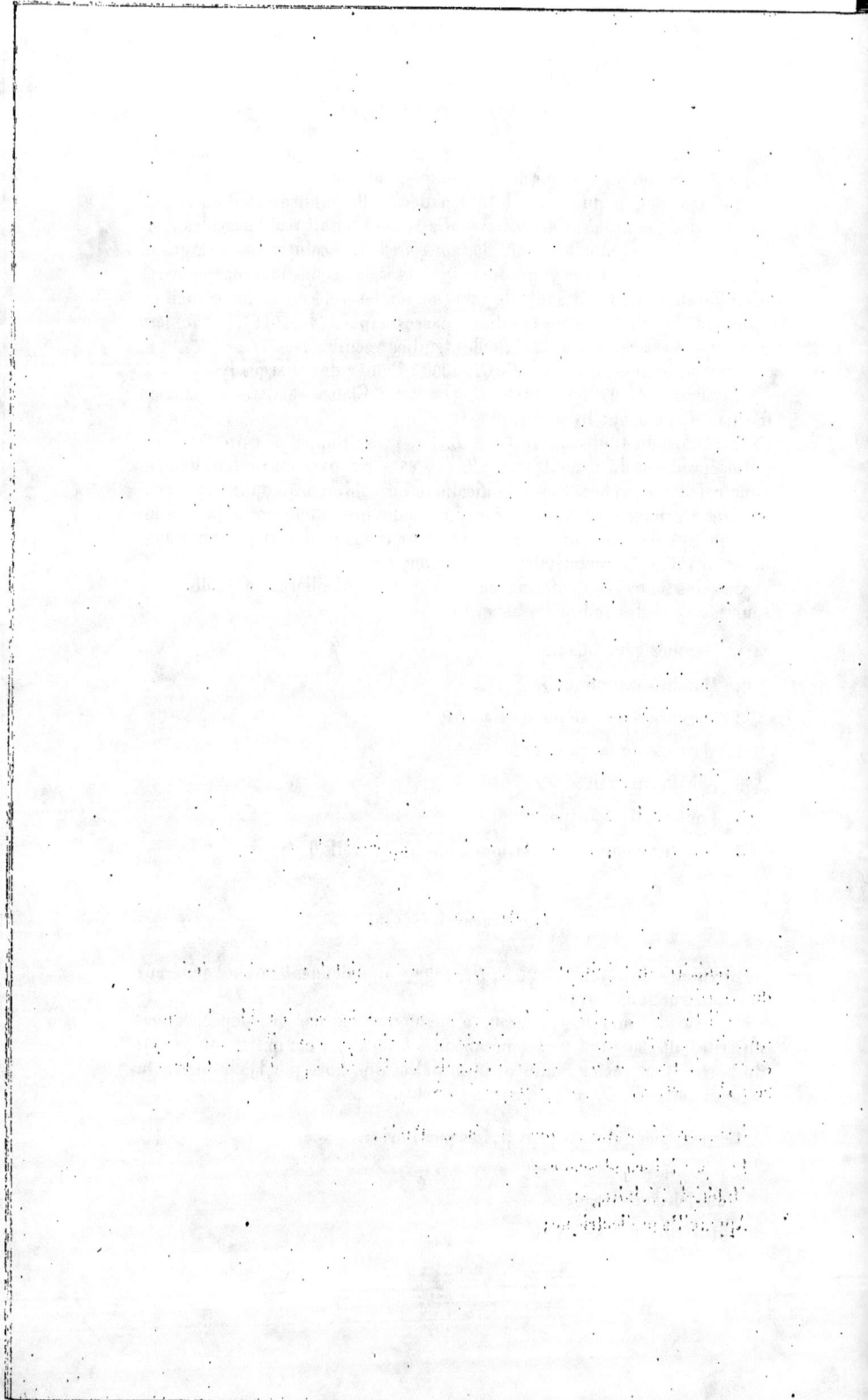

Objets de brosserie;

Charbon de navigation.

Le marché général d'étoffes d'ameublement (damas, drap vert, moquette) est passé par le port de Cherbourg.

2. Marchés communs.

Circulaires des 14 janvier 1901, *B. O.*, 14, et 14 janvier 1902, *B. O.*, 10 : Rôle des différents services dans la préparation et l'exécution de ces marchés.

Décret du 19 janvier 1903 (art. 4) [suppression du détail des approvisionnements] : Achat des matières d'emploi courant communes aux divers services.

Circulaire du 18 juillet 1903, *B. O.*, 36 : Il appartient au service centralisateur de présenter les situations de fournitures relatives à l'exécution des marchés communs.

Circulaire du 26 février 1903, *B. O.*, 289 : Insérer un tableau indiquant la part du minimum du marché qui revient à chaque service.

Circulaire du 19 avril 1904, *B. O.*, 137 : Éviter, dans les marchés généraux ou communs, l'attribution à des services distincts de quantités minimes.

Circulaire du 25 octobre 1907, *B. O.*, 1168 : Rappel de la procédure à suivre pour activer la passation des marchés communs.

Circulaire du 18 juin 1908, *B. O.*, 616 : Complément d'instructions pour l'exécution de marchés communs à plusieurs services.

Circulaire manuscrite du 24 mars 1904 (flotte armée, service administratif de la flotte, subsistances et hôpitaux, constructions navales, etc.) : Nomenclature des marchés communs passés par le service des approvisionnements de la flotte : Balais de bruyère et de millet; balais de bouleau; brais; bougies stéariques; bougies pour fanaux; cotons en torons; caisses à eau; coke; charbons de bois; couvertures en laine et en coton, couvre-pieds; éponges communes; étamines; étoupes; essence de térébenthine; entreprise de manutention de charbons; fil à voiles; goudron minéral; huile de lin; huile de colza pour éclairage; huile d'olive à fabrique pour graissage; huile minérale pour graissage; huile oléonaphte; laines à matelas; mannes à lest; manches de gaffe, barres de cabestan et anspects façonnés; manches en toile sans couture; manches et tuyaux en cuir; pétrole lampant et pétrole d'éclairage; produits pour essuyer les machines; résidus de naphte; sacs à charbon; savon blanc; savon mou; savon marbré; scaphandres et accessoires; suif fondu; toiles grises pour [illegible] août.

[illegible] de [illegible].

[illegible] pratique [illegible] (Ch. [illegible]) [illegible]

[illegible]

Circulaire [illegible] 1865, [illegible] 1867. [illegible] différents services [illegible] l'exécution de [illegible].

Décret [illegible] du droit des [illegible] communes [illegible].

Circulaire [illegible] 1868 [illegible] communes [illegible] relatives [illegible] communal.

Circulaire [illegible] tous les [illegible] du maximum [illegible] d'une somme [illegible].

Circulaire [illegible] tous les [illegible] l'attribution [illegible] de [illegible].

[illegible] octobre [illegible] Rapport de la [illegible] relatif à la [illegible] des communes.

[illegible] 1870 [illegible] communes [illegible].

[illegible] service [illegible] sous [illegible] de nouvelles, [illegible] les [illegible] en [illegible] et en [illegible] où [illegible] doit être [illegible] le [illegible] avec [illegible] dans les [illegible].

matelas, paillasses, etc.; tubes en verre pour niveau d'eau; verres à vitres; vêtements imperméables; vieux linge; zinc en bandes pour chaudières[1].

Circulaire du 25 mai 1901, *B. O.*, 779 : Chaque service conserve, toutes les fois qu'il n'a pas la ressource d'un marché commun, le droit de passer des conventions particulières et de faire des achats sur facture en ce qui concerne les matières et objets énumérés ci-dessus.

3. Marchés à longue nomenclature.

Circulaire du 14 octobre 1910, *B. O.*, 3231 : Les marchés à commandes et à longue nomenclature doivent être passés sur rapport d'assortiment, sans indication de prix de base. Mesures à prendre pour corriger, dans la mesure du possible, les défauts inhérents à ce mode de contrat.

4. Marchés de longue durée concernant les objets dont le prix est influencé par le cours variable des métaux.

Circulaires du 19 juillet 1907, *B. O.*, 873 et 30 décembre 1907, *B. O.*, 1339, modifiées par la circulaire du 24 décembre 1909, *B. O.*, 1484 : Instruction pour l'introduction dans ces marchés de prix variables.

5. Achats aux frais et risques d'un fournisseur défaillant.

Circulaire du 22 janvier 1877, *B. O. R.*, 135 : Procédure à suivre lorsqu'un marché a été conclu aux frais et risques d'un fournisseur et que, ce contrat n'ayant pas été exécuté, il devient nécessaire de passer un nouveau traité.

Circulaire du 30 novembre 1895, *B. O.*, 855 : Les marchés passés aux frais et risques d'un fournisseur sont approuvés par les préfets maritimes

[1] Cette nomenclature est limitative. Elle a été modifiée aux dates suivantes :

Dépêche du 23 novembre 1904 (constr. nav.) : La fourniture du goudron végétal doit faire l'objet d'un marché commun;

Dépêche du 16 septembre 1904 ajoutant à la liste ci-dessus les marchés suivants : Objets de quincaillerie; objets de tonnellerie (par dépêche du 26 février 1910 [intendance maritime, Toulon], ce cahier des charges a été fusionné avec ceux relatifs aux pièces à vin et aux quarts à légumes; le directeur de l'intendance est chargé de désigner le service centralisateur); objets de chaudronnerie et de ferblanterie; objets et étoffes d'ameublement.

Dépêche du 6 février 1905 ajoutant : Clous en cuivre rouge; crochets, gonds, pitons, vis à bois en fer et en cuivre; objets de mercerie; objets de menuiserie.

Dépêche du 7 juin 1906 ajoutant : Fer-blanc brillant.

Circulaire du 21 octobre 1909, *B. O.*, 1123, ajoutant : Charbons industriels.

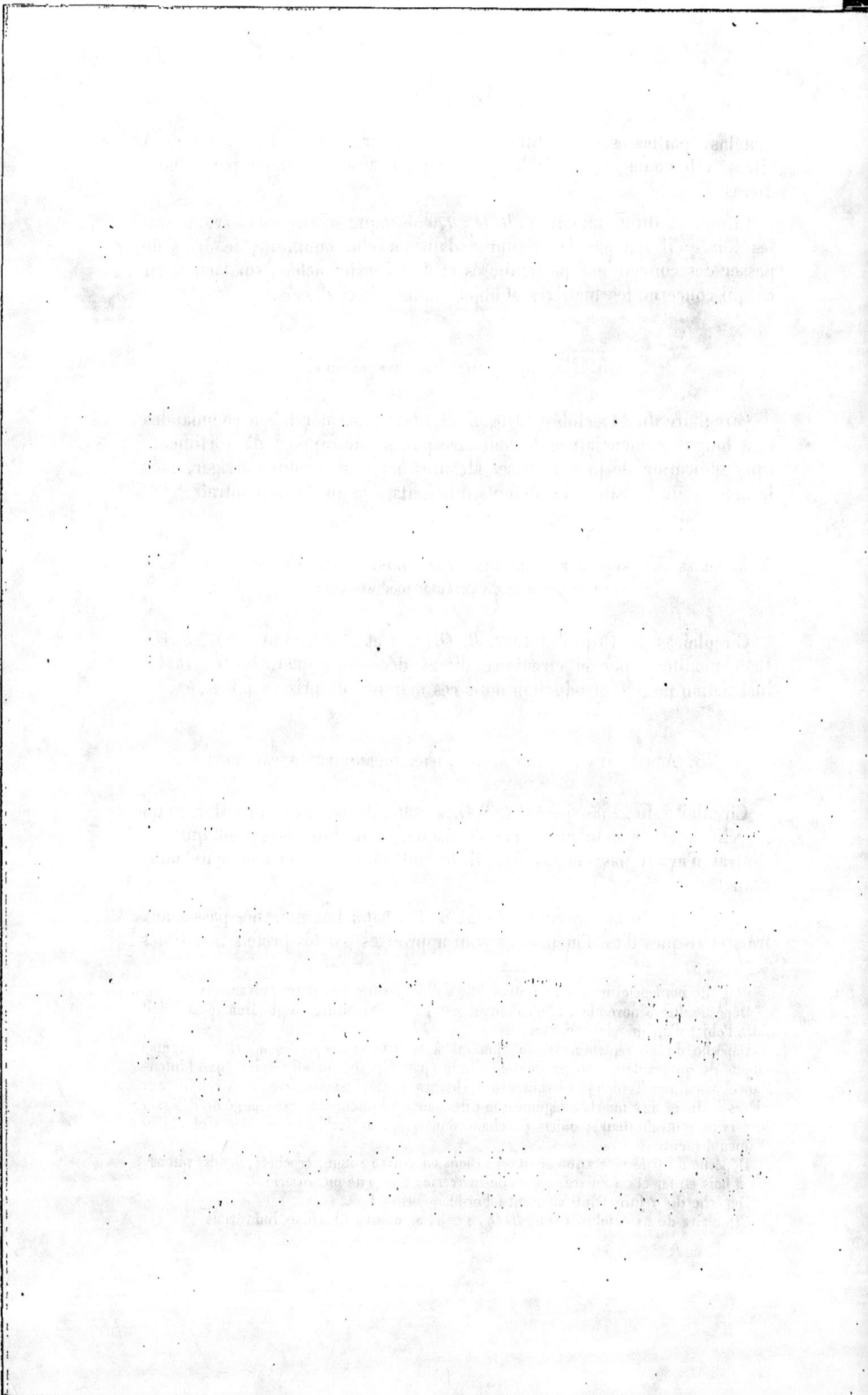

à la condition qu'aucun changement n'ait été apporté aux clauses et conditions du marché primitif.

6. Contrats de transport aux dépôts d'outre-mer.

Circulaire du 28 février 1905, *B. O.*, 208, modifiée par la circulaire du 23 mars 1906, *B. O.*, 292 : Conditions dans lesquelles doivent être établies les soumissions des armateurs, en vue de transports de charbon, de matériel, etc., aux dépôts d'outre-mer.

Circulaire du 23 avril 1906, *B. O.*, 437 : modèle de charte-partie à employer.

Circulaire du 13 janvier 1904, *B. O.*, 14 : Approbation des chartes-parties pour transports de charbon.

7. Fournitures d'appareils brevetés.

Circulaire du 6 mai 1910, *B. O.*, 1057 : Au sujet des marchés comportant la fourniture d'appareils brevetés.

6. Commandes.

Les commandes à adresser aux divers ports et établissements de la Marine sont réglées d'après les indications du tableau ci-après :

MATIÈRES OU OBJETS.	ÉTABLISSEMENT AUQUEL DOIT ÊTRE ADRESSÉE la commande.	RÉGLEMENTATION APPLICABLE.
Avirons	Brest.	Dép. min., 26 sept. 1895 (manuscrite), 14 janv. 1901, 9 févr. 1901 et 13 août 1909, *B. O.*, 834.
Articles de gamelles de bord............	Paris.	Dép. min., 23 avril 1896 (manuscrite).
Cordages	Brest.	Circ. 15 mars 1904, *B. O.*, 225. Circ. 6 mai 1904, *B. O.*, 374. Circ. 13 août 1909, *B. O.*, 834. Circ. 10 avril 1911, *B. O.*, 602. Les envois de cordages par chemin de fer peuvent être autorisés par les préfets maritimes (circ. 24 déc. 1909, 1485).

[illegible]

[illegible]

[illegible]

[illegible]

[illegible] last year and this [illegible]

[illegible]

[illegible]

[illegible]

MATIÈRES OU OBJETS.	ÉTABLISSEMENT AUQUEL DOIT ÊTRE ADRESSÉE la commande.	RÉGLEMENTATION APPLICABLE.
Embarcations (youyous en toile et en bois).	Cherbourg.	Dép. min. 30 avril et 24 oct. 1900.
Instruments de navigation et de conduite de tir...........	Paris.	Instructions du 1er février 1911, *B. O.*, 291, complétées le 22 juillet 1911, *B. O.*, 1153 [1], et le 24 janvier 1912, *B. O.*, 95.
Objets de pouliage...	Brest.	Dép. min. 6 juin 1889 et 12 juin 1893, 8 octobre 1901 et 13 août 1909, *B. O.*, 834.
Boulons, écrous, rivets, barreaux de grilles, etc.......	Guérigny.	Dép. min. 30 avril 1889, 5 août 1893 et 18 août 1906 (manuscrites). Les forges de la Chaussade envoient des fascicules autographiés contenant la nomenclature du matériel qu'elles fabriquent. Consulter également la circulaire du 15 janvier 1912, *B. O.*, 54, au sujet des mesures prises pour activer l'exécution des commandes à Guérigny et des cessions occasionnées par la prise de possession des articles commandés.

[1] Pour la réparation des mêmes instruments, consulter l'instruction du 29 décembre 1910, *B. O.*, 1911, 17. Consulter également, au sujet des attributions des divers services relativement à l'approvisionnement des instruments pour la conduite du tir, circulaire du 7 juillet 1911, *B. O.*, 26.

Les commandes à faire aux fournisseurs sont réglées par les cahiers des charges; elles ne doivent circuler par la poste qu'à la taxe des lettres (circ. 31 mai 1910, *B. O.*, 1163).

7. Recettes.

Instruction générale du 8 novembre 1889 (art. 41 à 71) : Constatations et justification des livraisons par suite d'achats.

Circulaire du 27 août 1900, *B. O.*, 263 : Composition des commissions ordinaires de recettes.

Dépêches ministérielles du 24 octobre et 7 novembre 1894 (manuscr.) : Composition des commissions de recette dans les ports de commerce.

Circulaire du 3 novembre 1888, *B. O. R.*, 212, et circulaire du 10 janvier 1887, *B. O. R.*, 766 : Obligations et responsabilité des commissions

[illegible]

[illegible]	[illegible]	MATIÈRES [illegible]
[illegible]	[illegible]	[illegible] (ou [illegible]) [illegible]
[illegible]	[illegible]	[illegible]
[illegible]	[illegible]	[illegible]
[illegible]	[illegible]	[illegible]

Les commandes [illegible] aux fournisseurs sont réglées par les cahiers des charges [illegible]

[illegible]

Instruction [illegible] du [illegible] 1860 [illegible] et [illegible]

Circulaire du [illegible] [illegible] des [illegible]

Dépêche ministérielle du 24 [illegible] composition des commissions [illegible] dans les [illegible]

[illegible] du [illegible] 1867 [illegible] et [illegible]

[illegible]

de recettes en raison du caractère définitif des décisions concluant à l'acceptation des fournitures.

Circulaire du 29 mars 1907, *B. O.*, 275 : Rôle des commissions de recette définitive au point de vue du récolement des fournitures admises en recette technique.

Circulaire du 14 avril 1908, *B. O.*, 502 : Rôle du comptable ou de son représentant dans les commissions de recette.

Instruction du 1er avril 1910, *B. O.*, 941 : Procédure relative à l'introduction, à la recette et à la sortie des objets ou matières livrés à la Marine.

Instruction du 14 avril 1910, *B. O.*, 708 : Procédure relative aux prélèvements d'échantillons de matières ou objets présentés en recette.

Circulaire du 18 août 1911, *B. O.*, 457 : Fonctionnement du service des prélèvements.

Circulaire du 24 mai 1911, *B. O.*, 942 : Création d'un registre des observations des commissions de recette.

Les conditions dans lesquelles les fournisseurs peuvent réclamer contre le rebut d'une fourniture sont indiquées dans les «Conditions générales» et leurs commentaires (art. 65 et 66). Le préfet maritime prononce sous sa seule responsabilité; les commissions extraordinaires sont purement consultatives; elles sont constituées par des représentants des corps qui prennent part à la composition des commissions ordinaires (circ. 27 août 1900); elles peuvent recourir à tels experts qu'elles jugent convenable, même en les choisissant en dehors de la Marine : le président débat avec les experts les honoraires à payer.

Les pénalités prévues par les articles 430 et 433 du Code pénal sont applicables en temps de paix. Arrêt de la Cour de cassation du 17 février 1848. Voir aussi un arrêt de la Cour de cassation consacrant la culpabilité d'un fournisseur à raison de la simple introduction dans un magasin militaire d'objets non encore admis en recette (*B. O.*, 1er semestre 1896, 236).

8. Liquidations.

Règlement du 14 janvier 1869 sur la comptabilité des dépenses du Ministère de la Marine suivi de la nomenclature des pièces à produire aux comptables du Trésor, à l'appui des payements (document n° 5216, mis à jour au 1er janvier 1909).

Une circulaire du 21 juillet 1908 (*B. O.*, 722) indique comment doivent être justifiées les avances pour achats d'urgence faits par les trésoriers sur leurs fonds d'avances du matériel.

Une circulaire du 21 octobre 1911 (*B. O.*, 921) prescrit des mesures destinées à accélérer l'établissement des mandats de payement relatifs aux fournitures de charbons de navigation.

Voir circulaire du 15 décembre 1910 (*B. O.*, 4145) relative à la justification, à l'appui des liquidations de fournitures, des conditions techniques imposées aux fournisseurs.

9. Comptabilité des dépenses engagées.

Décret du 14 mars 1893, *B. O.*, 798, déterminant, en vertu de l'article 59 de la loi du 26 décembre 1890, les formes de la comptabilité des ministères pour les dépenses engagées.

Circulaire du 30 juin 1896, *B. O.*, 1015, complétée par la circulaire du 9 septembre 1896, *B. O.*, 771 : Instruction sur la comptabilité des dépenses engagées.

Circulaire du 11 janvier 1897, *B. O.*, 18 : Les états mensuels de la situation des crédits engagés doivent être soumis au visa de l'inspection.

Circulaire du 14 décembre 1897, *B. O.*, 697 : Modèles des états mensuels de dépenses engagées.

Décret du 18 mars 1910, *B. O.*, 565, instituant dans chaque port un contrôle des dépenses engagées.

Circulaire du 2 juin 1911, *B. O.*, 1040 : Comptabilité des droits engagés pour les chapitres de matériel du service de l'intendance (16, 17 et 19 du budget de 1911). Mise en service d'une planchette récapitulative. Mise en essai d'un nouveau modèle de situation des crédits engagés.

10. Organisation des magasins.
Conservation, entretien, etc., des approvisionnements.

Décret du 24 octobre 1910 : Règlement sur la comptabilité du matériel appartenant au département de la Marine.

Instruction générale du 8 novembre 1889 (titres I et II) : Sur la comptabilité des matières appartenant au département de la Marine.

Instruction du 13 juillet 1898, *B. O.*, 43, modifiée le 6 décembre 1904, *B. O.*, 1119 : Sur la comptabilité des crédits-matières.

Instruction du 13 août 1898, *B. O.*, 183 : Sur l'application des prix réels (mod. du 22 décembre 1898, *B. O.*, 1009).

Les obligations professionnelles des gardes-magasins sont rappelées par une circulaire du 14 janvier 1904 (*B. O.*, 15) et par une circulaire manuscrite du 28 janvier 1907 (comptabilité générale).

11. Prêts. Cessions.

Le service des approvisionnements effectue rarement des prêts autres que ceux d'échantillons, qui sont gratuits et prévus par les conditions particulières des marchés; mais il sert d'intermédiaire pour le remboursement des sommes dues à l'occasion des prêts de matériel de la direction du port qui sont soumis aux conditions de l'instruction du 26 juin 1899, *B. O.*, 1080, dont les tarifs ont été modifiés le 7 mai 1901, *B. O.*, 675, et le 20 mai 1905, *B. O.*, 517.

Le montant des prêts est abondé de 30 p. 0/0 en représentation des frais généraux de la Marine, en vertu des circulaires des 12 août 1905 et 24 février 1906, *B. O.*, 228.

Pour les cessions : Instruction générale du 8 novembre 1889, titre II, chapitre 2, section II, § 1er, et chapitre 3, section II, § 1er.

12. Envois.

Il ne peut être fait d'envois de comptable à comptable qu'entre les localités indiquées aux circulaires du 20 février 1893, *B. O.*, 265; 2 mai 1893, *B. O.*, 551, modifiées par circulaire du 25 janvier 1902, *B. O.*, 62.

Les préfets maritimes peuvent autoriser les envois dont la valeur n'excède pas 5 000 francs (circ. 26 oct. 1909, *B. O.*, 1129). Le Ministre ordonne les autres.

Cf. circulaire du 22 décembre 1911, *B. O.*, 1345, au sujet des visites et, s'il y a lieu, des réparations à faire subir avant leur envoi aux embarcations en bois destinées à être expédiées d'un port à un autre.

[illegible] compatibilité générale. [illegible]

[illegible] Chaux [illegible]

La Sp[illegible] qui sont produits et [illegible] particulières [illegible] [illegible] d'autre part [illegible] [illegible] [illegible] le 7 [illegible] 1891 [illegible] 279 [illegible]

[illegible]

[illegible] du [illegible] novembre 1889 [illegible]

[illegible]

[illegible]

DEUXIÈME PARTIE.

LISTE DES REGISTRES ET DOCUMENTS

TENUS DANS LE SERVICE.

Nota. — Cette liste contient les registres réglementaires et les registres non réglementaires dont la tenue facilite le fonctionnement des services et dans l'examen desquels le Contrôle peut puiser des renseignements. Ces derniers sont marqués d'un astérisque (*).

1. Registres tenus au secrétatiat du chef de service.

1. Enregistrement de la correspondance : Correspondance à expédier dans tous les ports et établissements; correspondance avec le garde-magasin des approvisionnements, avec la majorité générale, les constructions navales, l'artillerie, les travaux hydrauliques, la direction de l'intendance, les fournisseurs, les administrations civiles, les services de santé, des subsistances et habillement, de la centralisation financière, de la solde; avec l'École des mécaniciens, l'atelier central de la flotte, la direction des mouvements du port, le dépôt des équipages, l'intendance militaire, les flottilles de torpilleurs et sous-marins, les bâtiments de la flotte, le service sémaphorique, l'Inscription maritime, les douanes, l'observatoire de la Marine.

Bordereaux à transmettre au Ministre par l'intermédiaire de l'intendance maritime.

2. Répertoire des dépêches ministérielles : Décisions de principe; décisions particulières; dépêches concernant les bâtiments de la flotte.

3. Enregistrement des ordres préfectoraux : Ordres préfectoraux et communications diverses émanant de la préfecture maritine.

4. Cahier d'ordres du chef de service.

(1) Cette liste a été établie d'après un relevé fait au service des approvisionnements de Toulon; elle n'est donc fournie, en ce qui concerne les registres non réglementaires, qu'à titre d'indication. Il en est de même pour la répartition des bureaux donnée par le présent Guide.

[illegible]ÈME PA[illegible]

[illegible] DIRECTIONS [illegible]

[illegible]

[illegible] correspondance [illegible] avec la [illegible]

[illegible] de la centralisation financière [illegible]

[illegible]

2. L'aménagement des [illegible]

[illegible]

5. Enregistrement des demandes à approvisionner nécessitant l'intervention de la direction des constructions navales pour l'achat ou la confection de matériel technique nécessaire au magasin des approvisionnements.

6. Enregistrement des rapports des officiers recenseurs.

7. Enregistrement des notes et réponses faites au contrôle.

*8. Accusé de réception de notes de service ou de plis confidentiels adressés aux divers services.

9. Registres relatifs à la constatation de la présence des employés des bureaux; enregistrement des permissions de courte durée accordées à ce personnel.

Nota. — Des commis, désignés par le chef de service, tiennent la comptabilité du mobilier en service dans les bureaux (livre-journal et inventaire-balance) ainsi que celle des ouvrages composant les bibliothèques du service ou objets des sciences et arts maritimes (livre-journal et catalogue-inventaire).

2. Registres tenus au bureau du trésorier.

1. Livre de payement.

2. Livre-journal des opérations de caisse.

3. Registres auxiliaires des dépenses faites sur fonds d'avances : *a.* matériel; *b.* personnel.

4. Carnet spécial de dépôt, «fonds privés».

5. Bordereaux récapitulatifs des achats faits sur fonds d'avances.

6. Carnet d'enregistrement des avances faites pour menus achats d'urgence.

7. Cahier de correspondance du trésorier.

3. Registres tenus à l'atelier des mouvements généraux des approvisionnements.

*1. Carnet de répartition du personnel ouvrier.

*2. Carnet d'adresses et de situation de famille du personnel ouvrier.

*3. Enregistrement des dates de vaccination du personnel.

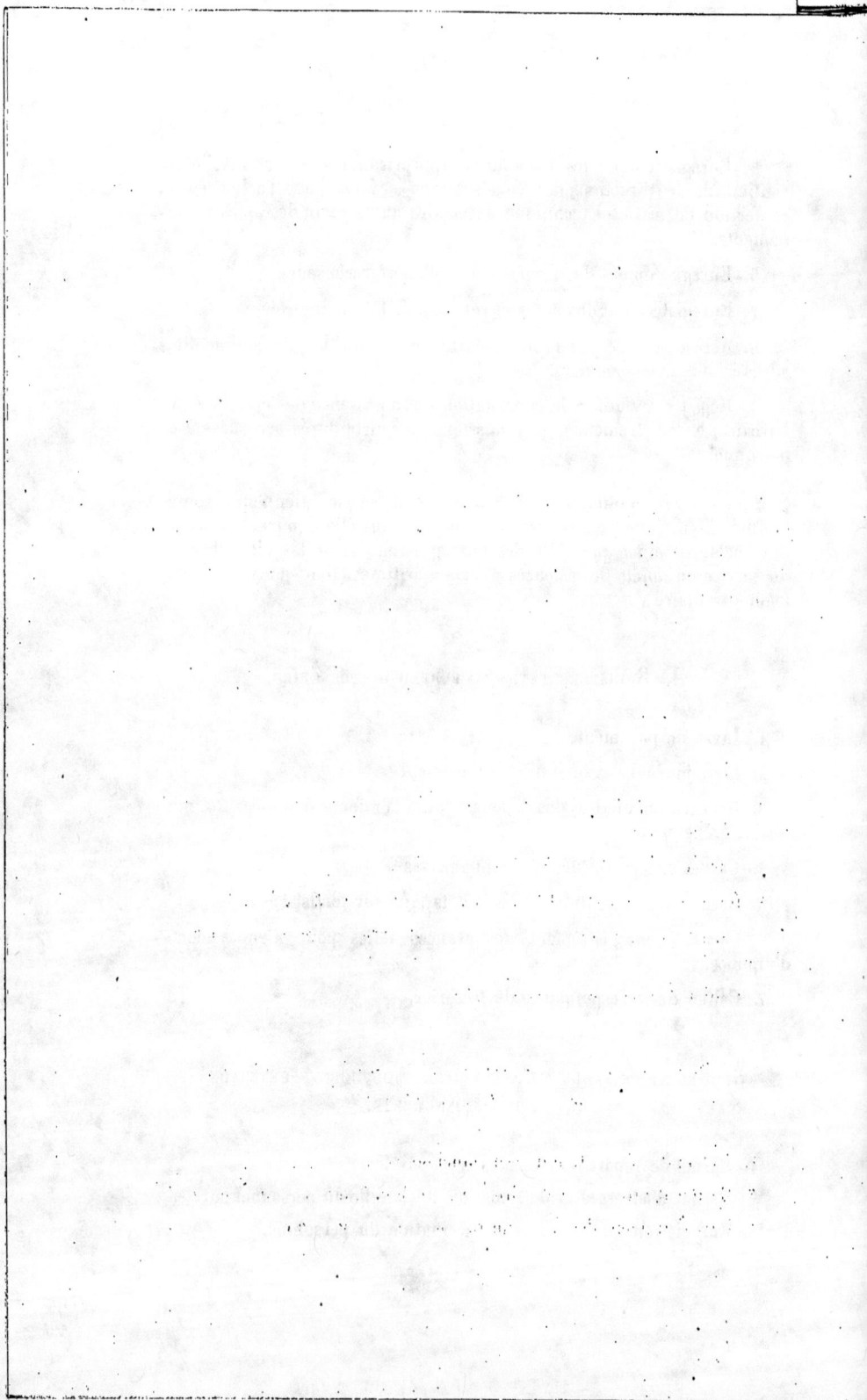

*4. Enregistrement des permissions.

*5. Enregistrement des retards et absences non autorisées.

*6. Enregistrement des travaux hors cloche.

*7. Enregistrement des fractions de dixièmes supplémentaires fournies par le personnel.

8. Enregistrement des emplois aux travaux.

9. Main courante.

10. Carnets d'application aux travaux.

11. Balance des apparaux, machines, etc. en service.

12. Enregistrement des essais d'apparaux, grues, wagons, treuils, etc.

4. Registres tenus au bureau du personnel.

1. Matricule du personnel ouvrier.

2. Journaux; contrôles.

3. Carnets n° 2.

4. Contrôle nominatif des non-disponibles.

5. Liste d'ancienneté du personnel ouvrier par classe.

6. Enregistrement des frais de route.

7. Enregistrement des accidents survenus sur les travaux.

8. Enregistrement des punitions.

9. Enregistrement des oppositions.

*10. Renseignements statistiques concernant les journées et les dépenses du personnel ouvrier nécessaires à la confection de l'« état rose ».

5. Registres tenus au bureau de la comptabilité.

1. Comptabilité des dépenses engagées.

2. Registre des prêts.

3. Registre des cessions et minutes des états de concordance.

4. Enregistrement des ordres de reversement au Trésor.

5. Enregistrement des dotations et des décisions ministérielles.

*6. Registre de transmission de pièces.

*7. Liste des états périodiques à fournir.

6. Registres tenus au bureau des liquidations et transports.

1. Enregistrement des certificats comptables.

2. Lettres de voiture administratives.

3. Carnets de réquisitions adressées aux fournisseurs pour l'exécution des marchés de transport.

4. Journal des entreprises de charrois (art. XIII du cahier-type).

5. Enregistrement des lettres de voiture du matériel reçu.

*6. Carnets de transmission des lettres de voiture et connaissements.

7. Registres tenus au bureau des marchés.

1. Registre des échéances des marchés (liste des marchés passés par le service des approvisionnements avec indication de la date d'expiration des marchés et des mesures prises en vue de leur renouvellement).

*2. Livre-journal servant à l'enregistrement de toutes les affaires engagées par le bureau des marchés avec indication de la suite donnée.

3. Répertoire des dépêches et circulaires ministérielles.

4. Répertoire des maisons autorisées à prendre part aux fournitures de la Marine.

5. Enregistrement des commandes d'impression de marchés.

6. Enregistrement des insertions données aux journaux et des commandes d'affiches annonçant les adjudications.

7. Enregistrement des notifications de marchés aux fournisseurs.

8. Enregistrement des formalités relatives à la réalisation des cautionnements.

9. Enregistrement de la répartition des exemplaires imprimés des marchés passés par le service des approvisionnements et de ceux qui sont passés par les autres ports ou services entre les divers ports et établissements, services du port et sections du service des approvisionnements.

*10. Carnets de transmission des affaires soumises à la commission des marchés, des avis d'adjudication envoyés au service intéressé, etc.

[illegible] COMMA[illegible]

[illegible] ÉTATS [illegible] ASSURANCE[illegible]

[illegible]

[illegible] et articles comptables.

[illegible] administratives.

[illegible] aux fournisseurs [illegible]

[illegible]

[illegible] des lettres de voiture du [illegible]

6. Carnets d'[illegible] et [illegible]

[illegible] PERSONNEL [illegible]

[illegible] marchés [illegible] avec indication de la [illegible] et de leur renouvellement.

[illegible] avec indication de la situation des [illegible]

[illegible] ministériels.

[illegible]

[illegible]

[illegible]

[illegible] marchés ou [illegible]

[illegible]

[illegible]

[illegible] la condition [illegible] Envoyé [illegible]

8. Registres tenus au bureau des commandes.

1. Enregistrement des commandes par marchés.

2. Enregistrement des achats sur facture.

3. Enregistrement des ordres d'introduction délivrés.

4. Liste des fournisseurs admis par décision ministérielle.

5. Liste des fournisseurs admis par décision des autorités locales.

6. Cahiers signalétiques.

*7. Répertoire, par année, des marchés inscrits sur le registre des commandes.

*8. Répertoire des fournisseurs classés par nature de fourniture.

*9. Enregistrement, par service destinataire, des commandes de matériel faites spécialement pour un bâtiment, un service, une école, etc.

*10. Enregistrement des demandes de prix.

*11. Enregistrement des procès-verbaux de recette en usine.

12. Enregistrement des situations de fournitures.

13. Enregistrement des certificats de main-levée de cautionnement.

*14. Enregistrement des commandes à faire sur marchés attendus.

15. Enregistrement des prélèvements sur les stocks de réserve.

16. Enregistrement des demandes de cessions.

*17. Enregistrement des conditions particulières de recettes.

*18. Enregistrement des demandes à approvisionner adressées aux constructions navales.

*19. États de prévisions supplémentaires (besoins urgents et imprévus ou besoins d'objets ne figurant pas aux cahiers signalétiques d'approvisionnement).

*20. Enregistrement des mouvements de cahiers signalétiques.

21. Répertoire des dépêches et circulaires ministérielles.

22. Registre de correspondance.

*23. Registre de transmission de pièces aux divers services et aux fournisseurs (envoi des factures timbrées au bureau des liquidations; notifications de commandes, etc.)

[illegible]

9. Registres tenus au dépôt des échantillons.

1. Inventaires-balances.

2. Registres à souche de billets de sortie définitifs ou à réintégrer.

3. Enregistrement des échantillons expédiés.

4. Comptes ouverts aux différents fournisseurs en vertu de leurs contrats.

*5. Enregistrement des demandes, remises et réparations d'échantillons.

*6. Enregistrement des visites d'échantillons.

*7. Enregistrement des prêts aux divers services, en vue des recettes de fournitures.

*8. Enregistrement des marchés.

*9. Enregistrement des croquis envoyés à l'appui des demandes des bâtiments.

10. Répertoire de dépêches et circulaires ministérielles.

11. Correspondance avec les fournisseurs.

10. Registres tenus à la salle de dépôt.

1. Livre-journal des entrées et des sorties de matières.

2. Registre à souche de billets de sortie définitifs ou à réintégrer.

3. Enregistrement des échantillons destinés au Laboratoire de la Marine.

4. Répertoire des dépêches et circulaires ministérielles.

5. Répertoire des marchés.

6. Enregistrement des billets à réparer.

*7. Enregistrement des rebuts.

*8. Enregistrement des envois divers faits par la salle de dépôt (matériel et sacs de marins provenant de successions).

*9. Enregistrement des sommiers concernant les huiles étrangères (relations avec l'Administration des Douanes).

*10. Enregistrement des pailles, papiers, vieilles toiles d'emballage, vendus par l'Administration des Domaines.

*11. Comptes des bonbonnes à rendre à fournisseurs.

*12. Divers carnets de transmission (des pièces au secrétariat, des ordres d'introduction aux divers services et aux agents visiteurs, des avis d'expédition au garde-magasin, etc.)

11. Registres tenus par le service des recettes.

1. Enregistrement des ordres d'introduction et de leurs mouvements dans les divers bureaux pendant toute la durée des opérations de recette.

2. Enregistrement des convocations des fournisseurs aux prélèveme ts d'échantillons, essais, recettes, constatations de quantités.

3. Carnets des constatations de quantités (vérification, pesage et mesurage des objets présentés en recette).

4. Enregistrement des résultats des essais et des visites effectués par les agents techniques des recettes.

*5. Enregistrement des dossiers d'appel des fournisseurs (demandes de commissions supérieures ou appels au Ministre).

*6. Notifications adressées aux fournisseurs des décisions prises à leur égard par le préfet maritime ou le Ministre.

*7. Enregistrement des certificats de recette en usine envoyés par le service de la surveillance.

*8. Enregistrement des résultats d'analyses effectuées par le service de santé.

*9. Carnets de transmission de pièces.

12. Registres tenus dans les bureaux du garde-magasin.

1. Livre-journal en valeurs.

2. Livre-inventaire.

3. Livre de corrélation.

4. Carnets de constatation des quantités reçues.

5. Registre à souche des billets de sortie définitive ou à réintégrer.

6. Cahiers signalétiques.

7. Enregistrement des articles en excédent offerts aux autres ports.

8. Enregistrement des envois.

9. Enregistrement des envois effectués en transit.

10. Enregistrement des prélèvements opérés sur les stocks de guerre et sur les réserves pour réparations avec indication des dates de prélèvements et de celle à laquelle le stock a été reconstitué.

11. Registre de correspondance.

12. Journal inventaire-balance; balance auxiliaire du mobilier des bureaux de la centralisation.

13. Catalogue inventaire des sciences et arts.

*14. Enregistrement des demandes à approvisionner et des états de prévisions supplémentaires (voir secrétariat et commandes).

*15. Carnets de transmission de pièces.

*16. Carnets d'enregistrement des opérations affectant la comptabilité des crédits-matières.

*17. Enregistrement des délivrances faites aux services dont la comptabilité est tenue sur inventaire particulier (sauf les bâtiments) et des remises faites par ces services.

18. Répertoire des dépêches et circulaires ministérielles.

*19. Situation des envois, permettant de suivre les expéditions et d'établir la situation mensuelle à fournir au Ministre en exécution de la circulaire du 23 mars 1910, *B. O.*

13. Registres tenus dans les sections du magasin.

a. Registres communs à toutes les sections.

1. Registres-balances.

2. Inventaires-balances des apparaux.

3. Registre modèle 16 pour l'enregistrement des demandes à confectionner et à réparer.

4. Registre à souche pour les billets de sortie.

5. Balance auxiliaire du mobilier.

6. Cahiers signalétiques.

7. États du matériel à réserver.

*8. Enregistrement des coupons d'envois.

*9. Enregistrement des reliquats d'envois.

*10. Enregistrement des articles qui n'ont pu être délivrés aux bâtiments.

*11. Enregistrement des demandes à approvisionner et des états de prévisions supplémentaires établis par la section.

*12. Carnets de transmission.

13. Enregistrement des circulaires, dépêches et ordres préfectoraux intéressant la section.

b. Registres tenus dans certaines sections.

*1. Carnets destinés à l'enregistrement des pesées faites pour délivrances de vieilles matières à l'Administration des Domaines.

c. Registres tenus au parc à charbons.

1. Carnets de recettes des charbons.

2. Carnet de piles.

*3. Enregistrement des demandes de délivrance de charbons.

*4. Enregistrement des délivrances journalières.

*5. Enregistrement des situations mensuelles des charbons.

6. Journal de l'entreprise de manutention des charbons.

d. Registres tenus à la section des envois.

*1. Enregistrement des emballages.

*2. Enregistrement des poids et encombrement du matériel à expédier.

*3. Enregistrement des états d'encombrement du matériel expédié.

*4. Enregistrement des consommations intérieures du magasin pour les emballages.

TROISIÈME PARTIE.

EXPOSÉ

DES MÉTHODES D'INVESTIGATION RECOMMANDÉES.

Les fonctionnaires du contrôle, en dehors des missions particulières qui peuvent leur être confiées et dans l'exécution desquelles il leur faudra tenir compte surtout des instructions spéciales qu'ils auront reçues, peuvent être chargés de l'inspection du service administratif des approvisionnements, de l'inspection du magasin des approvisionnements (inspection qui peut se borner soit à l'examen de la comptabilité du garde-magasin, soit à l'étude du fonctionnement d'une section quelconque), enfin d'une inspection d'ensemble de tout le service,

On envisagera donc successivement les trois cas élémentaires qui peuvent se présenter le plus fréquemment; il suffirait de réunir les indications données si l'on devait établir un rapport d'ensemble.

Les indications ci-après se rapportent généralement à des opérations qui ont été reconnues nécessaires au cours du fonctionnement ordinaire de l'administration. Un grand nombre d'entre elles sont données par des dépêches ministérielles manuscrites; les contrôleurs ne devront toutefois considérer comme indispensable ni de les suivre toutes, ni de borner leurs investigations aux détails signalés.

A. Vérification du service administratif des approvisionnements de la flotte.

1. Examen d'ensemble de l'organisation.

On devra se renseigner sur les effectifs des officiers du commissariat et a ents de toute catégorie attachés au service, en se faisant remettre un état nominatif du personnel indiquant la répartition de celui-ci par section et par bureau. Le cahier d'ordres du chef de service fera connaître les attributions particulières de chaque fonctionnaire; on devra rechercher si elles sont conformes aux prescriptions réglementaires, aux aptitudes particulières et à la situation hiérarchique de chacun.

L'effectif actuel sera rapproché de l'effectif réglementaire (déc. min.

29 févr. 1907, *B. O.*, 247, et arrêté du sous-secrétaire d'État 11 févr. 1910, *B. O.*, 293, en ce qui concerne les agents et commis; circ. 11 janv. 1908, *B. O.*, 111, 16 février 1911, *B. O.*, 318, et 20 mai 1911, *B. O.*, 925, en ce qui concerne les ouvriers aux écritures, et 1er déc. 1910, *B. O.*, 4072, pour les écrivains), afin de déterminer le nombre des vacances existantes et l'influence que celles-ci peuvent exercer sur la marche du service. On examinera également si l'effectif réglementaire offre suffisamment d'élasticité pour faire face aux vacances qui doivent se produire normalement.

Avant de s'associer aux demandes d'augmentation de personnel qui pourraient être présentées, il faudra s'assurer que le personnel fournit exactement les heures de présence qui ont été déterminées par des ordres de l'autorité locale à la suite de la circulaire du 19 octobre 1907.

On examinera les mesures prises pour constater la présence des ouvriers aux écritures (prises de marrons, listes d'émargement ou rondes); comme ces ouvriers ne reçoivent pas de vêtements de fatigue, on recherchera si les changements de tenue auxquels ils procèdent dans les bureaux ne sont pas de nature à occasionner des pertes de temps sérieuses.

Cette étude préliminaire permettra généralement de noter les points sur lesquels il y aura lieu d'entreprendre une étude détaillée au cours de l'examen des divers bureaux.

2. Visite de caisse. — Examen de la comptabilité du trésorier.

Compter les espèces et vérifier tout le contenu du coffre-fort. Rapprocher l'existant en caisse réel de celui que fait ressortir l'arrêté du livre-journal des opérations de caisse au moment de la vérification. Comparer, d'une part, toutes les pièces justificatives des dépenses et des recettes avec les indications des livres auxiliaires des deux fonds d'avances, personnel et matériel; et, d'autre part, les indications de ces livres auxiliaires avec celles du livre-journal. S'assurer que le chef du service a vérifié les bases des opérations et donné le «bon à payer» pour toutes les sommes payées par le trésorier.

En examinant le carnet de dépôts des fonds privés, on recherchera si, après un délai d'un mois, les salaires non réclamés qui n'auraient pu être versés à la caisse des gens de mer sont versés dans la caisse des trésoriers-payeurs généraux (circ. 20 nov. 1909, *B. O.*, 1317).

On s'assurera que le fonds d'avances est constitué au début de chaque année et renouvelé mensuellement; que les dépenses pour achats de matériel n'excèdent pas 25 francs par liquidation; que le fonds d'avances est suffisant pour permettre de préparer la monnaie divisionnaire nécessaire aux payements des salaires et que les trésoriers ne sont pas dans l'obligation de mettre en caisse, dans ce but spécial, des avances faites sur leurs deniers privés. En examinant le registre de route (art. 63, décr.

13 sept. 1910), on vérifiera que les allocations payées ont été acquises conformément aux indications du décret précité; on s'assurera qu'il est fait un emploi judicieux des moyens de transports économiques qui desservent la banlieue et qu'il n'est pas commis d'abus dans les allocations d'indemnités partielles de repas.

A propos des travaux hors cloche, rechercher si de simples services de garde ne sont pas rémunérés comme des travaux supplémentaires occasionnant une réelle dépense d'énergie et une fatigue anormale.

Les acquits donnés pour payement de secours doivent être revêtus du timbre de quittance imposé par la loi du 23 août 1871.

3. Inspection des services du personnel.

a. Atelier des mouvements généraux.

Vérifier que les opérations de prise et de remise de marrons s'effectuent dans des conditions régulières; voir si les casiers à marrons ne pourraient pas être répartis d'une manière différente, de manière à éviter des pertes de temps.

Vérifier, en procédant à un contre-appel ou par tout autre moyen, les inscriptions portées aux carnets d'application de la main-d'œuvre aux travaux.

Examiner la répartition des ouvriers sur les travaux; s'assurer que ceux qui occupent des postes fixes dans les sections ou les salles de recettes ne sont pas trop nombreux ou sont convenablement employés, que les mouvements de matériel entre la salle de dépôt et les sections du magasin ne sont pas effectués par l'entrepreneur de camionnage ou par des ouvriers manœuvres fournis par lui, alors qu'ils pourraient l'être par des ouvriers du service. Rechercher, en tout cas, si les enlèvements de matériel sont opérés rapidement (art. 67, instr. générale 8 novembre 1889).

b. Bureau de la comptabilité du personnel.

Rechercher, par le rapprochement des mains courantes des journaux contrôles, si les journées de présence des ouvriers sont régulièrement décomptées. On s'assurera que les absences avec salaires payés, accordées à des ouvriers soit pour remplir les fonctions de maire ou d'adjoint, soit pour assister aux séances plénières des conseils municipaux, n'ont qu'un caractère exceptionnel (circ. 27 mai 1910, *B. O.*, 1141); le temps pendant lequel ces fonctions exigent l'absence de l'arsenal doit être certifié par le maire ou, s'il s'agit de l'accomplissement de mandats non

électifs, par l'autorité compétente (circ. 1er févr. 1910, *B. O.*, 227). On recherchera, en utilisant au besoin les billets de sortie d'ouvriers, si les travaux hors cloche de certains ouvriers ne sont pas compensés par des sorties sans perte de salaire; les travaux de propreté eux-mêmes doivent donner lieu à l'allocation de dixièmes supplémentaires (circ. 4 mai 1910, *B. O.*, 1024). On s'assurera également que certains ouvriers n'ont pas été maintenus en traitement à domicile pendant des périodes excédant 45 ou 90 jours sans une autorisation régulière (circ. 23 juillet 1909, *B. O.*, 792).

On rapprochera le décompte des services au journal contrôle des indications portées à la matricule des ouvriers; on s'assurera au préalable qu'il n'est compté pour un mois de service que le douzième de 365 jours, que le temps acquis par chaque ouvrier ne dépasse cependant pas le nombre de jours réellement écoulé, que le temps acquis par l'ouvrier qui ne réunit pas 365 jours d'activité est abondé de 8 jours par an ou de 2 jours par trimestre afin de tenir compte des absences accidentelles, que les journées de mise à pied ou d'absence illégale ne sont pas décomptées. On recherchera si les services de certains ouvriers, notamment de ceux qui sont détachés aux colonies, ne sont pas décomptés sans attendre les renseignements fournis par les chefs de service auprès desquels ils sont détachés.

4. Comptabilité des apparaux.

Vérifier si tous les apparaux en service sont soumis à une dépréciation annuelle (circ. 13 juin 1905, *B. O.*, 629). La liste des objets qui doivent figurer sur la balance des apparaux est contenue dans une annexe à une circulaire du 10 août 1899 et à une circulaire du 7 août 1909, *B. O.*, 820; la valeur à porter en compte doit être, dès la fin de l'année de mise en service, «un multiple pair de décimes», et la dépréciation de 5 p. 100 doit être opérée sur cette valeur réduite. Les directeurs et chefs de service ne peuvent autoriser les augmentations à l'inventaire des apparaux que jusqu'à 1500 francs; on devra rechercher si la comptabilité des apparaux est tenue régulièrement et si aucune confection n'a lieu sans ordre; la prise en charge des apparaux doit toujours être effectuée dès leur mise en service. Indiquer la date du dernier recensement.

5. Examen de la comptabilité du mobilier en service.

Tous les articles du mobilier en service doivent être inscrits sur des planchettes suspendues dans les divers locaux; ces planchettes doivent être tenues rigoureusement à jour, elles doivent être signées par les agents détenteurs afin de faire reconnaître par ceux-ci l'existence du mobilier.

[illegible]

[illegible]

[illegible]

[illegible]

[illegible]

[illegible]

[illegible]

On recherchera si des gardiens de bureau ne sont pas détenteurs effectifs d'objets autres que rechanges de rideaux, essuie-mains, étouffoirs, balais, etc. On s'assurera, à l'occasion d'un recensement, que chacun considère comme un devoir de veiller avec soin à la conservation du mobilier qui lui est confié et que le cas échéant, les chefs de service recherchent et mettent en cause les responsabilités encourues (circ. 18 août 1906, *B. O.*, 759).

Les mutations de dépositaires comptables donnent-elles lieu à établissement de procès-verbaux? Les recensements sont-ils effectués régulièrement?

6. Investigations relatives à la préparation et à la passation des marchés.

L'examen du contrôle devra porter tout d'abord sur le renouvellement ponctuel des marchés (circ. 9 août 1909) : il importe que ceux-ci soient renouvelés suffisamment tôt pour éviter que, pendant un intervalle de temps plus ou moins long, on ne se trouve dans l'impossibilité de compléter l'approvisionnement sur les bases réglementaires. Après avoir rapproché les dates d'expiration et les dates de notification des marchés passés successivement pour des objets de même nature, on recherchera les causes des écarts qui peuvent exister entre ces deux dates. A l'occasion des marchés communs, on recherchera si les échanges de correspondance rendus nécessaires entre les divers services n'exigent pas des délais trop considérables; on examinerait, le cas échéant, les mesures pratiques qui auraient été ou devraient être prises pour diminuer ces délais.

On s'assurera en outre que les délais de préparation des marchés n'ont pas eu pour effet de les faire passer en dehors des dates réglementaires fixées pour l'adjudication de certains d'entre eux (circ. 28 févr. 1910).

L'administration, s'aidant des lumières du service technique, recherche-t-elle, avant de procéder à des achats, si des substitutions ne sont pas possibles en employant des objets déjà en magasin à la place des articles demandés?

Il conviendra de rechercher aussi quelle influence l'intervention du Major général a pu avoir sur l'estimation des besoins. Cette partie du travail pourra généralement être effectuée sur pièces par l'inspection des modifications apportées au chiffre mathématique du reste à se pourvoir que font ressortir les situations de magasin, ou par l'examen de la correspondance échangée entre la section des marchés et celle des prévisions; mais, si l'on veut en tirer tous les enseignements désirables, il conviendra de ne l'entreprendre qu'après avoir visité les magasins, de manière à connaître les excédents et déficits importants et s'être renseigné auprès du chef de la section des prévisions ou même auprès des représentants du

service technique, sur la possibilité d'utiliser les premiers ou de modifier l'importance des seconds par la simplification et l'uniformisation du matériel (circ. 7 juil. 1909, *B. O.*, 756).

L'administration doit recourir le plus possible aux adjudications publiques; on recherchera, dans les dossiers relatifs aux traités passés par correspondance, aux traités de gré à gré et aux achats sur facture, si ces traités ou conventions ont été occasionnés par des besoins exceptionnels et urgents, ou si, au contraire, on ne s'est pas trouvé dans l'obligation de les passer pour obvier à l'absence de marché en cours; dans ce dernier cas, il faudrait évaluer les inconvénients d'ordre économique occasionnés par un défaut de prévisions. Pour les traités conclus de gré à gré par application de l'article 18 du décret du 18 novembre 1882, on s'assurera encore que la faible importance de la fourniture n'a pas été la seule considération qui ait déterminé l'administration à employer ce mode de tractation; que le désir d'épuiser des crédits en fin d'exercice n'a pas occasionné des traités d'une utilité contestable, passés dans des conditions onéreuses, stipulant des délais de livraison trop réduits, exigeant l'envoi des marchandises en grande vitesse, etc.

On recherchera si, dans la passation de marchés de gré à gré, le service a fait des efforts pour obtenir, par une discussion d'ordre commercial, des résultats économiques appréciables, et si, tout en tenant compte de l'urgence de la fourniture en cause, il a poussé les pourparlers avec les fournisseurs assez loin pour qu'on ne puisse lui reprocher d'avoir dénaturé la tractation de gré à gré au point de n'en faire qu'une adjudication restreinte (circ. 22 déc. 1911; *B. O.*, 1343).

En examinant les cahiers signalétiques, où les objets doivent être rapprochés les uns des autres dans l'ordre de la nomenclature des marchés qui servent à les procurer, on recherchera si certains objets, de consommation importante, mais d'emploi nouveau, ne pourraient être introduits dans la nomenclature des marchés existants au lieu d'occasionner des traités de gré à gré ou des achats sur facture.

On recherchera les conditions dans lesquelles ont été conclus des achats sur facture; on s'assurera que des fournitures d'une valeur supérieure à 1500 francs n'ont pas été scindées afin d'éviter la passation d'un contrat écrit; on vérifiera, par contre, que l'on n'a pas passé de marché pour des achats d'une valeur inférieure à 1500 francs, à moins que la Marine n'ait eu intérêt à en assurer, par contrat, la livraison dans un délai très court.

En principe, la Marine doit traiter avec le fournisseur qui fait les offres les plus avantageuses; tout traité ou convention doit donc être précédé d'un appel à la concurrence ou d'une demande de prix. On recherchera si le service ne limite pas outre mesure la concurrence en s'adressant à un seul fournisseur, généralement le titulaire du dernier marché expiré; cette manière de faire n'est explicitement autorisée que lorsqu'il s'agit de se procurer des marchandises ordinairement achetées sur concours d'échantillons; dans les autres cas, elle doit être basée sur une [illegible] (1832) [illegible] ainsi [illegible] la Surveillance [illegible] intérieur du [illegible] militaire [illegible] II, 647, 675.

Le législateur [illegible] de plus [illegible] d'exécution [illegible] dans [illegible] des [illegible] militaires [illegible] dans [illegible] surveillance [illegible] qu'il [illegible] n'est pas [illegible] l'obligation de [illegible] de [illegible]

On [illegible] la question [illegible] d'après la [illegible] des [illegible] commerciale [illegible] complète [illegible] de [illegible]

[illegible] des [illegible] quelques [illegible] des objets nouveaux [illegible] la nature [illegible] dans [illegible]

[illegible] résultats [illegible] peut [illegible] la [illegible] de [illegible]

[illegible] il [illegible] de la [illegible] qui [illegible] de [illegible] de [illegible] étude comparative raisonnée des offres reçues antérieurement ou justifiée par l'urgence des besoins; on s'assurera, en tout cas, que les demandes de prix sont suffisamment fractionnées pour tenir compte des spécialités industrielles et commerciales et pour ne pas nécessiter la scission des offres qui ne doit être pratiquée qu'exceptionnellement. Dans les cas où les offres acceptées ne seraient pas celles du moins disant, au point de vue du prix, on rechercherait les causes de cette décision; si c'est la durée des délais de livraison qui a motivé l'acceptation, on s'assurera que la pénalité pour retard a été calculée et, le cas échéant, appliquée en conséquence (circ. 29 déc. 1897, *B. O.*, 843).

S'il a été passé des actes additionnels à certains marchés, on s'assurera qu'ils n'ont pas eu pour objet de modifier les clauses d'un traité passé par adjudication publique, ni d'en augmenter l'importance afin de dissimuler une prorogation, ni d'en modifier les prix en les augmentant, les délais de livraison ou de remplacement des rebuts ou les tolérances de poids, ni de spécifier que la recette aura lieu en usine et non au port de livraison; on ne perdra pas de vue qu'ils ne doivent être proposés que dans des cas tout à fait exceptionnels; on étudiera donc les justifications mises à l'appui des propositions.

Lorsqu'on se trouvera en présence de marchés dont l'exécution peut occasionner l'emploi d'appareils brevetés, on recherchera si toutes les mesures ont été prises pour qu'en aucun cas la Marine ne puisse être rendue responsable de la non-exécution des formalités relatives à l'acquisition des licences nécessaires à l'emploi de ces appareils (dép. minist. 19 oct. 1896, C. N., art. 5, conditions générales, 18 juin 1910) et si l'on a stipulé que la Marine se réservait le droit de réparer lesdits appareils (art. 5 précité).

On s'assurera que le matériel susceptible d'être consommé à bord des bâtiments est livré en entrepôt, chaque fois que la chose est possible.

On recherchera si toutes les diligences sont faites à l'occasion de la notification de l'approbation des marchés aux fournisseurs; les délais prévus aux conditions générales sont des maxima qui ne doivent jamais être dépassés, même si le dernier jour du délai est un dimanche ou un jour férié (circ. 12 juill. 1881, *B. O.*, 23).

On s'assurera enfin que les règles de compétence posées par les circulaires des 25 octobre 1907, 15 avril 1908 et 17 septembre 1909 ont toujours été respectées[1].

[1] La compétence des préfets maritimes vient d'être accrue par l'instruction du 23 mars 1912, *B. O.*, citée en note, page 140 ci-dessus.

[illegible] (*Brev. Ling.*, 1867, p. 364). [illegible]

[illegible] ... ou qu'on peut expliquer par [illegible] mots d'après les phénomènes [illegible].

[illegible]

[illegible] (*Epîtres*, [illegible]) [illegible] ... trop [illegible].

[illegible]

[illegible]

[illegible]

7. Investigations sur l'exécution des marchés.

a. Commandes.

On examinera tout d'abord le fonctionnement du bureau des commandes. On s'assurera que le registre qui sert à suivre l'exécution des marchés est régulièrement tenu à jour; que les commandes émises sur marchés communs sont bien portées à la connaissance des services centralisateurs, que l'importance prévue pour les marchés est atteinte, mais non dépassée.

Lorsque des commandes supplémentaires pourront être émises sur des marchés à quantités fixes, on s'assurera que l'Administration a utilisé cette faculté au mieux des intérêts du Trésor.

Il faudra rechercher si les éléments d'information procurés par la revision des existants portés sur les cahiers signalétiques aux époques réglementaires sont fournis avec toute la célérité désirable; on établira ensuite le délai qui s'écoule normalement entre la date de la revision des cahiers et l'envoi de toutes les commandes aux fournisseurs. La date et l'importance des commandes consécutives à la revision du 1er septembre sont des éléments d'appréciation particulièrement intéressants, parce qu'ils permettent de déterminer si toutes les mesures prises ont permis un emploi judicieux de la dotation accordée au service sur les crédits votés de l'exercice en cours. On recherchera, dans le même ordre d'idées, si des mesures sont prises pour donner rapidement satisfaction aux demandes de matériel émanant des bâtiments armés. On recherchera si le bureau des commandes reçoit rapidement communication des exemplaires des marchés communs ou généraux sur lesquels il peut émettre des commandes. On s'assurera que les délais de livraison imposés aux fournisseurs sont conformes aux stipulations des marchés; on recherchera si des commandes de minime importance n'ont pas été lancées inconsidérément; les commandes importantes sont économiques pour les fournisseurs et, par suite, pour la Marine, car les frais de transport sont proportionnellement moins élevés; on vérifiera toutefois que l'Administration ne verse pas dans l'excès contraire, les commandes trop considérables exigeant des délais de livraison très longs pendant lesquels l'approvisionnement risque de s'épuiser. S'il s'agit de marchés imposant au fournisseur un minimum de production mensuelle, on s'assurera que l'Administration use des moyens dont elle dispose pour exiger ce minimum de production.

Afin d'éviter les commandes d'objets d'une utilité discutable ou même d'une inutilité reconnue, on s'assurera que les cahiers signalétiques du bureau des commandes sont annotés de toutes les décisions, prises par

[illegible]

[illegible]

[illegible]

[illegible]

le major général, qui entraînent la suppression de l'approvisionnement d'articles démodés ou de subdivisions d'articles.

Rechercher dans quelle mesure l'approvisionnement est constitué par voie de cession de service à service, et si, par l'emploi de ce moyen, on a pu éviter des commandes peu importantes.

b. Recettes.

Rechercher si les locaux affectés au logement des matières et objets présentés en recette sont suffisants pour éviter des réclamations de la part des fournisseurs; les fournitures livrées en contingents importants, tels que «produits pour essayage de machines, vieux linge, huiles de toutes sortes», ou celles qui sont particulièrement encombrantes, comme les «balais de bruyère ou de bouleau, les caisses d'emballage. . . », pourront retenir particulièrement l'attention.

S'assurer que, sauf stipulations contraires dans les marchés, les emballages restent en toute propriété à la Marine (art. 63, Cond. gén.) et que celle-ci en prend charge comme «livraison par suite d'achat», s'il s'agit de récipients facturés (art. 55, instr. gén. 8 nov. 1889) ou comme «réintégration d'objets trouvés dans l'enceinte de l'arsenal», s'il s'agit de simples emballages non facturés (circ. 7 nov. 1902, *B. O.*, 408, et dép. à Toulon, 16 avril 1903, C. N.)

Dans les ports où la salle de recettes est commune à plusieurs services, il convient de s'assurer qu'il existe des moyens pratiques de séparer les objets confiés aux divers magasiniers, afin de permettre, le cas échéant, la mise en cause de leur responsabilité.

On s'assurera, par l'examen et le rapprochement du livre-journal des entrées et sorties de matières et du registre à souche des billets de sortie, que les prescriptions contenues dans les circulaires des 1er et 14 avril 1910 sont bien respectées; on recherchera si les divers émargements qui doivent figurer sur le premier de ces documents sont bien apposés au moment de l'exécution des faits qu'ils constatent; toute autre manière de faire permet de douter de la sincérité des renseignements enregistrés. Par cet examen, on se rendra compte de la rapidité avec laquelle il est procédé aux diverses opérations de recette.

On recherchera si les divers agents employés aux recettes n'occupent pas les mêmes postes pendant trop longtemps. Ils ne doivent pas y rester plus d'un an (19 juin 1903, *B. O.*, 708).

Examiner les poids et mesures en service dans les salles de recettes; s'assurer qu'ils ont été soumis à la visite annuelle du vérificateur, qu'ils portent le poinçon de l'année indiquant qu'ils peuvent être mis en service, qu'au contraire les poids et mesures classés à réparer (R) sont retirés de la circulation. Rechercher si les résultats de la vérification des appareils sont portés à la connaissance des chefs de service et quelle suite est donnée aux observations formulées par le vérificateur. Voir si le bon [illegible] par [illegible] poids [illegible] [illegible] [illegible] [illegible] [illegible].

[illegible] [illegible] [illegible] [illegible] [illegible] [illegible] que l'emploi [illegible] [illegible] [illegible] [illegible] [illegible].

[illegible]

[illegible] les [illegible] [illegible] [illegible] [illegible] [illegible] [illegible] les [illegible] [illegible] [illegible] [illegible] [illegible] [illegible] les [illegible] [illegible] [illegible] [illegible] [illegible] [illegible] [illegible] les [illegible] [illegible] [illegible] [illegible] [illegible] [illegible] [illegible] [illegible] [illegible] [illegible] [illegible] [illegible], comme on [illegible] [illegible] [illegible] les [illegible] [illegible] [illegible] [illegible] peuvent [illegible] [illegible]

[illegible] [illegible].

[illegible] [illegible] [illegible] [illegible] [illegible] [illegible] plusieurs [illegible] [illegible] [illegible] [illegible] [illegible] [illegible] [illegible] [illegible] [illegible] [illegible] [illegible] [illegible] [illegible] [illegible] [illegible] [illegible] [illegible] [illegible] [illegible].

On [illegible].

On admettait [illegible] [illegible] [illegible] [illegible] [illegible] [illegible] par les aides [illegible] [illegible] [illegible] [illegible] ne [illegible] pas [illegible] plus d'un an [illegible] [illegible].

Examiner les poids et mesures [illegible] [illegible] les [illegible] de [illegible] s'assurer qu'ils ont été [illegible] à la [illegible] [illegible] de vérification, qu'ils portent le poinçon de l'année indiquant qu'ils [illegible] [illegible] [illegible] [illegible], qu'on [illegible] les poids et [illegible] [illegible] [illegible] [illegible] [illegible] de la [illegible] [illegible] et [illegible] de la vérification des appareils [illegible] [illegible] à la [illegible] des [illegible] de [illegible] et [illegible] [illegible] donnée aux observations [illegible] par la vérification. [illegible] fonctionnement des dynamomètres Chevefy est assuré (instr. 6 nov. 1907, *in fine*, *B. O.*, 1271).

S'assurer que l'on observe bien les prescriptions de la circulaire du 18 juin 1908, *B. O.*, 597, lorsqu'on prend à la salle de dépôt des objets dont toute la fourniture n'a pas été soumise à toutes les opérations de recette (livraisons sur bons provisoires).

Les constatations de quantités doivent être confiées à des commis titulaires entre lesquels est établi un roulement. L'emploi de commis auxiliaires ou d'écrivains ne peut être autorisé qu'exceptionnellement. Les autorisations sont personnelles (commentaires de l'art. 50 des Cond. gén.). On devra s'assurer que les carnets de pesage et de mesurage (mod. n° 5) sont bien tenus sur place et au fur et à mesure des opérations; qu'ils sont cotés et parafés, qu'ils sont vérifiés par l'officier chargé de la surveillance des recettes, que la concordance entre les carnets de l'administrateur et du comptable est établie et certifiée. Il doit exister des carnets spéciaux (mod. 5 *bis*) pour les recettes de charbons. On vérifiera enfin que les représentants de l'administrateur et du comptable assistent l'un et l'autre aux opérations.

Le matériel destiné à être transporté outre-mer ne doit pas être déballé dans les ports transitaires lorsqu'il a été reçu et emballé en usine (circ. 1er févr. 1910, *B. O.*, 226). On recherchera si l'on ne fait pas prononcer au port chef-lieu la recette d'objets de matériel qui pourraient être reçus dans les ports secondaires, lorsque des économies de transport résulteraient de cette manière de faire.

On s'assurera que les propositions d'admission avec rabais sont toujours accompagnées de certificats du service technique attestant que les défauts de la fourniture ne peuvent nuire à son utilisation.

Rechercher dans quelles conditions ont lieu les enlèvements de matières rebutées; comment est assurée l'apposition d'un signe de rebut, lorsqu'elle est prévue aux cahiers des charges. Si les fournisseurs font enlever des salles de dépôt des matières rebutées par les commissions ordinaires de recette, après qu'ils ont interjeté appel de ce premier jugement et avant qu'une décision définitive ait été prise, on recherchera s'ils n'ont pas procédé à cet enlèvement dans le but de revendre à des services de la Marine, par voie d'achats sur facture ou d'urgence, des produits de qualité douteuse dont ces services avaient un besoin pressant. On s'assurera que toutes les épreuves indiquées par les conditions de recettes des cahiers des charges sont exactement effectuées, avant de prononcer l'acceptation des fournitures. Les commissions de recette ne doivent ni modifier, ni interpréter de leur propre autorité les clauses des cahiers des charges (circ. 21 mai 1885, *B. O.*, 915). Elles ne doivent pas être trop indulgentes; elles doivent être absolument indépendantes.

En particulier, les charbons seront soumis aux épreuves prévues dans l'instruction du 18 avril 1905 (document 5107^2), modifiées pour les charbons industriels le 7 octobre 1910, *B. O.*, 3164.

On s'assurera, en ce qui concerne les charbons de navigation tout

[illegible]

[illegible] pour [illegible] dans les [illegible] de la [illegible] 1868 [illegible] de la [illegible] [illegible]

[illegible] conditions [illegible] prix [illegible] [illegible] dans [illegible] de l'échelle [illegible]

[illegible] [illegible] ne peut [illegible] [illegible]

[illegible] de la [illegible] de ces [illegible] [illegible]

[illegible] 1865 [illegible] [illegible] [illegible] qui pourrait [illegible] dans les [illegible] des [illegible] de monopole [illegible] de cette [illegible]

[illegible] technique [illegible] [illegible] de la [illegible] à son [illegible]

[illegible] [illegible] des [illegible] [illegible] [illegible] [illegible] [illegible] [illegible] [illegible] [illegible] [illegible]

[illegible] [illegible] [illegible]

[illegible] [illegible]

spécialement, que l'exécution des marchés est surveillée avec toute l'attention désirable au point de vue de la régularité des livraisons et que, le cas échéant, la procédure de l'article 71, § 5, des Conditions générales est mise en jeu (circ. 22 déc. 1911, *B. O.*, 1342).

Les fournisseurs ou leurs représentants sont-ils prévenus de la date et de l'heure à laquelle doivent avoir lieu les opérations de recette, de manière à leur permettre d'assister à ces opérations?

Les commissions de recette sont fréquemment appelées à fonctionner comme commissions de condamnation de matériel, dans les conditions prévues par l'article 328 de l'instruction générale du 8 novembre 1889. Ces commissions ne doivent point statuer sur les classements prononcés par les commissions de remises ou par les officiers chargés des ateliers; il est également recommandé de ne pas leur soumettre les condamnations de vieilles matières absolument inutilisables pouvant, par les fortes chaleurs notamment, donner lieu à une combustion spontanée (circ. 11 juin 1907, *B. O.*, 662). S'assurer que des propositions de destruction ou de vente n'ont été faites que pour des matières et objets hors de service ne pouvant être utilisés à aucun usage; que l'on ne classe «à détruire» que des objets hors de service n'ayant réellement aucune valeur marchande ou présentant des dangers pour la santé publique. Les propositions de vente doivent être absolument justifiées; il convient de s'assurer, avant de faire des propositions de vente de matières ou d'objets, qu'aucun des autres services de l'Arsenal n'en a l'utilisation; on vérifiera si les états soumis à l'approbation du préfet maritime (jusqu'à une valeur de 5 000 fr.) ou au Ministre indiquent que cette consultation a eu lieu; on recherchera si les autres ports ou établissements ont été consultés : le cuivre et le bronze en résidus doivent être proposés à Indret (dép. min. 20 juin 1907, C. N.); les vieux métaux tels que cuivre, bronze et aciers en résidus doivent être proposés à Guérigny (dép. minist. 29 juin 1908 C. N.)

A l'occasion des ventes effectuées par les Domaines, on recherchera si les prix minima des lots sont déterminés d'après la valeur commerciale des objets en tenant compte, pour les métaux, des cours au moment de l'aliénation, et, pour les autres objets, des prix qu'atteignent dans les ventes ordinaires les matières similaires.

c. **Liquidations.**

Rechercher, en rapprochant les procès-verbaux de recette de l'enregistrement des certificats comptables, le temps généralement nécessaire à l'établissement des pièces de liquidation. On pourrait acquérir de suite l'assurance que le service des liquidations fonctionne normalement, s'il était démontré qu'aucune réclamation d'intérêts moratoires ne lui a été adressée. Il n'est pas dû d'intérêts moratoires pour payements d'acomptes; ni lorsque, à la suite d'une livraison anticipée, la remise du titre de paye-

[illegible]

[illegible]

[illegible]

[illegible]

ment a eu lieu dans les 60 jours suivant la date fixée pour la livraison; ni pour le remboursement des pénalités remises. Les fournisseurs sont engagés par contrat à produire leurs factures au moment de la livraison des fournitures; on s'assurera qu'ils se conforment à cette clause; que les employés de la Marine ne participent pas à la rédaction des factures; que les factures produites par les fournisseurs sont exactes, la mauvaise foi pouvant entraîner l'exclusion des fournitures de la Marine. On s'assurera que les rectifications opérées sur les factures par la Marine ne s'appliquent pas exclusivement à des retenues opérées d'office, sur le montant de la fourniture, en vertu des clauses du traité (pénalités pour retard, retenue au profit de la caisse de prévoyance, etc.), car, dans ce cas, elles sont inutiles.

S'assurer que les livraisons effectuées avec un retard sont bien frappées de pénalités.

Même si un marché ne comporte pas des livraisons fractionnées, on peut équitablement tenir compte aux fournisseurs des livraisons effectuées dans ces conditions; si ces livraisons sont distinctement utilisables (art. 70, § 2, des Cond. gén.).

Rechercher si les factures en litige sont bien retirées des dossiers de liquidation de transports, de manière à permettre de donner suite au reste de la liquidation. Il arrive parfois que les bureaux liquidateurs de transports n'ont aucun exemplaire des conventions passées par le département avec les compagnies de navigation; certains tarifs de transports de matériel et de personnel résultent d'ententes sanctionnées par de simples décisions ministérielles (acceptation des tarifs ordinairement appliqués aux particuliers); il conviendra donc de rechercher, dans chaque cas particulier, les garanties d'exactitude des liquidations que l'on peut avoir.

Les vérifications des transports par chemin de fer sont effectuées par l'Administration centrale; il faut rechercher cependant comment l'Administration peut vérifier les séjours des wagons envoyés pour son propre compte sur ses embranchements particuliers (généralement au moyen des carnets tenus par les ouvriers chargés de la reconnaissance), et examiner les motifs des retards apportés dans la remise des wagons. Les frais de déchargement étant généralement à la charge de la Marine, les retards constatés dans la remise des wagons introduits pour le compte de fournisseurs doivent rester, dans la plupart des cas, à la charge des entrepreneurs de charrois (art. 20, 1re partie du cahier-type des charrois).

Pour la vérification de la régularité des liquidations, il n'est pas de meilleur guide que le règlement financier du 14 janvier 1869. Tous les marchés d'objets, matières, charbons, etc., passés par le service des approvisionnements sont soumis à la retenue de 0 fr. 50 p. 0/0 au profit de la Caisse de prévoyance des marins français.

d. Réalisation et restitution des cautionnements.

On recherchera si les titulaires de marchés réalisent les cautionnements prévus par leur contrat dans les délais stipulés; faute de cette réalisation, on s'assurera qu'il n'a été effectué aucun payement (art. 153 du Règlement financier) ou que l'on n'a pas opéré de retenue de garantie lors du payement de la première fourniture faite (circ. 20 juillet 1907, *B. O.*, 887), et on examinera les raisons pour lesquelles des mesures propres à sauvegarder les intérêts de l'État n'ont pas été prises dès l'expiration du délai.

Rapprocher les certificats de mainlevée de cautionnements du registre des commandes et du texte des marchés pour s'assurer que le fournisseur a effectué toutes les livraisons prévues; qu'il a supporté toutes les retenues qui ont pu lui être infligées; qu'il a payé les plus-values résultant d'achats à ses frais et risques; qu'il a rendu tous les échantillons, plans, dessins, etc., qui lui ont été prêtés, ou qu'il en a versé au Trésor la valeur majorée de 30 p. 100 pour frais généraux; qu'il a remboursé le montant des prêts d'apparaux ou cessions de main-d'œuvre à lui consentis; qu'aucun acte de prorogation n'a rendu applicable à de nouvelles fournitures le cautionnement du marché expiré; qu'il n'existe pas des prêts ou cessions consentis à l'occasion d'un autre marché, qui n'auraient pas été remboursés, et dont la reprise pourrait être opérée sur le cautionnement à restituer (dép. min. 8 nov. 1906, C. N.).

e. Situations de fournitures.

Les situations de fournitures doivent être présentées par les services centralisateurs des marchés communs d'après les avis émis par les services intéressés (circ. 18 juillet 1903, *B. O.*, 36). Les demandes des fournisseurs doivent être établies sur papier timbré (nomenclature des écrits adressés par les fournisseurs de la Marine, pour lesquels il y a lieu d'exiger l'emploi du papier timbré. Circ. 10 nov. 1888, *B. O.*, 538).

La force majeure est définie par les commentaires des Conditions générales; son appréciation dépend des circonstances. La jurisprudence du département a beaucoup varié en matière de remise de pénalités; cependant de nombreuses décisions permettent de penser que l'on ne doit pas, *a priori*, considérer comme cas de force majeure :

1° Les difficultés, soi-disant imprévues, rencontrées par les fournisseurs dans la réalisation des conditions de recette imposées :

Dépêche ministérielle manuscrite du 4 janvier 1904 (Société Omnium français : rebuts partiels en usine);

Dépêche ministérielle manuscrite du 14 avril 1909 (Thirion : rebuts partiels en usine);

Dépêche ministérielle manuscrite du 10 novembre 1905 (Aciéries de Saint-Étienne) et 15 juin 1905 (Établissements Millot).

Erreur dans l'appréciation de la durée probable du travail à exécuter.

Dépêche ministérielle du 24 avril 1907 (Bréguet : difficultés d'approvisionnement de matières premières).

2° Les difficultés provenant des sous-traitants :

Dépêches ministérielles manuscrites des 25 janvier 1903 (Carpentier); 23 juin 1904 (Venture); 7 août 1905 (Société des ponts en fer); 19 avril 1907 (Manquat); 3 juillet 1907 (Compagnie française des métaux); 20 juin 1907 (Bénédic et Cie).

3° Les faits de grève : Voir d'abord les commentaires des considérations générales (art. 44) et dépêches ministérielles manuscrites du 18 juillet 1903 (Grunemberger, Genot et Clairdent), grève désorganisant le personnel; dépêche ministérielle du 27 mai 1903 (il est de droit qu'une grève ne constitue pas un cas de force majeure); dépêche ministérielle du 28 mars 1905 (grève d'inscrits maritimes); dépêche ministérielle du 3 juillet 1908 (grève générale de la métallurgie); deux dépêches ministérielles du 5 avril 1907 (Martin : grèves; et Couffinhal : grève générale).

4° Les avaries d'outillage :

Dépêche ministérielle du 15 avril 1909 (Société des peintures sous-marines); dépêche ministérielle du 17 juillet 1909 (Julien); dépêche ministérielle du 3 novembre 1909 (Bastit); dépêche ministérielle du 6 novembre 1909 (Société de Clermont-Lodève);

A moins qu'il ne s'agisse de l'avarie d'un gros appareil dont on peut n'avoir point de rechange :

Dépêche ministérielle du 28 décembre 1904 (Bessonneau); dépêche ministérielle du 10 novembre 1905 (Huret, Marc et Cie : avarie à un arbre principal de transmission); dépêche ministérielle du 7 septembre 1907 (Société des Aciéries de Longwy : avarie à un laminoir).

5° Les pénalités prévues aux marchés sont des sanctions administratives et non des dommages-intérêts; on ne saurait donc admettre que le défaut de préjudice causé à la Marine par le retard puisse servir de base à une exonération de pénalité :

Dépêche ministérielle du 3 juillet 1907 (Compagnie française des métaux); dépêche ministérielle du 7 mars 1908 (Société générale des peintures sous-marines).

Les arguments «moraux et de sentiment», tels que la pure bienveillance, la bonne volonté du fournisseur, sont considérés comme insuffisants pour servir de base à une exonération de pénalités :

Dépêche ministérielle du 24 août 1908 (Vautier); dépêche ministérielle

du 24 septembre 1908 (Fabre); dépêche ministérielle du 28 novembre 1908 (Boursier et Jolidon).

6° La jurisprudence paraît beaucoup plus mal établie en ce qui concerne les phénomènes météorologiques : pluies anormales, crues de rivières immobilisant les usines (dép. min. 17 juillet 1903, C. N., rejet), manque d'eau dans un canal public alimentant une usine (dép. min. 30 mars 1910, C. N., exonération), chutes de neige tardives (dép. min. 17 juillet 1909, rejet, fonte prématurée des neiges; (dép. min. du 7 juillet 1909, exonération). Il semble que ces phénomènes ne doivent être admis à la décharge des fournisseurs que lorsqu'ils présentent un caractère exceptionnel déjouant toutes les prévisions.

Toutes les références indiquées ci-dessus ne sont données qu'à titre documentaire; les textes qu'elles visent ne contiennent que des solutions de cas particuliers.

Les fournisseurs ne doivent recevoir qu'un avis pur et simple des décisions réglant les situations de fournitures; il importe d'éviter qu'ils puissent tirer argument des indications contenues dans les dépêches ministérielles ou ordres préfectoraux notifiant aux services ces décisions (circ. manus. 22 mars 1909, C. N., etc.).

8. Comptabilité des prêts.

Vérifier que les prêts ne sont effectués qu'après autorisation du préfet maritime, et lorsque les particuliers se sont engagés à rembourser au département le montant des dépréciations reconnues.

Les prêts à consentir aux titulaires d'entreprises ou de fournitures à exécuter sur simples mémoires ou facture doivent, sauf en cas d'urgence, être approuvés par le Ministre (circ. 21 mai 1900, *B. O.*, 879). Les sommes dues à l'occasion des prêts sont-elles majorées de 30 p. 100 pour frais généraux?

Les prêts d'apparaux à un autre service de la Marine sont concertés entre les directeurs; on recherchera si des prêts d'objets non réintégrés au bout de deux ans ne devraient pas être convertis en cessions (circ. 6 nov. 1908, *B. O.*, 1029).

9. Comptabilité des cessions.

Les cessions doivent, sauf en cas d'urgence, être autorisées par le Ministre; cependant les préfets maritimes n'ont pas à rendre compte des cessions d'eau douce qu'ils autorisent (circ. 29 nov. 1905, *B. O.*, 992).

On recherchera si la remise des objets aux cessionnaires a été précédée du versement au Trésor de leur valeur, majorée de 30 p. 100, sauf l'ex-

ception prévue par le 3e paragraphe de l'article 204 de l'instruction générale du 8 novembre 1889, en faveur des cessionnaires qui seraient en compte avec la Marine.

Comment l'Administration s'assure-t-elle que les engins, les matériaux, la main-d'œuvre... dont le prêt est sollicité ne peuvent être fournis par l'industrie locale? Une déclaration du président de la chambre de commerce peut être exigée du demandeur. La forme à donner aux ordres de reversement a été réglée par la circulaire du 4 août 1910, *B. O.*, 1998, à la suite d'observations de la Cour des comptes.

Rechercher quelles sont les mesures prises par l'Administration pour assurer le versement des sommes dues par les cessionnaires qui tardent à exécuter les ordres de reversement qu'ils ont reçus. En cas de refus de payer, applique-t-on avec toute la diligence désirable les sanctions prévues à l'article 156 du règlement du 14 janvier 1869 (mise en débet ou recouvrement par voie de retenue ou d'imputation directe)? Le service doit suivre les ordres de reversement qu'il a émis.

Le chef du service des approvisionnements est-il mis au courant des annulations résultant des cessions? Tient-il un compte exact de ces renseignements dans l'établissement de la situation de sa dotation?

Les cessions faites au service colonial doivent être remboursées dans les conditions fixées par les circulaires du 24 janvier 1908, *B. O.*, 129, et du 9 novembre 1908, *B. O.*, 1029.

La valeur des objets cédés aux gouvernements étrangers ne doit pas être majorée, sauf pour l'Angleterre (art. 963, instr. gén. 8 nov. 1889).

On s'assurera que les cessions de chapitre à chapitre du budget de la Marine correspondent à des besoins réels et ne dissimulent pas, sous une opération régulière en la forme, un expédient destiné à accroître momentanément les ressources d'un chapitre obéré avec le disponible d'un chapitre surabondamment pourvu.

Les analyses effectuées dans les hôpitaux pour le compte du service des recettes sont remboursées aux prix fixés par le tarif du 29 sept. 1891, *B. O.*, 453, par le chapitre qui doit payer le matériel acheté.

Y a-t-il concordance entre les cessions de magasin enregistrées à la comptabilité financière et les mouvements accusés à ce titre par la comptabilité des matières, aussi bien pour les chapitres que pour les exercices?

10. Examen de la comptabilité des dépenses engagées.

Il n'existe pas de registre réglementaire pour suivre au jour le jour la comptabilité des dépenses engagées. Il faudra donc rechercher si les renseignements recueillis permettent d'établir la situation mensuelle dans les conditions rappelées sur la première feuille de l'imprimé n° 1586 sur lequel est présentée la situation. Les procès-verbaux d'adjudication, le

registre des échéances des marchés et traités de gré à gré, le registre des commandes, l'enregistrement des achats sur facture permettront de rechercher si la situation établie tient exactement compte des engagements pris.

Le décret du 18 mars 1910, *B. O.*, 565, institue le chef du contrôle résident contrôleur local des dépenses engagées. L'examen des situations mensuelles rentre dans les attributions du service courant; cette partie du service n'a pas, pour cette raison, à retenir longuement l'attention des contrôleurs lors d'une inspection.

11. Envois.

Les recherches que l'on pourra entreprendre au sujet des envois porteront sur l'intervalle qui sépare la réception des demandes des bâtiments de l'envoi des objets demandés et l'on s'efforcera de déterminer les causes des retards constatés; dans cet ordre d'idées, il conviendra de s'assurer que les demandes sont correctement rédigées et appuyées de tous les renseignements complémentaires nécessaires à leur bonne exécution (croquis, plans, etc.). On trouvera à la section des envois un enregistrement des envois préparés par les diverses sections du magasin et l'indication de la date à laquelle ces envois ont pu suivre leur destination. On s'assurera que les avis d'expédition sont envoyés de manière à arriver au moins en même temps que le matériel (dép. min. man. 13 mai 1908) et que ceux qui émanent des services de la Marine dans les possessions outre-mer sont adressés non à l'arsenal destinataire, mais au port de la métropole chargé de la réexpédition.

Pour les envois de port à port, c'est au destinataire qu'il appartient de provoquer l'envoi. Il convient de signaler au Département, en temps utile, les envois à faire pour éviter l'emploi de la grande vitesse (dép. min. 29 nov. 1906, C. N.).

On recherchera si tout le soin désirable est apporté dans le choix du matériel expédié aux bâtiments et établissements d'outre-mer. On retrouverait, le cas échéant, dans la correspondance du chef de service et dans celle du garde-magasin les explications fournies à l'occasion d'envois de matériel reconnu en mauvais état à l'arrivée. Pour le matériel reçu d'autres ports ou bâtiments, on trouverait les renseignements utiles à la mise en cause des responsabilités dans les états explicatifs de différences ou détériorations prévus par l'article 177 de l'Instruction générale du 8 novembre 1889. Si aucune responsabilité n'est en jeu, ces états sont approuvés par les préfets maritimes (circ. 28 juill. 1910, *B. O.*, 1961).

Rechercher si des bâtiments n'ont pas renvoyé en France inutilement du matériel hors d'usage qui aurait pu être vendu sur place. Cette vente ne doit pas toutefois s'appliquer aux objets ayant une valeur marchande supérieure à 2,000 francs (circ. 7 janv. 1907, *B. O.*, 15).

S'assurer que toutes les précautions d'emballage prescrites par l'ar-

ticle 348 de l'Instruction générale du 8 novembre 1889 sont régulièrement prises et que le carnet prévu à l'article 347 est tenu et émargé par les chefs d'atelier. Le plus grand soin doit être apporté à l'emballage des envois à l'extérieur. On doit éviter de se servir de paille humide pour emballer des objets de valeur délicats, tels que les appareils de direction de tir. Les instruments de précision à réparer doivent être envoyés directement au constructeur (circ. 31 août 1904, *B. O.*, 750) qui indique aussi les mesures à prendre à l'égard des instruments irréparables.

Dans la rédaction des lettres de voiture, prend-on toutes les précautions nécessaires pour assurer à l'État le payement du tarif le plus réduit (circ. 19 avril 1894, *B. O.*, 461)?

A l'occasion des envois, on pourra rechercher si l'entrepreneur de camionnage exécute les commandes qui lui sont passées dans les délais prévus à son cahier des charges; on rapprochera dans ce but les réquisitions des souches des feuilles de voiture qui doivent porter la date de la réception par la gare du chemin de fer des objets expédiés. On s'assurera que les pénalités encourues pour retard dans l'exécution des camionnages sont appliquées.

12. Investigations relatives à la situation des approvisionnements.

Aux termes de l'article 65 de la loi de finances du 26 janvier 1892, le contrôle de l'administration de la Marine doit, chaque année, établir un rapport appréciant à tous les points de vue, comptables et économiques, les stocks existant en magasin. Cette étude, d'un caractère particulier, intéresse à la fois le service administratif et celui des magasins. L'instruction du 31 mai 1902, *B. O.*, 1083, et la note de M. le contrôleur général de 1re classe Guimbelot, jointe au rapport du directeur du contrôle du 22 janvier 1910, approuvé par le sous-secrétaire d'État le 10 février 1910, seront les guides les plus sûrs en cette matière.

B. Vérification de la comptabilité du garde-magasin.

Le seul procédé d'investigation possible consiste, d'une part, à examiner le registre de correspondance du garde-magasin et les observations présentées par lui, et, d'autre part, à s'assurer que les livres de comptabilité du garde-magasin sont tenus dans les conditions prescrites par l'instruction générale du 8 novembre 1889. On rapprochera ensuite les unes des autres les indications des divers documents et l'on s'assurera qu'il y a concordance entre elles (notamment entre la totalisation de l'inventaire et l'arrêté du livre-journal en valeurs); on rechercherait les causes des différences qui pourraient exister.

[illegible]

[illegible] les [illegible] des [illegible] dans [illegible] comme les [illegible] les hommes qui [illegible] [illegible]

[illegible] pour [illegible] et l'erreur [illegible] sont [illegible] dans [illegible] [illegible]

[illegible]

[illegible] de la [illegible] finances que [illegible] le [illegible] doit [illegible] [illegible] celle des magasins [illegible] [illegible]

[illegible] COMPTABILITÉ [illegible]

[illegible] d'une part, [illegible] dans les relations [illegible] [illegible]

On examinera ensuite les pièces justificatives : elles doivent toutes être conformes aux modèles réglementaires, porter un numéro spécial d'enregistrement, servant de référence au livre-journal, qui fait partie d'une série annuelle (laquelle est renouvelée exceptionnellement en cas de mutation de comptable). La nomenclature des pièces justificatives à produire à l'appui des opérations à charge ou à décharge n'a pas été reproduite à la suite du décret du 24 octobre 1910; il y a lieu de s'en tenir à celle qui est annexée au décret du 23 novembre 1887 avec les modifications qui y ont été apportées. On recherchera si ces pièces justificatives sont produites au jour le jour, si quelques-unes d'entre elles ne sont pas remplacées par des fiches ou pièces provisoires; on déterminera, le cas échéant, les causes des retards.

On s'assurera que toutes les indications portées sur les livres du comptable correspondent exactement à celles des pièces justificatives.

Pour les livraisons par suite d'achats, l'ordre de recette doit être donné sur la formule n° 9 (nouvelle), dont le modèle, annexé à la circulaire du 29 juin 1906, *B. O.*, 603, permet de régulariser l'arrondissement du prix d'achat, de prendre charge des emballages non facturés dans les conditions indiquées par la circulaire du 7 novembre 1902, *B. O.*, 408; de justifier les consommations pour épreuves, etc.

Toute pièce de sortie à titre de cession aux particuliers doit porter la preuve du remboursement au Trésor de la valeur de la cession; sinon il serait impossible d'acquérir l'assurance que la remise des objets aux cessionnaires n'a pas précédé le payement de leur valeur.

On examinera également la comptabilité des crédits-matières. On s'assurera que le carnet d'enregistrement des opérations affectant la comptabilité des crédits-matières tient bien compte de toutes les entrées et sorties qui sont à charge ou à décharge de ce compte : les dépenses indivises doivent être considérées comme des dépenses définitives (circ. 6 déc. 1904, *B. O.*, 1119), les matières délivrées pour les travaux effectués à titre de cession doivent être imputées au chapitre cessionnaire (circ. 10 déc. 1898, *B. O.*, 823), les travaux de confection pour le compte du magasin n'influent pas sur le compte des crédits-matières (voir circ. 21 mars 1902, *B. O.*, 561).

Aucune délivrance affectant la comptabilité des crédits-matières ne peut être effectuée lorsque les délégations faites sur ces crédits se trouvent épuisées. Dans ce cas, le comptable a le devoir de demander à l'ordonnateur des délivrances d'établir des réquisitions qui ne peuvent affecter la forme d'ordres généraux (circ. 21 avril 1900, *B. O.*, 511; 15 juin 1905, 470). Ces réquisitions ne doivent pas être considérées comme de nouvelles délégations venant s'ajouter à celles déjà allouées, cette manière de faire conduirait à convertir les dépassements en disponibles.

On étudiera comment sont établies les prévisions de crédits-matières (circ. 20 mars 1906, *B. O.*, 293) et l'on recherchera les causes des dépassements ou des disponibles importants.

L'examen du livre d'inventaire, qui met en présence l'existant et le

nécessaire (approvisionnement du service courant et quantités à réserver) de chacun des articles de l'approvisionnement permettra de déterminer quelle était la situation de l'approvisionnement à la fin de chacun des trimestres de l'année. Il permettra également de se rendre compte de la manière dont sont conduits les recensements de matériel : une même espèce de matières ne doit pas rester plus de trois ans sans être recensée.

On s'assurera que les décrets, décisions ministérielles ou feuilles d'armement qui déterminent la composition du matériel à réserver sont régulièrement portées à la connaissance des comptables. Se faire présenter les copies de ces décisions.

C. Inspection d'une section du magasin.

1. Investigations communes à toutes les sections.

a. Examen des locaux.

Visiter les locaux au point de vue de leur entretien, de leur clôture. Examiner si leur emplacement est favorable aux opérations de ravitaillement de la flotte armée. A quelle distance sont-ils des quais d'embarquement? Ces quais sont-ils facilement accessibles aux embarcations des bâtiments ou aux chalands du port? Existe-t-il des moyens de transport faisant communiquer les sections avec les quais (chemins de fer, charrettes à bras, etc.)? Existe-t-il, soit dans les sections situées aux étages, soit sur les quais d'embarquement, des moyens de levage appropriés aux nécessités du ravitaillement? Rechercher si, faute de ces moyens, on n'est pas conduit soit à négliger les précautions les plus élémentaires relatives à la manipulation des fûts d'huile, des caisses de peinture, du matériel peu maniable, etc., soit à employer des grues à vapeur dont l'usage n'est pas proportionné au but à atteindre.

Les magasins sont-ils groupés sous la surveillance effective du chef de section? Ont-ils des annexes éloignées qui pourraient ou devraient être rapprochées du centre de la section? (Il est souvent nécessaire de loger à part les matériaux lourds, terres et briques réfractaires par exemple, ou facilement inflammables, comme les produits pour essuyage de machines.) Les magasins qui contiennent les cotons Foray sont-ils disposés de manière à préserver ces produits de la chaleur et de l'humidité? Les toiles peintes sont susceptibles de s'enflammer spontanément; on s'assurera qu'on évite de les mettre en tas où l'air ne pourrait circuler.

On examinera ensuite les matières et objets contenus dans la section;

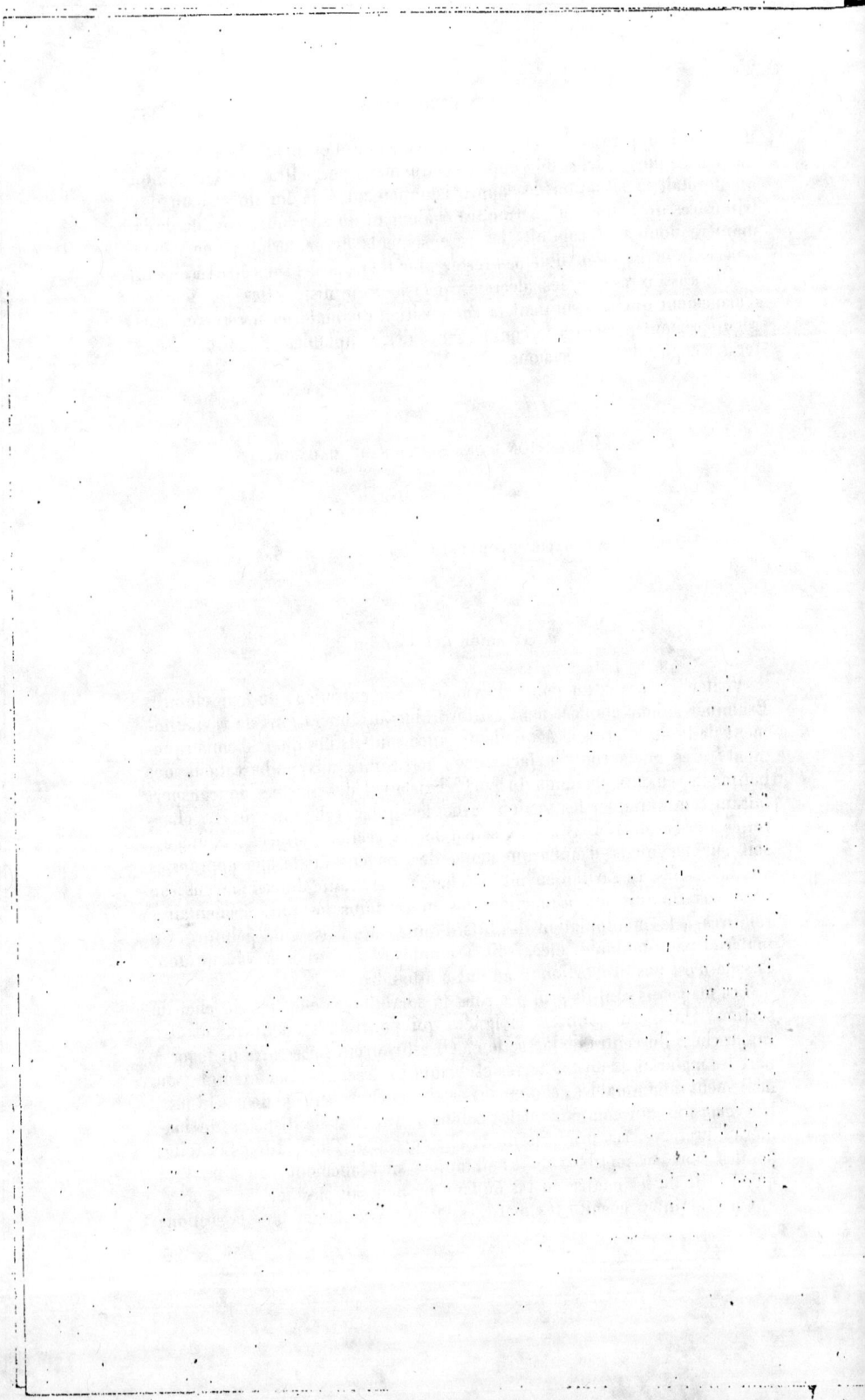

on s'assurera que chacun des services du bord peut trouver dans une même section tous les objets dont il a besoin.

On recherchera enfin les modifications qui pourraient être apportées à la situation actuelle en vue de son amélioration.

b. Utilisation du personnel.

On recherchera si l'effectif du personnel correspond bien aux besoins du service; le meilleur moyen à employer sera d'examiner le rôle dévolu à chacun des commis et ouvriers de la section. On s'assurera que le chef de section assiste ou est représenté aux délivrances, y compris celles qui ont lieu dans les annexes; que les ouvriers-manœuvres employés à la section ne sont pas utilisés comme de simples plantons, mais participent effectivement aux manutentions d'objets, soit entre la salle de dépôt et le magasin, soit dans l'intérieur de la section.

c. Examen des écritures.

Se renseigner sur le nombre de volumes de balances tenus dans la section; sur le nombre d'articles ayant un compte ouvert. Prend-on toutes les mesures voulues pour restreindre la consommation des registres (dép. min. 12 avril 1906; compt. gén., contrôle).

Use-t-on de la faculté de tenir deux jeux de balances (circ. 2 oct. 1907; *B. O.*, 1293)? Dans le cas de l'affirmative, il faudra s'assurer que les reports des existants en fin de trimestre d'un jeu sur l'autre sont opérés exactement. Les balances sont-elles tenues à jour? Les pièces justificatives des mouvements de matières doivent être envoyées au garde-magasin le lendemain du jour où les opérations ont eu lieu; on recherchera les causes des retards qui pourraient se produire dans l'exécution de ces prescriptions (art. 58 décr. 24 oct. 1910). Dans quels délais les bâtiments de la flotte sont-ils mis en possession des duplicata évalués de leurs billets de demande? L'examen du registre à souche des bulletins de délivrance n° 50 (circ. 12 janv. 1909; *B. O.*, 10) permettra de contrôler les affirmations des employés de la section. Opère-t-on un changement de classification (circ. 24 nov. 1903; *B. O.*, 646) lorsque l'unité de compte du magasin n'est pas la même que celle du règlement d'armement?

Les écritures doivent être tenues avec soin, le libellé des articles doit être clair et précis, sans surcharges, sans interlignes, sans grattages; les ratures doivent laisser lisibles les mots ou chiffres erronés, elles ne doivent servir qu'à réparer des erreurs matérielles; elles doivent être parafées (ar. 61, décr. 24 oct. 1910).

On s'assurera que les balances portent bien l'indication des consommations des trois dernières années; la nomenclature des sorties donnant lieu à consommation réelle est contenue dans la circulaire du 1er décembre

[illegible]

[illegible]

[illegible]

[illegible]

[illegible] dans les meilleures [illegible] voulue pour le [illegible]

[illegible]

[illegible]

1887, *B. O.*, 507, l'indication des remises (circ. 20 août 1909, *B. O.*, 856), sauf en ce qui concerne les matières consommables, pour lesquelles l'importance des remises est négligeable par rapport à celle des consommations, et l'indication du matériel en réparation dans les ateliers doivent également y être inscrites.

Les quantités de matériel classées à réserver doivent figurer sur les balances, et la mention «indisponible» doit être portée au compte de tous les articles dont l'existant ne dépasse plus la réserve intangible. Enfin on doit y trouver la date du dernier recensement de chaque article.

On s'assurera, par épreuves, de la concordance de l'existant réel avec celui qui résulte des écritures; ce sera le meilleur moyen de s'assurer que le matériel est arrangé de manière à faciliter les recensements et les délivrances. L'importance de l'inventaire que l'on dressera dépendra d'abord de la mission que l'on aura à accomplir, ensuite de l'appréciation que l'on pourra porter au sujet de la concordance des écritures avec les existants réels. Les contrôleurs peuvent soit réclamer de l'administration un recensement du matériel, soit procéder eux-mêmes à ce recensement. Dans tous les cas où l'on aura procédé à un comptage d'objets, il faudra mettre les comptables en demeure de fournir l'explication des différences constatées et formuler un avis sur les responsabilités encourues.

On doit ouvrir, sur les balances, autant de comptes qu'il y a de subdivisions d'unités simples, même si elles n'ont qu'un prix. Les balances doivent être arrêtées en fin de trimestre; on peut à ce moment ramener à un prix moyen unique les articles présentant une excessive variété de prix (circ. 27 déc. 1905, *B. O.*, 1123) : use-t-on de cette faculté? Lorsque des quantités sont délivrées en excédent à l'existant en écritures, les prend-on en charge par voie de recensement? (circ. 22 oct. 1902, *B. O.*, 355).

Les étiquettes doivent être distinctes pour chaque tas, récipient, case, etc.; sont-elles tenues à jour par l'inscription de l'existant réel des objets, non compris ceux qui sont à réparer dans les ateliers. Indiquent-elles les quantités de matériel à réserver? Appose-t-on des planchettes «indisponible» sur les tas, récipients, cases, etc., d'objets dont l'existant ne dépasse pas la réserve intangible (circ. 27 sept. 1894, *B. O.*, 354)?

Chaque section doit tenir à jour un «état du matériel à réserver» dont le modèle est annexé à la circulaire du 11 août 1893, *B. O.*, 275.

On s'assurera que les données de cet état sont exactement reportées sur les balances au moment même où se modifie la situation de ce matériel. On recherchera les mesures prises localement pour que les modifications qu'il serait nécessaire d'apporter à la composition des stocks de guerre soient signalées par les chefs de service dès que le besoin en est reconnu; on s'assurera, en se faisant communiquer le rapport prévu à l'article 10 du décret du 24 octobre 1910, qu'il a été procédé à la revision générale annuelle des stocks.

Si des circonstances imprévues, des modifications de la réglementation ou des progrès industriels étaient jugés par le contrôleur comme pouvant

influer sur la détermination des quantités à réserver, il y aurait lieu d'en faire mention, en donnant toutes indications de nature à entraîner une revision des stocks sur des bases conformes aux plus récents besoins.

Il y aura lieu, par contre, de rechercher si des réserves ne sont pas constituées en magasin, soit au titre de bâtiments désarmés (circ. 20 août 1909, *B. O.*, 856), ou affectés à d'autres ports, soit en vue de satisfaire à des besoins qui ont cessé d'exister.

Les constructions navales doivent désormais se faire céder par les approvisionnements de la flotte le matériel interchangeable nécessaire au premier armement des bâtiments de la flotte (instr. 30 déc. 1909).

Le matériel destiné aux croiseurs auxiliaires et celui qui compose les divers stocks de guerre ou les réserves doivent être considérés comme intangibles; les prélèvements sur les réserves de paix peuvent être autorisés par les directeurs, qui doivent rendre compte au préfet maritime et remplacer dans le plus bref délai les quantités prélevées; les prélèvements sur les stocks de guerre ne peuvent, en principe, être autorisés que par le Ministre (art. 11 et 12, décr. 24 oct. 1910); les demandes doivent être accompagnées des justifications prescrites par la circulaire du 29 janvier 1910, *B. O.*, 217).

On examinera avec soin le carnet sur lequel les comptables doivent indiquer les dates auxquelles ont eu lieu les prélèvements et celles où les stocks ont été reconstitués.

Le matériel à réserver est-il classé à part dans les magasins?

Le registre mod. 16 tenu dans chaque section permet de rechercher le matériel dont la confection ou la réparation a été demandée aux ateliers. On s'assurera que toutes les indications qu'il donne, relativement au matériel à réparer, sont exactement reportées sur les balances et que l'existence de ce matériel dans les ateliers est reconnue par la signature du chef d'atelier.

Les balances du magasin sont-elles mises à jour immédiatement lorsqu'un recensement d'atelier fait constater des déficits d'objets en cours de réparation ou de bonification (circ. 5 janv. 1907, *B. O.*, 5)?

Dans quelles conditions de temps sont effectuées les réparations? Ne fait-on pas réparer inutilement du matériel d'emploi improbable et qu'il serait plus économique de classer «Réformé à conserver» (circ. 3 déc. 1908, *B. O.*, 1083)? Procède-t-on annuellement à une revision du matériel conservé en magasin dans les conditions de la circulaire précitée?

La réintégration du matériel prêté n'est-elle pas parfois trop tardive? Le matériel qui sort des magasins et celui qui y rentre sont-ils toujours soumis à l'examen des commissions qui doivent en vérifier l'état? Et cela même lorsqu'il s'agit de réjouissances ou de fêtes auxquelles la Marine prend une part quelconque?

On s'assurera que la comptabilité des apparaux et du mobilier de la section est correctement tenue et que les indications qu'elle porte sont

sincères. Il arrive fréquemment que des objets d'approvisionnement sont utilisés comme meubles et apparaux d'usage courant; il arrive aussi que des objets remis et classés à vendre ou à démolir sont retirés de la salle des remises et viennent constituer des excédents, non portés en compte, d'objets dont l'utilité est contestable.

On vérifiera l'état d'entretien des apparaux et des poids et mesures comme il a été dit ci-dessus à propos des salles de dépôt. On s'assurera que les instruments de pesage sont en nombre suffisant pour assurer convenablement le service.

Lorsque le contrôleur aura porté son jugement sur les écritures réglementaires, il devra rechercher s'il n'est pas tenu d'écritures officieuses. Si, dans certains cas particuliers, l'existence de documents non prévus par les règlements est reconnue indispensable pour la bonne marche du service, l'ouverture de ces registres auxiliaires devra toujours être autorisée par une décision préfectorale (circ. 18 févr. 1909, *B. O.*, 213).

Les documents auxiliaires que l'on pourra rencontrer sont relatifs :

Aux rapports du magasin avec l'atelier et font double emploi avec le modèle 16;

Aux envois du port, parties des envois qui n'ont pu recevoir satisfaction (reliquats) et qui ont occasionné des mesures spéciales (demandes à approvisionner, états de prévisions supplémentaires, demandes à Paris d'objets spéciaux ou d'instruments de précision);

Aux recettes de matériel, afin d'établir la corrélation qui existe entre les pièces provisoires qui accompagnent les objets et les pièces officielles qui régularisent la prise en charge (double emploi avec les balances);

Aux envois faits au port (il arrive fréquemment que les prises en charge d'objets provenant d'envois n'ont lieu que plusieurs mois après l'arrivée du matériel au port, par suite d'erreurs dans les avis d'expédition, de différences constatées, d'explications demandées);

Aux rapports du magasin avec les bâtiments de la flotte (enregistrement des objets demandés qui ont été rayés sur des billets acquittés parce qu'il fallait les confectionner, les commander à l'industrie et qui ne seront délivrés que sur de nouveaux billets, etc.) Il appartiendra au contrôleur de rechercher l'utilité de tous ces documents et d'en proposer soit le maintien, soit la suppression.

d. Étude du fonctionnement général de la section.

La section est-elle en mesure de faire face, grâce aux moyens dont elle dispose, en personnel et en matériel, à tous les besoins qu'elle est chargée d'assurer? — Les magasins doivent rester ouverts pendant les heures de travail. Comment cette prescription est-elle respectée? — On cherchera à établir une liste des demandes des bâtiments et des ordres d'envois qui n'auraient pu recevoir satisfaction par suite de déficits importants et prolongés constatés dans l'approvisionnement : ces déficits

peuvent provenir d'un défaut de renouvellement des marchés, d'une erreur dans la prévision des besoins, de l'impossibilité de cessions que l'on avait escomptées, de l'exécution défectueuse des marchés, du manque de crédits disponibles, etc. L'examen des billets de demande en souffrance et des registres auxiliaires de la section permettra le plus souvent de conduire méthodiquement les investigations de cet ordre.

Une dépêche ministérielle du 23 juin 1905 a prescrit aux ports d'établir une nomenclature des articles susceptibles d'une augmentation d'approvisionnements. On recherchera si les mesures prises pour chacun de ces articles correspondent bien aux besoins du temps de paix et à ceux du temps de guerre.

On s'assurera que la section ne conserve pas du matériel inutile dont la valeur viendrait enfler fictivement l'avoir-matières du chapitre considéré; le magasin des approvisionnements de la flotte ne s'est-il pas vu attribuer, à un moment quelconque, notamment lors de sa formation, du matériel qu'il n'a jamais pu utiliser?

Le matériel en magasin est-il délivré en suivant l'ordre de l'ancienneté du modèle? Exige-t-on toujours un ordre du préfet maritime lorsque cette règle ne peut être suivie? Quelles mesures sont prises à l'égard des objets qui ont été plusieurs fois refusés (art. 29, instr. gén. 8 nov. 1889)? Existe-t-il des objets dont la consommation est nulle? Les bâtiments n'exigent-ils pas l'achat d'objets qui pourraient et devraient être remplacés par des articles du modèle réglementaire existant dans l'approvisionnement? Les meubles non réglementaires doivent, sauf impossibilité, être remplacés par des meubles réglementaires (dép. minist. 22 sept. 1899).

Les adjudants principaux de la majorité générale sont-ils appelés à vérifier périodiquement le matériel en magasin? Quels sont les résultats de cette vérification (dép. min. 31 mai 1906, approv.)?

Étudier les mesures prises pour faciliter le ravitaillement des bâtiments. — Ces derniers se conforment-ils aux prescriptions de la circulaire du 25 septembre 1908 (*B. O.*, 914)? — N'émettent-ils pas un trop grand nombre de billets en dehors des périodes de ravitaillement général? — Certains objets «à réparer» ne sont-ils pas considérés, en vertu d'ordres généraux, comme devant toujours être remplacés d'urgence, et n'existe-t-il pas de ce fait, entre l'atelier et le magasin, une comptabilité officieuse, sur bons provisoires, qui permette de délivrer sur-le-champ aux bâtiments des objets en bon état et qui fasse considérer ceux qui ont besoin de réparations comme appartenant au magasin? Les magasins n'ont-ils pas expédié à des bâtiments ou à des dépôts outre-mer des articles qui auraient dû être achetés sur place (circ. 28 déc. 1904, *B. O.*, 1171).

Le contrôleur pourra être amené à s'assurer que le matériel approvisionné a bien été soumis aux commissions de recettes. Il devra rechercher le signe de propriété de la Marine qui doit être apposé en présence des commissions (art. 59, instr. gén. 1889 et instr. 1er avril 1910, *B. O.*, 941).

si des doutes subsistent, il pourra prélever des échantillons d'objets afin de les soumettre à l'analyse (voir circ. 25 nov. 1893, *B. O.*, 630).

2. Investigations spéciales aux parcs à charbons.

L'installation des parcs à charbons devra retenir l'attention d'une façon particulière en raison de la nécessité dans laquelle l'administration se trouvera de délivrer de grandes quantités de charbon en un court espace de temps.

Les parcs sont-ils assez vastes pour contenir, en piles de six mètres (hauteur maxima : circ. 13 juill. 1910, *B. O.*, 1888), la totalité de l'approvisionnement fixé par la dépêche ministérielle du 17 mars 1909? L'arrimage du charbon en roches (si le port est approvisionné en partie avec ce combustible) donne-t-il satisfaction au point de vue de la limitation du pourcentage de menus et de poussier? Est-il possible d'en augmenter la superficie? Sont-ils d'un accès facile aussi bien pour les arrivages par chemins de fer que pour l'accostage des affrétés? Quels sont les moyens de chargement ou de déchargement dont on dispose? Ces moyens sont-ils utilisables en toutes circonstances de temps et de marée? Le maximum de manutention journalière prévu au marché de l'entreprise correspond-il bien aux besoins du port? Est-il aisément réalisable, ou doit-on quelquefois recourir à l'embauchage de main-d'œuvre étrangère? Existe-t-il des installations d'éclairage, définitives ou de fortune, qui permettraient de travailler jour et nuit?

Le matériel nécessaire à la délivrance des charbons (charbonnières, chalands, wagons de parc, etc.) est-il suffisant pour assurer le ravitaillement rapide des forces navales qui fréquenteraient le port en temps de guerre, sans entraver le service normal de l'arsenal? L'assortiment du matériel peut-il servir séparément les unités de combat des divers tonnages? Le matériel flottant peut-il être accosté en tous les points accessibles du parc? Le matériel roulant peut-il être utilisé en tous les points d'accostage des navires voisins des parcs? Existe-t-il des voies de garage convenables? Le matériel des compagnies de chemins de fer ne doit pas être utilisé pour le service ordinaire des parcs; pourrait-il l'être en temps de guerre, étant données les dimensions des plaques tournantes et l'installation des voies du parc?

Une modification du matériel et des installations pourrait-elle rendre l'exploitation des parcs plus économique? Étudier les propositons faites par les autorités locales.

On recherchera comment s'exécute le marché de manutention des charbons. Les prix ne sont-ils pas onéreux? Peut-on établir une comparaison entre les prix payés à l'entrepreneur et le prix de revient des manutentions qu'on exécuterait en régie? S'il existe des transporteurs mécaniques à charbon, leur emploi est-il économique? Dans ce cas, les utilise-t-on de préférence aux manutentions par wagons de parc?

Le matériel appartenant à la Marine mis à la disposition de l'entrepreneur est-il convenablement entretenu et facile à distinguer de celui qui appartient à l'entrepreneur? Le nombre des wagons de parc indisponibles pour cause de réparations n'est-il pas excessif?

Comment sont effectuées les constatations de quantités de charbons venant des mines? Il n'est pas nécessaire de peser tous les wagons.

Comment sont installés et entretenus les ponts-bascules des parcs?

Le carnet de recettes (mod. 5 *bis*, art. 63, instr. gén. 1889) est-il tenu? Ce carnet est-il remplacé par des registres auxiliaires portant des indications analogues (carnets de recettes et carnets de piles. Dép. min. 4 févr. 1908. Comptab. gén. à Toulon)?

On doit user dans la plus large mesure de la faculté accordée de ramener le prix des charbons à un prix moyen établi par année (dép. min. 18 juill. 1908, compt. gén. à Toulon).

Les parcs des approvisionnements doivent-ils être considérés comme parcs communs? Les charbons industriels sont-ils, au contraire, logés à proximité des ateliers dans des parcs desservis directement par les wagons arrivant de la mine (dép. min. 30 mai 1892). Quelles sont les mesures prises pour éviter les déchets et les frais résultant de manipulations supplémentaires provenant de la non-application de la mesure ci-dessus? A quoi servent les menus et poussiers provenant des parcs? Les délivre-t-on aux ateliers qui pourraient les utiliser? A-t-on appliqué des pénalités à l'entrepreneur de manutention pour excès de débris constaté dans la formation des piles?

Les charbons de navigation sont-ils délivrés aux navires dans l'ordre d'ancienneté d'arrivée au parc (dép. minist. 15 juin 1906. Flotte armée. État-major gén.)? Les délivrances aux bâtiments sont-elles pesées ou jaugées? Ont-elles lieu en présence des parties prenantes? La manière de faire ne permet-elle pas de constituer des excédents qui sont systématiquement attribués au boni de 1 p. 100 consenti par les sociétés minières pour déchets de route lors des recensements? Ces recensements sont-ils effectués lors des épuisements de piles?

Enfin on étudiera la situation de l'approvisionnement; on recherchera les causes des déficits constatés et les moyens employés pour y remédier commandes supplémentaires).

3. Investigations spéciales aux sections de matières grasses et de combustibles liquides.

Examiner le mode de logement des huiles de graissage et des combustibles liquides; le mode employé est-il économique?

Le logement disponible est-il suffisant pour contenir les stocks, étant donné que certains approvisionnements doivent chaque année être constitués à date fixe (huiles d'olive, de colza, de lin, circ. 28 févr. 1910, *B. O.*, 362)?

Quels sont les projets de construction élaborés en vue de l'amélioration de la situation?

Quels sont les moyens de ravitaillement mis à la disposition des navires (citernes, canalisations, fûts ou caisses)? Ces moyens sont-ils suffisants? Les récipients vides sont-ils renvoyés au port dans des conditions convenables (circ. 25 mai 1910, *B. O.*, 1135)?

Si des récipients ont été loués à des fournisseurs à défaut de moyens suffisants d'emmagasinage ou simplement livrés par eux à charge de restitution, ces récipients sont-ils rendus aux fournisseurs dans les délais inscrits aux marchés?

4. Investigations spéciales au dépôt de l'atelier central de la flotte.

Le dépôt de l'atelier central de la flotte est, au point de vue comptable, sous la dépendance du garde-magasin des approvisionnements. Sa comptabilité est celle d'une section de magasin.

Le stock qu'il contient, tenu au complet par voie de mouvement intérieur de magasin, ne doit comprendre que les matières nécessaires aux travaux de l'atelier pour une période allant de quinze jours à un mois (instr. 3 juil. 1907, *B. O.*, 778). Toutefois les matières qui ne sont consommées que par l'atelier central peuvent être approvisionnées pour une période allant jusqu'à la limite réglementaire.

Les locaux sont-ils suffisants pour loger convenablement la totalité de l'approvisionnement? Certains objets ne sont-ils pas détenus par les maîtres de l'atelier au lieu de l'être par le comptable? Le recensement des objets à la charge du comptable est-il facilement réalisable?

QUATRIÈME PARTIE.

QUESTIONNAIRE.

Les locaux occupés par les diverses sections des approvisionnements de la flotte (administration et magasin) sont-ils convenables et adaptés aux besoins du service? Est-il possible de réaliser des améliorations? Quels sont les projets formés dans cet ordre d'idées?

Les locaux sont-ils à l'abri de tout danger d'incendie?

Le personnel entretenu ou immatriculé est-il suffisant?

Doit-on faire appel à des ouvriers auxiliaires ou à des ouvriers fournis par un entrepreneur?

Le personnel employé aux écritures n'est-il pas excessif? N'y-a-t'il pas trop d'ouvriers auxiliaires ou en régie indirecte employés à ces travaux? Se sert-on de machines à écrire ou d'appareils à reproduction pour diminuer les travaux de copie?

N'emploie-t-on pas des ouvriers civils pour des opérations qui pourraient être faites par des corvées du dépôt des équipages de la flotte?

Dans quelle mesure a-t-on recours à l'industrie locale pour effectuer certains travaux de réparations (objets de couchage, meubles) ou de blanchissage (lavage des couchages d'hiver), qui pourraient peut-être être demandés à des directions de travaux? Ces entreprises fonctionnent-elles dans l'intérieur de l'arsenal? Les locaux mis à leur disposition sont-ils suffisants et appropriés à leur destination? Ne serait-il pas moins onéreux de faire exécuter certains travaux hors de l'arsenal? Dans ce cas, les garanties de bonne exécution seraient-elles suffisantes?

Les entrepreneurs exécutent-ils toutes les clauses de leur contrat relatives à la protection des ouvriers (app. du décret du 10 août 1899)?

Les mesures prises en vue de la constitution de l'approvisionnement (achats, cessions, confections) sont-elles de nature à diminuer le plus possible les travaux d'écriture des bureaux tout en assurant l'approvisionnement par des moyens économiques?

Les renseignements fournis par les services intéressés aux marchés communs sont-ils rédigés de manière à éviter les correspondances inutiles pour complément d'informations et à permettre d'atteindre le plus rapidement possible le but envisagé?

L'exécution de certains marchés n'a-t-elle pas été influencée (fin prématurée, impossibilité d'atteindre le minimum) par des erreurs dans le calcul des besoins? Ces besoins sont-ils modifiés lorsque les marchés ne sont passés qu'au bout d'un espace de temps supérieur aux délais de préparation primitivement prévus?

Quelles mesures prend-on pour éviter de lancer des commandes d'objets dont l'approvisionnement, dans d'autres ports ou services, pourrait présenter des excédents?

Les échantillons-types sont-ils visités avant la préparation de chaque marché? Profite-t-on de cette visite pour moderniser les types et diminuer les subdivisions d'articles reconnus inutiles?

Les dépenses de publicité pour adjudication ne sont-elles pas trop élevées? A-t-on recours de préférence aux journaux qui insèrent les annonces gratuitement? Les affiches sont-elles apposées par les gardiens de bureaux ou par les agences de publicité?

L'impression des cahiers des charges est-elle effectuée avec toute la rapidité désirable?

Quelle est la durée habituelle des opérations de recette : introduction, visite, essais ou analyses, constatations de qualité et de quantité? Ces opérations n'entraînent-elles pas parfois des délais excessifs?

Quelle est la durée habituelle des opérations de liquidation : constatation des droits et de la prise en charge, établissement des mandats, envoi de ceux-ci à la centralisation financière? N'existe-t-il pas des réclamations de fournisseurs sur lesquelles on tarde à statuer, notamment des demandes d'intérêts moratoires? Les liquidations sont-elles faites en suivant l'ordre chronologique des admissions en recette?

Les fournisseurs qui n'ont pas effectué des livraisons attendues sont-ils mis en demeure de livrer? Dans quels délais sont établis les mises en demeure, les propositions d'achats aux frais et risques, de résiliation, etc.?

A quel chiffre s'élevaient les prévisions de dépense du service pour l'année en cours (ou l'année écoulée, suivant le but que l'on se propose)? Ce chiffre a-t-il été établi mathématiquement au moyen de renseignements puisés dans les comptes? Le chiffre établi mathématiquement a-t-il été modifié et pour quels motifs l'a-t-il été? Quelle a été la part d'intervention des services administratif et technique? Les prévisions ont-elles été établies en temps voulu?

La dotation accordée correspondait-elle aux besoins signalés? A-t-elle été allouée au port en temps utile pour être complètement utilisée?

Si elle a été inférieure aux prévisions, quelle a été son influence sur la

marche du service? A-t-elle occasionné l'arrêt des commandes? A-t-elle nécessité des reports importants sur l'exercice suivant?

A-t-elle été absorbée complètement et par suite du fonctionnement normal du service?

Poser des questions analogues au sujet des moyens d'exécution du budget-matières.

L'insuffisance des crédits-matières délégués a-t-elle arrêté les délivrances aux bâtiments? Des réquisitions ont-elles établies en temps voulu par l'ordonnateur des délivrances? Si les délégations n'ont pas été notifiées avant le premier jour de l'année aucune délivrance n'a-t-elle été faite sans réquisition en l'absence de tout crédit délégué?

Quelles sont les chiffres des cessions actives et passives à porter au compte des chapitres et approvisionnements de la flotte? Ces chiffres comparés à ceux des années précédentes, en tenant compte des variations qui ont pu se produire dans l'importance des forces navales qui se sont fait ravitailler et réparer dans le port, paraissent-ils normaux? Quelles ont été les raisons des variations importantes?

Quelle était la valeur de l'approvisionnement, pour chacun des titres de la nomenclature, au premier jour de l'année courante (ou de l'année écoulée) et au jour de l'inspection (ou au dernier jour de l'année écoulée, suivant le cas)? Quelle était la valeur du nécessaire (approvisionnement courant et réserves) à ces mêmes dates? L'existant global présentait-il d'importants déficits ou d'importants excédents? Quelle était la situation particulière du matériel de guerre à réserver et du matériel réformé?

Quels étaient les articles présentant des déficits sur la réserve de guerre? Les prélèvements avaient-ils été autorisés régulièrement? Quelles mesures avait-on prises pour compléter les stocks? A quelle date avaient-elles eu leur effet?

Quelles étaient les articles de l'approvisionnement courant présentant des déficits? Ceux-ci avaient-ils été passagers ou les objets avaient-ils fait défaut pendant un temps plus ou moins long? Avaient-ils empêché de donner satisfaction aux demandes des navires ou des dépôts d'outre-mer? Avaient-ils entravé l'expédition de certains envois?

Quels étaient les articles en excédent à l'approvisionnement normal? Leur écoulement est-il assuré et dans quelles conditions? Quelles sont les causes des excédents et des déficits reconnus? N'y a-t-il pas du matériel sans emploi, pour ainsi dire tombé dans l'oubli et que l'on conserve sous prétexte qu'il n'occasionne pas de frais? Quels sont les résultats des investigations de la dernière commission quadriennale de revision des approvisionnements? La commission prévue à l'article 328 de l'instruc-

[illegible]

[illegible] vitale [illegible] [illegible]

[illegible] et [illegible]

[illegible] des questions [illegible] de [illegible]

[illegible] par [illegible]

[illegible] qui [illegible] sont [illegible] ont [illegible]

[illegible] de [illegible] ou [illegible] la [illegible] de [illegible] et [illegible] la [illegible] le [illegible]

[illegible]

[illegible] du [illegible] et [illegible] de [illegible]

[illegible] de [illegible] de [illegible] et [illegible] de [illegible] la [illegible]

tion générale de 1889 fonctionne-t-elle normalement pour proposer la condamnation des objets démodés ou inutiles?

La visite du matériel en magasin par des agents techniques est-elle organisée méthodiquement?

N'existe-t-il pas dans les magasins des réserves de matériel appartenant à des bâtiments armés ou désarmés, et qui devraient être soit enfermées dans les magasins des maîtres de la Majorité générale, soit versées à l'approvisionnement du service courant?

DIVISION IV

SERVICE DE LA CENTRALISATION FINANCIÈRE

DIVISION IV.

SERVICE DE LA CENTRALISATION FINANCIÈRE.

PREMIÈRE PARTIE.

RÉSUMÉ SOMMAIRE DE LA RÉGLEMENTATION.

ATTRIBUTIONS DU SERVICE DE LA CENTRALISATION FINANCIÈRE ET ADMINISTRATIVE.

Aux termes de l'article 19 du décret du 18 décembre 1909, *B. O.*, 1388, le service de la centralisation financière et administrative est chargé :

a. De la comptabilité financière inhérente à l'ordonnancement;

b. De la coordination des efforts des trois autres services de l'intendance en vue de la préparation à la guerre.

Ces attributions sont précisées dans le paragraphe D de l'instruction du 30 décembre 1909, *B. O.*, 1494, sur le fonctionnement des directions de l'intendance dans les ports militaires, destinée à régler le service en attendant les arrêtés spéciaux prévus par l'article 19, § 2, du décret du 18 décembre.

Elles comprennent les anciennes attributions du détail des fonds. Le directeur de l'Intendance est désormais ordonnateur secondaire unique pour tout l'arrondissement maritime. (L'école principale du service de Bordeaux sera considérée comme un établissement hors des ports conformément au décret du 19 mai 1908, *B. O.*, 548.)

Les chefs du service de l'inscription maritime continueront à liquider les dépenses de leur service autres que celles de la solde (chap. 52 de 1910).

Toute signature de l'ordonnateur secondaire doit être précédée des mots : «Le commissaire général (ou le commissaire en chef) directeur de l'Intendance».

Le chef du service de la centralisation financière et administrative

centralise et coordonne, pour le compte du directeur de l'Intendance, toutes les mesures prises par les trois autres services de cette direction en vue de préparer la mobilisation.

Une édition du règlement du 14 janvier 1869 portant exécution, en ce qui concerne la Marine, du décret du 31 mai 1862 sur la comptabilité publique, mise à jour au 1er janvier 1909, publiée dans le courant de ladite année, rappelle dans de nombreuses notes toutes les circulaires importantes pour l'interprétation du règlement; il convient de s'y reporter.

Dans une circulaire du 28 décembre 1900, *B. O.*, 1115, le ministre a déterminé les pouvoirs de l'ordonnateur secondaire depuis le régime de l'autonomie des directions. Il en résulte que les ordonnateurs sont responsables de la régularité des mandats qu'ils émettent.

Ils doivent donc s'assurer, sous leur responsabilité :

Que les mandats portent sur des crédits régulièrement ouverts;

Que la créance est régulièrement imputée;

Que les pièces administratives offrent la preuve des droits acquis;

Que le calcul de la dépense est exact.

Suivant la répartition du personnel comprise dans la circulaire du 9 février 1910, *B. O.*, 296[(1)], le service de la centralisation financière et administrative doit être dirigé par un commissaire principal.

Bien que les nouvelles instructions ne prévoient pas de sections pour ce service, on peut le diviser en trois bureaux :

Vérification;

Ordonnancement;

Secrétariat.

A. Bureau de la vérification.

Ce bureau doit recevoir un exemplaire de tous les marchés exécutoires dans le port, afin de pouvoir vérifier les liquidations relatives aux dépenses de matériel.

Les mandats doivent être accompagnés de toutes les pièces justificatives exigées par les articles 114 et suivants du règlement financier et par les nomenclatures y annexées.

Lorsqu'une dépense donne lieu à la délivrance de plusieurs mandats, le service de la centralisation financière rappelle sur chacun d'eux les justifications déjà fournies, ainsi que le montant, la date et le numéro du premier mandat auquel les pièces justificatives ont été jointes (art. 122).

Une circulaire du 15 mars 1909, *B. O.*, 291, a indiqué la façon de procéder pour faire ressortir sur les mandats la retenue à opérer au profit de la Caisse de prévoyance des marins français.

(1) Cette circulaire, qui répond à une demande de l'un des ports militaires, ne doit pas être considérée comme impérative pour tous les autres.

B. Bureau de l'ordonnancement.

La durée de l'exercice, pour les diverses opérations concernant l'exécution du budget, a été fixée par la loi du 25 janvier 1889, *B. O. R.*, 255, et une circulaire du 4 mai 1909, *B. O*, 396, a confirmé la possibilité d'opérer des reversements au Trésor au compte «versements de fonds» jusqu'au 31 juillet de la seconde année.

Les formalités à suivre pour la communication journalière, aux comptables du Trésor, des mandats autres que ceux de la solde sont précisées dans l'article 107 du règlement.

Si le payeur refuse d'acquitter un mandat, l'ordonnateur peut établir une réquisition dans des cas limités (art. 103 et 154). Les réquisitions doivent être effectives dans tous les cas prévus par le règlement (dép. à Brest, 19 oct. 1908, fonds, contrôle); une dépêche du 5 septembre 1905 (compt. générale, fonds) énumère les cas dans lesquels elles ne sont pas autorisées.

Les mandats doivent être remis aux créanciers contre récépissé (voir art. 105).

Les envois par la voie administrative ont fait l'objet d'une circulaire du 7 octobre 1902, *B. O.*, 334.

Au sujet de la remise de ces titres aux véritables créanciers, voir une circulaire du 3 septembre 1904, *B. O.*, 756.

Les oppositions aux payements doivent être faites entre les mains des comptables; cependant l'administration a le droit d'intervenir, pour dégager sa responsabilité dans les conditions déterminées par une circulaire du 5 mars 1903, *B. O.*, 293.

Voir aussi, à ce sujet, la circulaire du 1er février 1906, *B. O.*, 136, et les articles 146 et 161 du règlement.

C. Secrétariat.

1. Demandes de fonds.

Chaque mois, les demandes de fonds nécessaires pour le mois suivant, dressées par les divers services de l'arsenal, sont réunies par la centralisation financière, qui en adresse le résumé au Ministre à la date du 5 (art. 88).

Les services administrateurs sont entièrement responsables des aperçus de crédits qu'ils signalent et que le service de la centralisation financière [illegible] le [illegible] divers [illegible] apportés [illegible] l'exécution du budget a été [illegible] 1890, [illegible] et [illegible] du [illegible] le [illegible] d'après les [illegible] au compte [illegible] de la seconde [illegible]

[illegible] dans l'article 107 [illegible]

[illegible] Pendant [illegible] les cas prévus par le [illegible] de [illegible] dans les [illegible]

[illegible] contre les [illegible]

[illegible] sur le [illegible]

[illegible] Cabinet [illegible] dans les conditions déterminées [illegible]

[illegible]

[illegible]

[illegible] pour [illegible]

[illegible]

se borne à transmettre en tenant compte des crédits disponibles (circ. 22 déc. 1911, *B. O.*, 1346).

Quand un chapitre est commun à plusieurs services, on doit indiquer la répartition des fonds dans la colonne «observations» de l'état d'aperçu des besoins (circ. 11 févr. 1903, *B. O.*, 211).

Les ordonnateurs reçoivent, chaque mois, un extrait des ordonnances de délégation de crédits pour le mois suivant.

A la fin de l'exercice, ou plus tôt si les besoins prévus le permettent, les crédits non employés sont remis à la disposition du ministre par un bordereau de crédits sans emploi certifié par le payeur.

2. Reversements au Trésor.

Les ordres de reversement au Trésor sont établis par les divers services (circ. man. 27 déc. 1902, compt. gén., contrôle) qui ont l'obligation de les suivre (circ. 29 oct. 1908, *B. O.*, 1024, et art. 155); mais ces pièces doivent être communiquées à la centralisation financière, qui en tient un enregistrement (circ. 20 déc. 1904, *B. O.*, 1155).

Les récépissés des versements sont remis aux divers services, qui les transmettent à la centralisation financière chargée de les adresser au ministre tous les trois mois, même quand ils se rapportent à des exercices clos (art. 158 et circ. 30 juill. 1908, *B. O.*, 728), avec des bordereaux récapitulatifs et des états d'annulation pour les exercices encore ouverts.

Ces bordereaux doivent indiquer la date et le numéro de chaque mandat sur lequel porte la restitution, le comptable qui a payé, les motifs qui justifient le remboursement (art. 23).

Les récépissés concernant la majoration au profit du Trésor sont conservés au port (circ. 5 sept. 1905, *B. O.*, 877).

Une circulaire du 20 août 1910, *B. O.*, 2041, a notifié des dispositions nouvelles permettant au directeur de l'Intendance d'intervenir auprès des divers services de l'arsenal pour que les récépissés soient adressés régulièrement à la centralisation financière.

Les ordres annulés doivent être signalés audit service (circ. 29 oct. 1908, *B. O.*, 1024).

Lorsque les avis d'annulation leur parviennent de Paris, les ordonnateurs rectifient en conséquence le montant des trois termes de leur comptabilité : crédits délégués, liquidations, mandats.

Quand un débiteur est déféré à l'agent judiciaire du Trésor public, on doit adresser au Ministre un avis constatant que l'intéressé a été prévenu (circ. 21 juin 1902, *B. O.*, 1320).

3. Cessions.

Les cessions sont de quatre sortes :

Cessions de chapitre à chapitre (voir l'historique dans un rapport du 24 mars 1904 joint à une circulaire du 19 avril de la même année, *B. O.*, 296; cf. circ. 30 déc. 1911, *B. O.*, 1395, au sujet de la régularisation de ces cessions *par article*) ;

Cessions à d'autres départements ministériels ;

Cessions aux particuliers ;

Cessions faites à la Marine par d'autres ministères (ces dernières n'intéressent pas le service de la centralisation financière des ports).

Les états doivent être distincts par nature de cessions (circ. 17 nov. 1908, *B. O.*, 1051).

Les états de cessions des travaux sont envoyés aux mêmes époques que ceux des magasins.

Quand il s'agit de cessions aux particuliers, les états ne sont adressés au Ministre que si l'opération doit être régularisée à Paris (circ. 3 sept. 1903, *B. O.*, 322).

Lorsque les services sont en retard pour l'envoi des états, la centralisation financière doit en rendre compte au préfet maritime, après un délai de quinze jours (circ. 30 juin 1908, *B. O.*, 728).

A la fin de chaque trimestre, le service de la centralisation financière dresse l'état général des virements à opérer par suite de cessions, d'après les états reçus des divers services.

Lorsque les résultats des états de virement sont notifiés aux ports, les trois termes de la comptabilité : crédits, délégations, mandats, sont modifiés en conséquence.

Une circulaire du 29 octobre 1908, *B. O.*, 1024, contient des recommandations de détail au sujet de la régularisation des cessions de main-d'œuvre à la fin de l'exercice.

La centralisation financière doit vérifier les états de concordance destinés à être joints aux comptes des magasins et les compléter, pour les cessions aux particuliers, de la date et du numéro du versement au Trésor (circ. 19 juin 1908, *B. O.*, 619).

4. Réimputations.

La réimputation des dépenses primitivement mal imputées est réglée par les articles 143 et 159 ; les certificats de réimputation sont dressés en

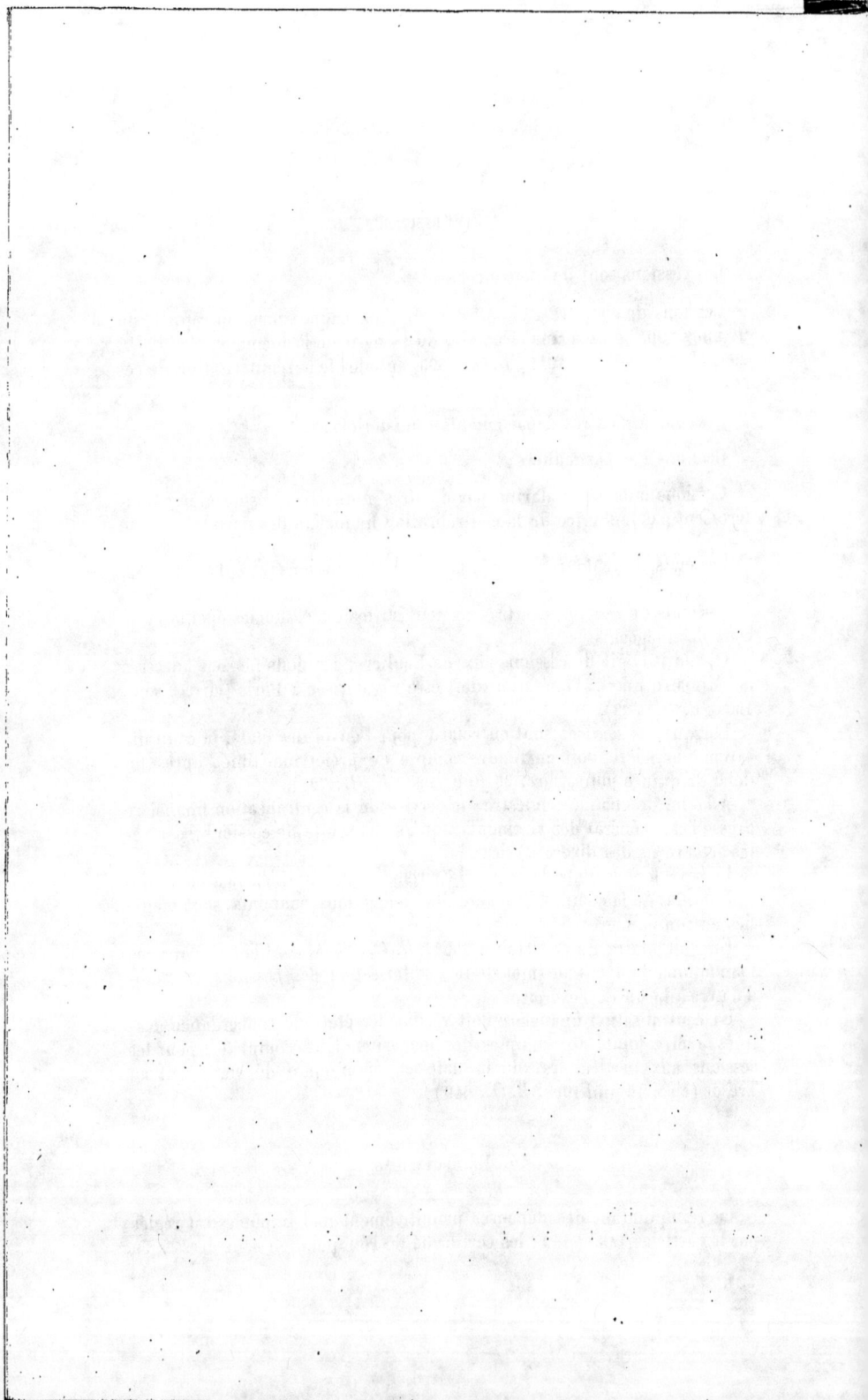

simple ou en double expédition, suivant le cas, et doivent être communiqués au Contrôle (art. 43, décr. 15 janv. 1910).

5. État de développement des dépenses du port.
État rose.

Cet état, signé par le chef du service de la centralisation financière, par le commissaire général et par le préfet maritime, doit être vérifié, avant son envoi à Paris, afin que les fascicules dressés par les divers services soient en concordance avec les écritures de l'ordonnateur.

On doit tenir compte de toutes les opérations d'ordre.

Les ports reçoivent, chaque année, des instructions spéciales sur la façon d'établir et de transmettre l'état de développement et ses annexes; les dates extrêmes d'envoi sont indiquées sur les fascicules. (Voir, pour l'exercice 1909, circ. 6 juin 1910, *B. O.*, 1151.)

Le secrétariat centralise aussi les éléments destinés à établir l'état général indiquant l'effectif et la dépense du personnel (état rose).

Les états partiels sont adressés à la centralisation financière par le service de la solde pour le personnel entretenu, et par les diverses directions en ce qui concerne le personnel ouvrier.

Comme pour l'état de développement, des instructions spéciales sont adressées aux ports, chaque année. (Voir, pour l'exercice 1909, circ. du 14 mai 1910, *B. O.*, 1067[1]).

D. Mobilisation.

En ce qui concerne la coordination des efforts des trois autres services de l'Intendance en vue de la préparation à la guerre, c'est-à-dire la mobilisation, on ne peut guère exposer la réglementation qui, étant spéciale à chaque port, fait toujours l'objet de dépêches manuscrites, confidentielles ou secrètes pour la plupart.

On peut rappeler cependant qu'aux termes de l'article 15 de l'arrêté du 17 décembre 1897, *B. O.*, 756, les officiers de réserve doivent être titulaires d'un ordre de service leur indiquant à l'avance leur affectation

[1] Au port de Rochefort, le chef du service de la centralisation financière est ordonnateur de l'hospice des orphelines de la Marine. A ce titre, il est chargé, sous la surveillance de la commission administrative, de la gestion des revenus, de la surveillance de l'hospice et de la comptabilité.

Il ordonnance les dépenses, propose le budget et arrête, en fin d'exercice, le compte définitif (décr. 8 sept. 1849, *B. O. R.*, 234; régl. 8 sept. 1849, *B. O. R.*, 243; déc. présid. 17 août 1903, *B. O.*, 194).

Ces opérations n'intéressent pas le budget de la Marine.

[illegible]

[illegible]

[illegible] Fig. [illegible]

[illegible] les faits [illegible]

[illegible]

[illegible]

[illegible] Fig. [illegible]

D. [illegible]

[illegible]

[illegible]

[illegible]

et la date à laquelle ils devront rallier leur poste en cas de mobilisation.

D'autre part, le décret du 24 octobre 1910 sur la comptabilité du matériel, en définissant l'approvisionnement et notamment la réserve de guerre, détermine d'une façon générale la nature des stocks à entretenir pour le ravitaillement de la flotte en matériel, vivres et combustibles.

La matière des réquisitions militaires est réglée par les textes suivants :

Loi du 3 juillet 1877, *B. O. R.*, 247, *modifiée* par la loi du 17 juillet 1898, *B. O. R.*, 92, qui étend la précédente aux besoins de l'armée de mer en tout temps et en tout lieu, et par la loi du 27 mars 1906, *B. O.*, 1911, 815, et *complétée* par la loi du 23 juillet 1911, *B. O.*, 822, qui vise la réquisition des établissements industriels et des marchandises déposées dans les entrepôts de douane et dans les magasins généraux, ou en cours de transport par voie ferrée.

Décret portant règlement d'administration publique du 2 août 1877, *B. O. R.*, 273, modifié par le décret du 8 mai 1900, *B. O.*, 2e semestre, 829, et celui du 13 novembre 1907, *B. O.*, 821.

Enfin le commissaire général, chargé en temps de guerre de la direction de tous les services de l'Intendance de la place, est soumis, à ce titre, aux obligations imposées par le décret du 7 octobre 1909, *B. O. G.*, 1655, portant règlement sur le service des places, notamment par les articles 107, 154, 166, 168, 170 et suivants.

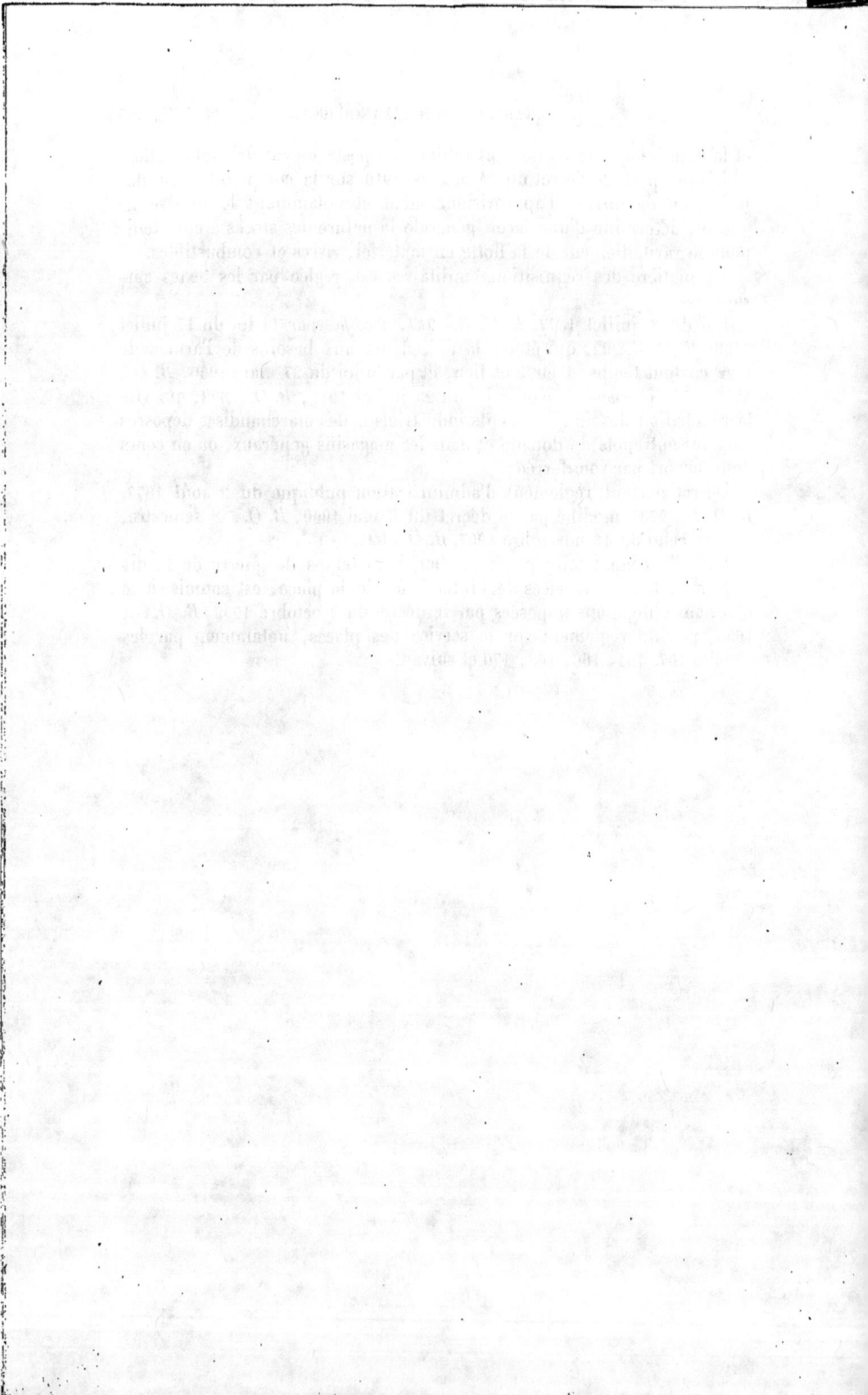

DEUXIÈME PARTIE.

LISTE DES REGISTRES ET DOCUMENTS TENUS DANS LE SERVICE.

A. Bureau de la vérification.

Cahier d'enregistrement des marchés.

Liasse des marchés applicables dans le port.

B. Bureau de l'ordonnancement.

Livre d'enregistrement des droits des créanciers (art. 192).

Livre-journal des mandats délivrés (art. 192).

Registre destiné à recevoir les récépissés des mandats délivrés (art. 105) ou expédiés aux maires et aux administrateurs de l'Inscription maritime [1].

Bordereau journalier des mandats émis (art. 106).

Bordereau des mandats émis et non payés (annuel et avant la clôture de l'exercice (art. 173).

C. Secrétariat.

Cahier de correspondance.

Livre-journal des crédits délégués (art. 192).

Livre de comptes par chapitre de dépense (art. 192 et circ. 21 janv. 1905, *B. O.*, 167).

[1] Dans certains ports, les mandats concernant la solde et les accessoires sont délivrés aux parties prenantes par le service de la solde, qui tient alors un enregistrement comportant les récépissés réglementaires.

Cette façon de procéder vient d'être sanctionnée par l'instruction du 26 octobre 1910 sur le service de la solde (art. 87 et 90).

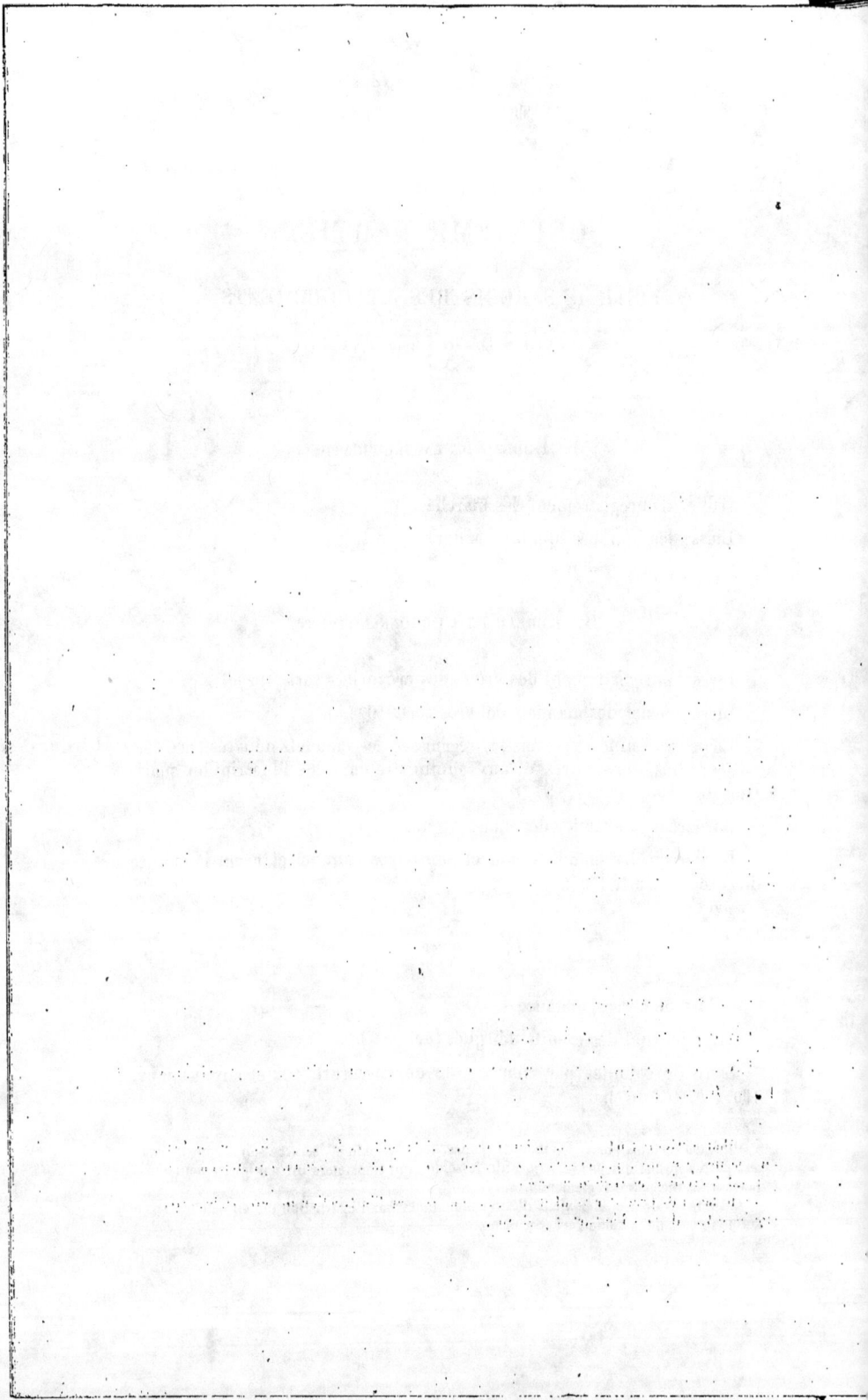

Enregistrement des ordres de reversement au Trésor.

Enregistrement des états de cessions transmis au Ministre (circ. 13 mai 1903, *B. O.*, 577).

Enregistrement des annulations de dépenses demandées et de la suite qu'elles ont reçue.

Enregistrement des demandes de fonds sur exercices clos ou périmés.

(Toutes les liquidations concernant des dépenses imputables sur des exercices clos ou périmés doivent être transmises à Paris par l'intermédiaire du service de la centralisation financière (circ. 19 octobre 1904, *B. O.*, 991).

État d'aperçu des crédits nécessaires pour le mois suivant (le 5 de chaque mois, art. 88, rappelé par circ. 18 janv. 1909, *B. O.*, 14).

Bordereau financier mensuel (le 10, art. 197 et circ. 10 août 1901, *B. O.*, 115).

Bordereau sommaire, mensuel, des payements effectués par le Trésor (art. 170 et 197), joint au précédent.

Situation mensuelle des crédits engagés au titre du chapitre 22 (circ. 7 févr. 1905, *B. O.*, 174, modifiée 26 oct. 1909, *B. O.*, 1133).

Bordereau trimestriel des reversements au Trésor (art. 158) à établir aux dates suivantes : par trimestre, pour la première année, dans les dix premiers jours du premier mois qui suit ; pendant la deuxième année, le 10 mars pour les opérations des mois de janvier et février ; le 10 juin pour les mois de mars, avril et mai ; le 31 juillet pour le reste (circ. 30 juill. 1908, *B. O.*, 728).

État trimestriel des annulations réclamées par suite de reversements au Trésor (art. 158).

État trimestriel des virements à opérer par suite de cessions entre les divers services — à établir dans les dix premiers jours qui suivent chaque trimestre, pour les cessions de chapitre à chapitre ; — trimestriellement pour les neuf premiers mois, et mensuellement à partir du dixième pour les cessions aux autres Ministères, aux Gouvernements étrangers, etc. (circ. 30 juill. 1908, *B. O.*, 728) ; voir aussi une circulaire du 16 octobre 1902, *B. O.*, 346 ; pour les cessions de l'artillerie aux départements de la Guerre et des Colonies.

Bordereau trimestriel des produits de vente encaissés par l'administration des Domaines (art. 215).

Bordereau des crédits restés sans emploi (annuel et éventuel), rappelé par une circulaire du 17 janvier 1910, *B. O.*, 92.

État des dépenses payables sur revues à virer à un chapitre spécial (art. 184).

État nominatif annuel (le 15 septembre) des créances non payées à la clôture de l'exercice (art. 177).

État de développement des dépenses du port; annuel, décomposé en plusieurs fascicules sur lesquels sont inscrites les dates extrêmes de transmission à Paris; le service de la Centralisation financière établit lui-même les fascicules concernant les chapitres qui intéressent plusieurs services. On y joint un état nominatif du «reste à payer» (circ. 6 juin 1910, *B. O.*, 1151).

État (annuel, à la fin du mois de mai) indiquant l'effectif et la dépense du personnel, etc. [état rose] (circ. 14 mai 1910, *B. O.*, 1067).

Livre-journal du mobilier en service (art. 724, instr. 8 nov. 1889).

Inventaire-balance du mobilier en service (art. 724, instr. 8 nov. 1889).

Livre-journal des objets de sciences et arts (art. 780, instr. 8 novembre 1889).

Inventaire-balance ou catalogue-inventaire des mêmes articles (art. 780, instr. 8 nov. 1889).

Carnet de recensement du matériel en service (circ. 20 juill. 1909, *B. O.*, 783).

TROISIÈME PARTIE.

MÉTHODES D'INVESTIGATION À SUIVRE.

1. Recommandations d'ordre général.

Il paraît inutile de formuler des recommandations spéciales en ce qui concerne l'examen de la tenue matérielle des écritures, de la conformité des registres et des documents avec les modèles réglementaires, de la mise à jour, etc.

Pour procéder d'une façon complète à l'inspection du service de la centralisation financière et administrative, il suffira de suivre le règlement du 14 janvier 1869, en tenant compte de la répartition des bureaux.

Il y aura donc à s'assurer :

Que tous les registres sont tenus régulièrement ;

Que les pièces périodiques sont adressées au Ministre aux dates réglementaires ;

Que les mandats sont vérifiés, ce dont on pourra se rendre compte en examinant les principales observations auxquelles cette vérification aura donné lieu (voir notamment si l'on applique l'article 73 de la loi du 21 mars 1905 sur le recrutement de l'armée en ce qui concerne les premiers payements de solde aux commis nouvellement nommés ; circulaire du 4 janv. 1906, *B. O.*, 7) ;

Que les communications au Trésor sont faites dans un délai normal ;

Que les mandats ne séjournent dans le service que pendant le temps strictement nécessaire pour les formalités de l'ordonnancement, surtout pour les liquidations tardives susceptibles d'entraîner le payement d'intérêts moratoires ;

Que les réquisitions sont établies aussitôt que les crédits sont épuisés et qu'elles ne sont faites que dans les cas autorisés ;

Que le registre de délivrance des mandats comprend bien le récépissé des parties prenantes ou la preuve de l'envoi par la poste.

Après avoir procédé à ces vérifications, on pourra rechercher si tous les mandats sont inscrits sur le registre de délivrance, même ceux qui concernent les dépenses de salaires ou le remboursement des cessions de main-d'œuvre ;

S'il reste des mandats en souffrance et la cause de leur séjour prolongé au Service de la centralisation financière.

Il sera utile de se rendre compte des dispositions adoptées pour con-

server sous clef, et pour communiquer au Trésor, les mandats ordonnancés (relever, s'il y a lieu, le nombre des titres égarés dans ces transmissions).

Il conviendra ensuite de porter son attention sur les questions suivantes :

2. Demandes de fonds.

Il sera bon de s'assurer que la centralisation financière reçoit les demandes des divers services du port en temps voulu pour adresser l'état général à Paris le 5 de chaque mois.

On pourra examiner l'importance de ces demandes, pour quelques chapitres, pendant les mois antérieurs, et les comparer aux liquidations des périodes correspondantes.

Les demandes de fonds, qui prévoient en réalité les besoins de deux mois, doivent se corriger automatiquement d'un mois à l'autre, de manière à permettre d'assurer tous les besoins sans entraîner de dépenses exagérées. Mais, sauf à tenir compte des crédits disponibles, le service de la centralisation financière se borne à signaler à Paris les demandes de fonds formulées par les services administrateurs et dont ceux-ci demeurent entièrement responsables. C'est à eux notamment qu'il appartient de veiller à ce qu'en aucun cas les demandes de crédits n'excèdent la différence existant entre le total des engagements indiqués par les situations mensuelles de crédits et le total des mandats émis (circ. 22 déc. 1911, *B. O.*, 1346).

Il sera utile de prendre note des réquisitions adressées au payeur et de provoquer des explications, dans le cas où elles auraient été fréquentes ou importantes, ce qui dénoterait, au moins en principe, une certaine imprévoyance de la part des services liquidateurs.

L'examen du livre de comptes par chapitre de dépense permettra de constater le montant du disponible, pour chaque chapitre, et de rechercher si certains services ne conservent pas à leur disposition des crédits exagérés dont l'emploi prochain ne serait pas prévu ou qui auraient été délégués à un port pour un autre, par erreur.

Il sera indispensable de vérifier dans quelle mesure les crédits devenus inutiles ont été remis à la disposition du Département, soit dans le courant de la première année, soit surtout vers la fin de l'exercice, notamment à partir du mois de janvier.

Par contre, on pourra demander si l'Administration n'a pas établi, en fin d'exercice, des liquidations sur des chapitres pour lesquels les crédits délégués étaient épuisés. Certains ports ont recours quelquefois, dans ce cas, à des expédients qui ne sont pas à l'abri de la critique, tels que celui qui consiste à imputer la dépense à un chapitre quelconque pourvu de crédits suffisants.

Il y aurait intérêt à noter les chapitres sur lesquels les crédits ont fait

défaut, soit pour s'assurer que l'Administration n'était pas en faute, si les demandes du port ont été normales, soit pour se rendre compte des causes des déficits, en vue de faire ressortir les inconvénients qui ont pu résulter de cette situation.

3. Reversements au Trésor.

Cette partie des écritures est souvent négligée, en ce sens que les directions ou services ont des tendances à considérer leur rôle comme terminé dès qu'ils ont remis les ordres de reversement aux créanciers de l'État.

Il y aura lieu, par suite, de relever, sur l'enregistrement tenu à la centralisation financière, les ordres restés sans effet, non seulement pour l'année en cours, mais aussi pour les années expirées, et de provoquer des explications ou de nouvelles recherches en vue d'obtenir les versements.

Ces recherches sont surtout nécessaires en ce qui concerne les cessions de matières ou de main-d'œuvre aux entrepreneurs, les cessions de vivres aux constructeurs de navires en essais et le remboursement au service de l'habillement des retenues effectuées sur la solde des agents subalternes, vétérans, pompiers, etc.

Il y aura lieu d'examiner dans quelles conditions le chef du service de la centralisation financière s'est conformé, pour dégager sa responsabilité, aux instructions qui ont fait l'objet de la circulaire du 20 août 1910, *B. O.*, 2041.

Il conviendra aussi de s'assurer que les récépissés sont transmis à Paris périodiquement pour les exercices clos, accompagnés des états d'annulation pour les exercices encore ouverts, et que les états récapitulatifs comprennent les références exigées par l'article 23.

Les récépissés qui se rapportent à des sommes ordonnancées dans les autres ports doivent leur être adressés.

Lorsque des versements au Trésor sont effectués par des trésoriers des Invalides, ces comptables conservent les récépissés pour les joindre à leurs comptes; mais ils doivent faire parvenir des déclarations de versement à la centralisation financière; cette obligation est souvent perdue de vue.

4. Cessions.

En ce qui concerne les cessions, il sera utile de relever les dates d'envoi à Paris des états récapitulatifs, en vue de provoquer des explications si les transmissions n'ont pas été faites dans les délais prescrits.

En cas de retards, il y aurait lieu de rechercher si le service de la

[illegible] infinit[illegible]
[illegible] donc [illegible]
causé [illegible] peut [illegible] comme [illegible]
résultat de cette [illegible]

[illegible] *Tunisie.*

[illegible] on sous [illegible]
[illegible] tout [illegible] somme
[illegible] exercé [illegible]
[illegible]

[illegible] spécialement [illegible]
[illegible] ordres [illegible]
pour [illegible] et de pas
[illegible]
[illegible]

[illegible]
[illegible] préventive [illegible]
[illegible] la ville [illegible]
[illegible]

[illegible] la constatation [illegible] pour [illegible]
[illegible] la direction [illegible]
[illegible]

Il [illegible] son [illegible]
[illegible]
[illegible] que [illegible] comp[illegible]
[illegible]

[illegible] ordonnances [illegible]
[illegible]

[illegible] effectuée [illegible]
[illegible]
[illegible]
[illegible] pendant [illegible]
[illegible]

[illegible]

[illegible]
[illegible]
[illegible]
[illegible]

centralisation financière a rendu compte au préfet maritime, conformément à la circulaire du 30 juin 1908, *B. O.*, 728.

5. Réimputations.

Il sera utile de demander si les certificats provenant du fait de l'ordonnateur sont établis en simple ou en double expédition suivant qu'il s'agit d'une gestion ouverte ou d'une gestion expirée (art. 159), de voir si les écritures sont rectifiées dans les conditions prescrites par l'article 199 et de s'assurer que les certificats ont été soumis au visa du Contrôle.

6. État de développement.

Suivant l'époque à laquelle il sera procédé à l'inspection, on pourra vérifier les dates de transmission des divers fascicules de l'état de développement, et apprécier, s'il y a lieu, l'importance du retard pour ceux qui n'auraient pas été transmis aux dates fixées.

Même vérification en ce qui concerne l'état rose et la concordance qui doit exister entre certains tableaux de ce document et l'état de développement (circ. 14 mai 1910, *B. O.*, 1067).

Enfin il conviendra d'examiner si les registres de l'ordonnateur sont clos et dûment arrêtés à la fin de l'exercice, conformément aux prescriptions de l'article 203 du règlement financier[1].

7. Mobilisation.

La vérification du service de la mobilisation consiste à examiner tous les dossiers constitués dans ce but, et à rechercher :

Si toutes les dépêches sont classées avec méthode, et si l'on prend soin d'éliminer celles que des décisions plus récentes ont abrogées;

Si l'on opère de même pour les ordres de l'autorité locale;

Si l'affectation des officiers du cadre de réserve est bien déterminée d'après des listes nominatives tenues à jour avec soin;

Si des carnets de réquisitions et de récépissés sont prêts à être remis aux officiers du commissariat désignés pour les utiliser.

[1] Antérieurement à la circulaire du 28 avril 1910, *B. O.*, 1037, le détail des fonds liquidait les dépenses d'affranchissement et de correspondance concernant les services qui n'avaient pas de caisse particulière; dans quelques ports, on opérait de même pour certaines dépenses spéciales, telles que les frais de justice.

Il sera bon de s'assurer que la centralisation financière ne s'occupe plus de ces liquidations.

[illegible]

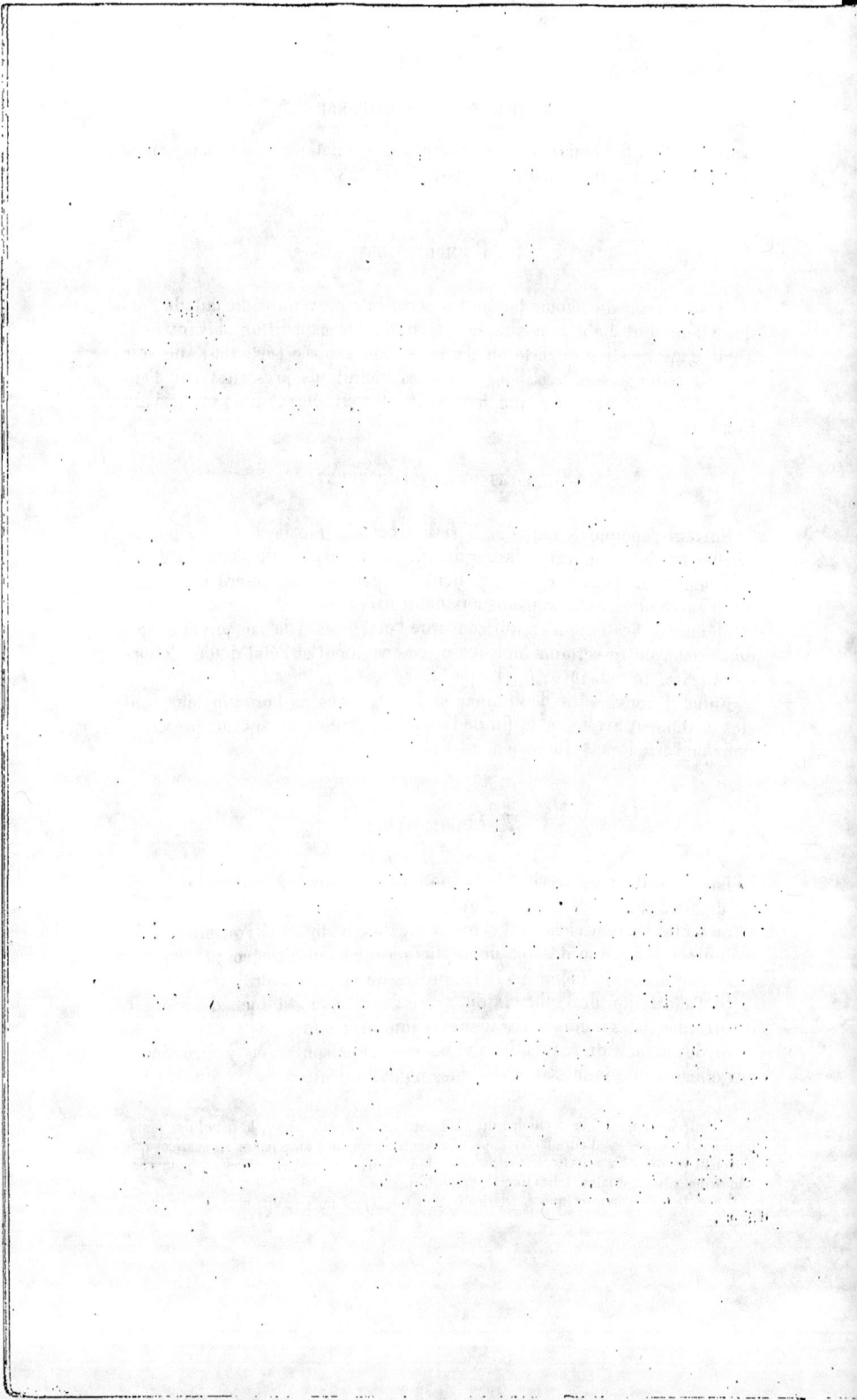

Chaque service doit tenir un journal de mobilisation contenant, pour cette période, le détail de ses obligations de chaque jour; il est nécessaire que la centralisation financière et administrative possède un double de ce document mis à jour lorsque les originaux sont soumis au visa périodique du directeur de l'Intendance.

Le journal doit être complété par l'horaire des trains de mobilisation et par les états des véhicules et des bateaux de toute sorte susceptibles d'être utilisés par la direction de l'Intendance.

[illegible]

[illegible] auteur [illegible]
[illegible] été [illegible] numérique [illegible]
[illegible] du [illegible]
[illegible] dans [illegible]
[illegible] édition [illegible]

[illegible] complète [illegible] production [illegible]
[illegible] des [illegible] de France [illegible] disponible
[illegible] [illegible] numérique.

www.ingramcontent.com/pod-product-compliance
Lightning Source LLC
Chambersburg PA
CBHW072006270326
41928CB00009B/1557
9782019962340